D1704139

Schriftenreihe des Stadtarchivs Heidelberg
Sonderveröffentlichung 15

Im Auftrag
der Stadt Heidelberg herausgegeben
von Peter Blum

VOLKER VON OFFENBERG

Prost Heidelberg!

Die Geschichte der Heidelberger Brauereien und Bierlokale

Für Siegfried zum 50. Geburtstag!

Volker v. Offenberg

Heidelberg, 11. Juni 2007

2005
Edition Guderjahn
verlag regionalkultur

Zum Autor:
Volker von Offenberg, Jg. 1951, Abitur am Kurfürst-Friedrich-Gymnasium Heidelberg, Studium der Germanistik und Geschichte in Heidelberg und Konstanz. Parallel hierzu Ausbildung in der Ölmalerei bei Bernhard Epple (Heidelberg) und Arik Brauer (Salzburg); zahlreiche Ausstellungen und Bilderankäufe durch öffentliche Institutionen. Unterrichtet als Oberstudienrat an einem Gymnasium. Publikation zur Firmengeschichte der Engelbrauerei Heidelberg (2001).

Schriftenreihe des Stadtarchivs Heidelberg, Sonderveröffentlichung 15
   Im Auftrag der Stadt Heidelberg
  herausgegeben von Peter Blum
ISBN 3-89735-264-8

Bibliographische Information der Deutschen Bibliothek:
   Die Deutsche Bibliothek verzeichnet diese Publikation in der Deutschen Nationalbibliographie; detaillierte bibliographische Daten sind im Internet über http://dnb.ddb.de abrufbar.

Titelbilder:
Traum aller Studenten, Professoren und Touristen: junge Kellnerin mit Bierkrügen, Ansichtskarte um 1900; Collage: Bierdeckel, Flaschenetikett (STAHD, Privatsammlung).

Umschlagrückseite:
Innenansicht der Restauration »Zum Stall« beim alten Hauptbahnhof, frühes 20. Jh. (STAHD).

Stadt Heidelberg

Alle Rechte vorbehalten • Vervielfältigungen jeder Art nur mit ausdrücklicher Genehmigung des Verlags • Printed in Germany

© 2005 verlag regionalkultur Heidelberg – Ubstadt-Weiher – Basel
Korrespondenzadresse:
Stettfelder Str. 11 • 76698 Ubstadt-Weiher • Telefon (07251) 69723 • Fax 69450
e-mail: kontakt@verlag-regionalkultur.de • http://www.verlag-regionalkultur.de

Geleitwort

Die von Kurfürst Friedrich IV. am 3. Januar 1603 erlassene Bier-Ordnung für die Stadt Heidelberg begründete eine neue – mehr als 400-jährige – heimische Brautradition. Fortan bedurfte der ausgebildete Bierbrauer zur Aufnahme seines Braugeschäfts der Zustimmung von »Burgermeister und Rath der Statt Heidelberg«. Die insgesamt elf Artikel der Heidelberger Bierordnung regelten außerdem die Herstellung des Bieres, die Zahl der Betriebe, Steuerfragen sowie Kontroll- und Strafmaßnahmen.

Infolge des kurfürstlichen Reinheitsgebots nahmen Brauereien und Bierlokale einen Aufschwung, der vor allem im ausgeprägten Bierkult der Heidelberger Studenten einen einzigartigen Ausdruck fand. Mit weit über 30 Gasthausbrauereien erlebte das Bier um die Mitte des 19. Jahrhunderts sogar einen wahren Boom in unserer Stadt. Daran hatten freilich nicht allein die Studenten ihren Anteil, sondern auch die Bürger und der anschwellende Strom der Touristen.

Volker von Offenberg vermittelt in seiner vorliegenden »Geschichte der Heidelberger Brauereien und Bierlokale« nicht nur Einblicke in Handwerk und Brautechnik, sondern auch in die Arbeitsbedingungen der Brauereiarbeiter und Wirte, in die Trinksitten und in das Alltagsleben. Sein Buch richtet sich somit keineswegs nur an brauereihistorisch interessierte Leserinnen und Leser. Der Autor beschreibt die Anti-Alkoholbewegung der 1920er-Jahre ebenso wie die liebevoll gestalteten »Bier-Devotionalien« wie Bieretiketten, Bierdeckel und -krüge.

Zahlreiche Abbildungen unterstreichen die Absicht des Verfassers, das Thema nicht wissenschaftlich-trocken abzuhandeln, sondern durch eine sprachlich wie gestalterisch ansprechende Aufbereitung möglichst breite Leserinnen- und Leserkreise anzusprechen.

Die Darstellung der Konzentrationswellen im Braugewerbe und der Blick auf aktuelle Trends runden die Veröffentlichung ab und stellen am Ende den Bezug zur – heute wieder erfreulich kreativen – Heidelberger »Brauerei- und Bierlokalszene« her. Damit empfiehlt sich das Buch als Beitrag zur Heidelberger Erlebnisgastronomie und lädt zu vertiefenden Studien an historischer Stätte ein.

Beate Weber
Oberbürgermeisterin

Vorwort des Herausgebers

Heidelberg und Bier – ein Thema? Zweifellos weckt der Name Heidelberg bei Touristen wie Einheimischen gänzlich andere Assoziationen. Zugegeben, Heidelberg verfügt bereits seit 1591 nacheinander über vier riesige Fässer. Doch bleibt das legendäre Große Fass im Schloss Heidelberg stets und ausschließlich dem Wein vorbehalten. Eher irritiert mag man daher zunächst vielleicht an bayerische Brautraditionen denken. Und an überschäumende Kulminationspunkte wie das berühmt-berüchtigte Oktoberfest auf der Wiesn. Wie können da Heidelberger Brauereien und Bierlokale ein ernst zu nehmender Gegenstand intensiver Beschäftigung sein?

Aber ungeachtet nur allzu verständlicher anfänglicher Irritationen gilt auch für Heidelberg, und das nicht erst mit Erlass der Heidelberger Bierordnung von 1603: Im Gegensatz zu den dem Wein ergebenen Griechen und Römern halten es schon die alten Germanen mit den Ägyptern. Sie bevorzugen das Bier. Im Mittelalter ist es nicht nur ein geistiges, sondern auch ein von der Geistlichkeit geschätztes Getränk. Nehmen sich doch verstärkt die Klöster der Kunst des Bierbrauens an. Mehr noch offenbart sich darin, dass der Gerstensaft mittlerweile ein schrankenlos, von allen Schichten der Bevölkerung und nicht selten reichlich genossenes Getränk ist. Zeitweilig zählt Bier unbestritten zu den Grundnahrungsmitteln.

Die Kunst, ein nahrhaftes wie wohlschmeckendes Getränk zu brauen, lässt ein angesehenes Braugewerbe aufkommen. Der Genuss des Bieres erfolgt meist in den Brauereien oftmals angeschlossenen Lokalitäten. D.h., hier kommen Menschen zusammen, um ihren Hunger und Durst sowie das uns allen eigene Bedürfnis nach Kommunikation zu stillen. Womit die Gasthäuser eine wesentliche Bedeutung innerhalb des Gemeinwesens erfahren. Nicht selten bieten sich allein Gasthäuser zugleich als politische Versammlungsorte an.

Genug der Einführung. Was heißt das mit Bezug auf Heidelberg und die vorliegende Darstellung? Auch in Heidelberg dominiert der Bierkonsum. Und nicht etwa ausschließlich unter Studenten. Das ermöglicht das Aufkommen eines angesehenen Brauhandwerks in Heidelberg, ja sogar von so genannten Braudynastien. Diese bedienen sich dabei lange Zeit des guten Brauwassers von den Quellen des Königstuhls, des Eises von Neckar und den Schlossteichen sowie der in der Region angebauten Braugerste und des Hopfens. Von der Zunft der Bierbrauer zu den Korps und Burschenschaften, die eine eigene mit dem Gerstensaft verbundene Kultur hervorbringen. Über »Saufpoeten« und bierselige Lokaltermine hinaus eröffnet die Geschichte der Heidelberger Brauereien und Bierlokale Einblicke in die bereits um 1900 einsetzenden Konzentrationsentwicklungen, den Überlebenskampf einzelner Brauereien, die technischen Veränderungen und Krisenerscheinungen (Bierpanscherei). Schließlich verfolgt der Autor die Entwicklung der verbliebenen Heidelberger Brauereien bis in die Gegenwart. Das leitet über zu der Frage, ob bzw. inwieweit die »Bierszene« ärmer geworden ist. Auch wenn hier etwas Wehmut anklingt, so wird doch zugleich auf zuversichtlich stimmende aktuelle Trends aufmerksam gemacht, die eine Renaissance Heidelberger Brautradition andeuten.

Kurzum: Die vorliegende Arbeit ist in doppeltem Sinn des Wortes eine Heidelberger Wirtschaftsgeschichte. Sie vereint in sich überdies sozial-, technik- und kulturgeschichtliche Aspekte und vermittelt somit vielfältige Einblicke in die Alltagswirklichkeit früherer Zeiten. Der Autor hat eine Vielzahl von unterschiedlichen Quellen ausgewertet. Mit der Publikation der Ergebnisse sind diese gleichzeitig gesichert. Über diesen Zweck hinaus und anhand zahlreicher Abbildungen vermag der Autor ein auch atmosphärisch dichtes Bild einer spezifischen »Kultur des Bierbrauens und -trinkens« zu entwerfen, das den Leserinnen und Lesern einen womöglich unerwarteten neuen Zugang zur Geschichte unserer Stadt eröffnet. Dafür sei dem Autor vielmals gedankt. Danken möchte ich ebenso ausdrücklich meinen Mitarbeitern Knut Gattner (Fotograf) und Günther Berger (Abt.leiter Bildsammlung), die mittlerweile als eingespieltes Team die Aufbereitung der umfangreichen Bildvorlagen besorgt haben. Ihr Arbeitspensum bereicherten Geschäftsführer Michael Mack und die Heidelberger Brauerei GmbH. Denn ohne deren Unterstützung hätten zahlreiche sehenswerte Abbildungen nicht abgedruckt werden können, wäre das vorliegende Buch ungleich schlichter ausgefallen.

DR. PETER BLUM
Stadtarchivdirektor

Vorwort des Autors

»Was, du forschst über Heidelberger Brauereigeschichte? Wie kommst du denn auf diese Idee?« Oft genug musste ich in den letzten Jahren solche und ähnliche Fragen beantworten. Und manchmal fragte ich mich selbst, was mich zu dieser Detektivarbeit getrieben hatte.

Auslöser war ein Fund auf dem Flohmarkt. Dort entdeckte ich bei meiner Suche nach Heidelbergensia den Krug einer Heidelberger Brauerei, von der ich noch nie gehört hatte. Meine Neugier erwachte: Wo mag diese Brauerei gewesen sein? Also suchte ich nach Literatur zum Thema. Fehlanzeige! Meterweise Bücher zu Themen wie Heidelberg in der Dichtung, Heidelberger Romantik, die Heidelberger Universität, deutlich weniger zur hiesigen Wirtschafts- und Sozialgeschichte und gar nichts zur Historie Heidelberger Brauereien und Bierlokale.

Wenn es also zu diesem Thema bisher keine Darstellung gab, musste ich wohl selbst eine schreiben. Zu dieser Zeit erschien, verbunden mit einer Ausstellung, eine Publikation zum Karlsruher Brauwesen, was mich zusätzlich motivierte, Ähnliches für Heidelberg zu versuchen.

Doch nun begannen die Probleme erst. Die Quellenlage schien äußerst dürftig. Für die Nachkriegszeit konnte ich von Zeitzeugen, vor allem ehemaligen Mitarbeitern und Mitarbeiterinnen von Schlossquell und Engelbräu, wertvolle Informationen erhalten. Für das 18./19. Jh. gab es einige Dokumente im Stadtarchiv Heidelberg und im Generallandesarchiv Karlsruhe. Doch für frühere Zeiten, aber auch zu den Anfang des 20. Jh.s aufgekauften und geschlossenen Brauereien wie Schroedl, Krone oder Goldenes Fässchen fanden sich kaum Hinweise in den Archiven. Die Heidelberger Brauerei, Erbe einer über 250-jährigen Brautradition, zeigte sich zwar sehr hilfsbereit, doch hatten leider frühere Firmenleitungen kaum Dokumente, die die Geschichte der Brauerei hätten belegen können, aufbewahrt. Eine mühselige, aber auch spannende Arbeit nahm ihren Anfang, bei der sich durch viele kleine Puzzle-Teilchen langsam ein Bild der Heidelberger Brauereigeschichte abzeichnete.

Immer wieder allerdings gab es Schwierigkeiten bei der Zuordnung von Braumeistern zu den zugehörigen Gasthöfen, ebenso bei der zeitlichen Einordnung. Väter und Söhne trugen oft denselben Vornamen, selbstständige Bierbrauer, die in den alten Adressbüchern zu finden waren, fehlten in den Steuer- und Gewerbelisten und umgekehrt. Wer, wann, wo tatsächlich eine Brauerei betrieb, war in vielen Fällen nur schwer zu bestimmen. Die häufigen Änderungen in der Bezeichnung bzw. Nummerierung der Heidelberger Straßen, Gassen, Quartiere und Häuser machten die Lokalisierung nicht einfacher. Kleinstmeldungen und Annoncen in den lokalen Zeitungen, aber auch in der Tageszeitung für Brauerei und in der Brauer- und Hopfenzeitung, archiviert im Berliner Institut für das Gärungswesen, mussten in einen Zusammenhang gebracht werden. In einigen Fällen konnte ich Nachfahren früherer Heidelberger Bierbrauer ausfindig machen, deren Familienchroniken und andere Dokumente Aufschluss über Leben und Arbeit der Braumeister des ausgehenden 19. Jh.s gaben.

Langsam entstand ein Bild vom Heidelberger Brauwesen. Zwar hatte das hiesige Braugewerbe nie die Bedeutung wie in einigen norddeutschen oder bayrischen Städten vergleichbarer Größe, doch zeigten sich interessante Konturen einer speziellen Heidelberger Entwicklung, schon allein durch die Touristen und die trinkfreudigen Studenten, die das romantisch verklärte Heidelberg-Bild in aller Welt bis heute bestimmen.

Bei diesen Untersuchungen interessierten mich vielerlei Aspekte: Welche Trinkgewohnheiten herrschten in früheren

Jahrhunderten in der Heidelberger Bevölkerung? Wie waren die Arbeitsbedingungen der Bierbrauer? Welche Entwicklung nahm die Brautechnik? Warum gaben Ende des 19. Jh.s so viele der einst 36 hiesigen Brauereien auf? Wie entwickelten sich die Firmenlogos, seit wann wurde von der Aktienbrauerei mit der Schlossansicht geworben, warum wurde der Brauerstern im Markenzeichen bei Engelbräu unvermittelt durch drei Ähren ersetzt? ...

Auf die meisten meiner Fragen, mit denen ich angetreten war, konnte ich Antworten finden. Dieses war nur möglich durch die Unterstützung von vielen Helfern und Ratgebern, denen ich an dieser Stelle herzlich danken möchte. Trotz aller Bemühungen weist das Bild der Heidelberger Brauereigeschichte noch einige Lücken auf. So freue ich mich über alle Informationen, Dokumente oder Hinweise auf Objekte, die als weitere Mosaiksteinchen dieses Bild vervollständigen können.

VOLKER VON OFFENBERG

Inhaltsverzeichnis

1	Kulturgut Bier	15
	1.1 Ursprung des Bieres	15
	1.2 Brauen in Deutschland	15
	1.3 So wird Bier gebraut	17
2	Wie das Bier nach Heidelberg kommt ...	20
	2.1 Dunkle Anfänge	20
	2.2 Wein, Most und Bier	21
	2.3 Bierordnung von 1603	23
	2.4 Wiederaufbau im 18. Jahrhundert	26
	2.5 Brautechnik und Brauwasser	31
	2.6 Konkurrent Mannheim	33
	2.7 Brauer Hartliebs Marienkult	34
	2.8 Vorstadt im Aufschwung	35
	2.9 Keimzellen: Güldenes Schaf und Goldener Engel	36
3	Ehrbares Brauhandwerk im 19. Jahrhundert	38
	3.1 »Goldquelle« Bierbrauerei	38
	3.2 Heidelberger Bier	40
	3.3 Rundgang zu den Brauhäusern	41
	3.4 Biergärten und Bierkeller	46
	3.5 Zunft der Bierbrauer	49
	3.6 Konkurrenten – Konzessionen	54
	3.7 Bier und Revolution	57
	3.8 Braudynastien: Schaaff, Landfried, Bartholomä	59
	3.9 Schifferdecker: Vom Bier zum Zement	64
4	Burschenherrlichkeit im 19. und 20. Jahrhundert	65
	4.1 Gaudeamus igitur	65
	4.2 Treffpunkte	68
	4.3 Korps und Burschenschaften	71
	4.4 Heidelberger Biercomment (1815)	73
	4.5 »Saufpoet« Victor von Scheffel	74
	4.6 Sturm auf das »Große Faß«	75

	4.7	Mensurlokal »Hirschgasse«	77
	4.8	Ditteneys »Seppl«	79
	4.9	Der Mächer vom »Weißen Schwan«	82
	4.10	Der »Rote Ochse«	84
	4.11	Universitätsjubiläum 1886	86
	4.12	Alt Heidelberg	87
	4.13	Studentenleben im 20. Jahrhundert	92
5		Konzentration im Brauwesen (um 1900)	95
	5.1	Vom Handwerk zur Brauindustrie	95
	5.2	Stadtentwicklung westwärts	98
	5.3	Krise der Kleinbrauerei	100
	5.3.1	»Zur Stadt Straßburg«	104
	5.3.2	»Zum Bachlenz«	105
	5.3.3	»Zum Badischen Hof«	107
	5.4	Der große Bierpanschereiprozess 1885	107
	5.5	Brauereibesitzer und Brauarbeiter	109
6		Die großen Heidelberger Brauereien (um 1900)	113
	6.1	Heidelberger Aktienbrauerei vorm. Kleinlein (1884)	113
	6.2	Schroedl'sche Brauereigesellschaft AG (1887)	117
	6.3	Brauereigesellschaft Zum Engel vorm. Chr. Hofmann (1899)	119
	6.4	Kronenbrauerei GmbH (1897)	123
	6.5	Zum Goldenen Fässchen vorm. Karl Rapp GmbH (1900)	125
7		Kriege, Krisen und Konkurse in der ersten Hälfte des 20. Jahrhunderts	127
	7.1	Krisenzeichen	127
	7.2	Kriegsfolgen	128
	7.3	Am Ende: Krone, Schroedl, Ziegler	129
	7.4	Anti-Alkoholbewegung	131
	7.5	Die Überlebenden: Kleinlein und Engel	133
	7.6	Gewerbe rund um das Bier	135
	7.7	Getränkesteuerstreit	141
	7.8	Helles Bier, dunkles Bier – braunes Bier	144
	7.9	Die neue Marke »Schloßquell«	147
	7.10	Dünnbierzeit	149

8	Tradition und Fortschritt (1948–2005)	150
8.1	Es geht voran!	150
8.2	Friedliche Koexistenz der beiden verbliebenen Brauereien	150
8.2.1	Schloßquell	152
8.2.2	Engelbräu	155
8.3	Engelbräu am Ende – Schloßquell verkauft	159
8.3.1	Die Schloßquell-Odyssee	160
8.4	Renaissance Heidelberger Brautradition	164
8.4.1	Gasthausbrauerei Vetter (1987)	164
8.4.2	Kulturbrauerei (2000)	166
8.5	Spurensuche: Was bleibt?	167
8.6	Trends und Perspektiven	173

Anhang

9	Tabellen und Übersichten	176
9.1	Heidelberger Bierbrauerliste 1814	176
9.2	Bierbrauer und Bierausstoß 1866/67	176
9.3	Topographische Lage der Heidelberger Brauereien	177
9.4	Anzahl der Heidelberger Bierbrauereien	178

10	Anmerkungen	180

11	Quellen- und Literaturverzeichnis	188
11.1	Archivalien	188
11.2	Sekundärliteratur	188
11.3	Internetverweise	192

Heidelberg mit Bierpatron Gambrinus, Ansichtskarte um 1900 (Privatsammlung)

1 Kulturgut Bier

1.1 Ursprung des Bieres

Bier ist ein Getränk, das seit Jahrtausenden in vielen Kulturvölkern bekannt ist. Als Nahrungsmittel, Genussmittel, Aphrodisiakum, Medizin und Rauschmittel leistet es der Menschheit seine Dienste. Lange wird es als Geschenk der Götter angesehen. Bier lässt sich als ein durch Gärung hergestelltes alkohol- und kohlensäurehaltiges Naturgetränk definieren, das aus zucker- und stärkehaltigen Stoffen besteht.

Vermutlich erfolgt irgendwann und eher durch Zufall beim Brotbacken die Entdeckung, dass aus vergorenem Teig ein berauschendes Getränk entsteht. Um Körner genießbar zu machen, werden sie zerkleinert und angefeuchtet. Dabei lernen unsere Vorfahren die Gärung kennen und stellen fest, dass das keimende Getreide süßlich schmeckt. Wie aus dem Brotteig plötzlich durch wundersame Wandlung Bier wird, ist zunächst unbekannt und bleibt es auch bis weit in die Neuzeit hinein. Erst Ende des 19. Jh.s und vor allem mit der Entdeckung der Arbeitsweise der Heforganismen durch Pasteur kommen die Menschen dem Brauprozess auf die Spur. Bis dahin allerdings gilt vielfach noch die nahe liegende Erklärung, die Verwandlung göttlichen Kräften zuzuschreiben.

Reliefs und bildliche Darstellungen der Sumerer zeigen, dass spätestens ab dem 5. Jahrtausend v. Chr. die Zubereitung von Bier oder bierähnlichen Getränken bekannt ist.[1] Somit zählt das Bierbrauen zu den ältesten Gewerben der Welt.

Die Babylonier verbreiten im Nahen Osten und im Mittelmeerraum die Kunst des Bierbrauens. In Mesopotamien und Ägypten sind der Ursprung und die Herstellung des Bieres mit einer mystischen Aura versehen und eng mit den Göttern verbunden. In Ägypten, wo spätestens um 2000 v. Chr. das Bier Einzug hält, wird es als ein Geschenk der für Liebe, Lust, Gesang und Tanz zuständigen Göttin Hathor angesehen.

Andere Quellen schreiben dem göttlichen Osiris die Biererfindung zu. Osiris habe den armen Bauern an der Nilmündung geraten, im Schwemmland Gerste anzubauen, und ihnen gezeigt, wie man daraus ein köstliches Getränk braut. Heutzutage muss die einzige in Ägypten bestehende Brauerei schwer bewacht werden; zum Schutz vor Anschlägen orthodox islamistischer Kräfte.

Auch die Römer kennen bereits das Bier, zumal es in weiten Teilen ihres Weltreichs bei den einheimischen Völkern in Gebrauch ist. Die Römer selbst ziehen allerdings den Wein dem barbarischen Gebräu vor, das sie »cerevisia« nennen. Nach römischer Vorstellung trinken Kelten und Germanen, auf Bärenhäuten liegend, permanent Bier. Walhall erscheint als riesiges Brauhaus.

1.2 Brauen in Deutschland

Sowohl bei den Kelten als auch bei den Germanen stellt das Bier zugleich einen kultischen Zaubertrank dar, der mit religiösen Ritualen und Feiern in Verbindung steht. Den entscheidenden Schub für die Weiterentwicklung des Bierbrauens bringen die mittelalterlichen Klosterbrauereien, etwa St. Gallen und Weihenstephan. Vor allem der Zusatz von Hopfen, der das Bier haltbarer und schmackhafter macht, ist eine bedeutende Veränderung, die sich ab dem 9. Jh. durchsetzt.

Die weitgehend autarken Klöster brauen für den Eigenbedarf, aber auch als Gabe an Pilger und Arme. Im Hochmittelalter gewinnt zudem der Verkauf von Klosterbier an Bedeutung. Bier wird als flüssiges Nahrungsmittel angesehen, das besonders in der Fastenzeit große Bedeutung hat. Denn »Flüssiges bricht das Fasten nicht«, wie es heißt. Um den süßen Geschmack des Bieres zu überdecken, werden Pottasche,

Kienruß, Ochsengalle und Kräuter wie Rosmarin, Lorbeer, Wachholder zugesetzt.

Im südwestdeutschen Raum, wenngleich traditionell ein Wein- und Mostgebiet, ist Bier schon früh heimisch. Die gezielte Verwendung von Hopfen für die Bierbrauerei scheint in der Pfalz bereits im 9. Jh. üblich zu sein.[2] Neben der Hausbrauerei für den Eigenbedarf, meist von Frauen betrieben, bildet sich im Hochmittelalter auch im Rhein-Neckar-Raum ein gewerbliches Brauwesen aus. Die Biersteuer entwickelt sich rasch zu einem wichtigen fiskalischen Instrument, das u.a. der Kriegsfinanzierung dient. Wird die Biersteuer erhöht, fürchtet die Bevölkerung Krieg.

In Deutschland kommt es um 1300 zu einer strukturellen Veränderung im Brauwesen: Die Handelsbrauereien treten neben die Kloster- und Hausbrauereien. Vor allem in den norddeutschen Hansestädten entwickeln sich die Brauerei und der Handel mit Bier zu einer lukrativen Einnahmequelle. Auf diese haben es selbst Seeräuber abgesehen. Und daher gründet sich schon Klaus Störtebekers Reichtum vor allem auf erbeutete Bierfässer.

Bier wird zu jener Zeit allerdings auch als eine Medizin angesehen. So beschreibt Hildegard von Bingen im 12. Jh. die heilende und nährende Funktion des Bieres und empfiehlt bei zahlreichen Krankheiten die äußerliche oder innerliche Anwendung. Die »Kraft des Getreides« sei gut für das Fleisch des Menschen und sein gesundes Antlitz. Im Vergleich zu abgestandenem Brunnenwasser oder durch Fäkalien verunreinigtes Trinkwasser aus Bächen und Flüssen dürfte das Bier in der Tat weitaus gesünder sein. Auch Papst Martin IV. (1281–85) rühmt den Gerstensaft. Er nennt fünf Gründe für den Bierkonsum und kommt zu dem Schluss: »Ergo bibamus!« Ebenso schätzen Studenten und Professoren der mittelalterlichen Universitäten den Gerstensaft als anregendes geistiges Getränk.

Die Tatsache, dass zu dieser Zeit nach wie vor wesentliche Prozesse des Brauens ungeklärt sind, bietet aber auch den Nährboden für Aberglauben aller Art. Brauen gilt zeitweise als Geheimwissenschaft. So vermag es nicht zu verwundern, dass das Symbol der Bierbrauer, der sechszackige Stern, der seit dem frühen 15. Jh. in Deutschland bekannt ist, ebenso wie der fünfzackige Stern als magisches Symbol gilt. Absurde Vorstellungen – so soll der Strick eines Gehängten oder Schlangenhaut unter dem Kessel eine gute Gärung fördern – begleiten die Bierbrauer. Die halluzinogene Rauschwirkung des Bieres – z.B. durch den Zusatz von Bilsenkraut, auch Hexenkraut genannt – wird in Zusammenhang mit der Hexerei gesehen. Nicht wenige Frauen werden denn tatsächlich der Brauhexerei angeklagt und zum Tode verurteilt, da sie angeblich den Sud verdarben, sauer machten oder durch teuflische Zusätze berauschende und enthemmende Wirkung beim Trinkenden hervorriefen.

Ab dem 16. Jh. werden in Deutschland lokale oder regionale Reinheitsgebote erlassen, die nur Wasser, Gerste und Hopfen für die Bierproduktion zulassen. Alle weiteren – teils gesundheitsschädlichen – Zusätze sind verboten. Die Hefe bleibt unerwähnt, weil ihre Funktion im Rahmen des Gärprozesses noch unbekannt ist. Die Reinheitsverordnungen sind wichtig zum Schutz der Biertrinker, denn Hopfen wird z.T. durch giftige Kräuter und andere Substanzen ersetzt. Darüber hinaus darf zur Vermeidung von Hungersnöten und Missernten meist kein Brotgetreide verwendet werden.

Etwa um diese Zeit etabliert sich der sagenhafte König Gambrinus als Schutzpatron der Brauer. Der heilige Gambrinus – mit Hopfenkranz, Krone und Königsinsignien dargestellt – soll auf eine historische Gestalt des ausgehenden Mittelalters zurückgehen. Ob es sich bei ihm um einen brabantisch-flandrischen König oder um einen Erfinder handelt, ist strittig, jedenfalls wird er der Schutzpatron der Bierbrauer und -trinker, die somit einen König zum Meister haben. Zahlreiche Brauereien, Biersorten und Bierlokale benennen sich nach Gambrinus.

Etwa ab dem 17. Jh. avanciert in allen Teilen Deutschlands, auch in den Weingegenden, Bier zum Volksgetränk. Arm und Reich trinken Bier. Liselotte von der Pfalz (1672–1722) nimmt ebenso Biersuppe zu sich wie Friedrich der Große (1712–86). Doch wird Bier auch für andere Zwecke verwendet: Im Barock entdeckt man, dass Gips mit Bier vermischt den Stuck besser zusammen hält ...

Vom Nahrungsmittel zum Genussmittel entwickelt sich der Gerstensaft aber erst im 19. Jh. Nun schwinden alte Privilegien und Monopole. Zünfte und Gewerberegeln verlieren ihre Bedeutung. Die traditionellen Klosterbrauereien und handwerklichen Kleinbetriebe stehen in Konkurrenz zu den technisch auf dem neuesten Stand befindlichen Industriebrauereien, die als Aktiengesellschaften den Bierausstoß in die Höhe treiben. Der in dieser Zeit aufkommende Konkurrenzkampf setzt sich heute auf internationaler Ebene fort.

Doch welche Formen auch immer die Bierproduktion annimmt, dass Bier ein Volksgetränk war und ist, lässt sich sogar bis in den Sprachgebrauch hinein beobachten. Im Volksmund sind noch viele alte Redensarten gebräuchlich, die mit Bier und Brauerei zu tun haben. Manchmal ist »Hopfen und Malz verloren«. Schon bei Hans Sachs wird der Stoßseufzer ausgesprochen »Hopfen und Malz, Gott erhalt's«. »Heute brau' ich, morgen back' ich, übermorgen hole ich der Königin ihr Kind!« ruft das Rumpelstilzchen im Märchen und verweist damit sowohl auf den Zusammenhang zwischen Bäckerei und Brauerei – beide haben mit Getreide, Hefe und Gärung zu tun – als auch auf den magischen Aspekt: nämlich Zaubersprüche und Schadenszauber. »Ich muss pissen wie ein Brauereigaul!« stellt eine deutlich-derbe Reminiszenz an Zeiten dar, in denen das Bier noch mit Pferdegespannen ausgefahren wird. »Das ist nicht mein Bier!«, rufen wir aus – entrüstet zusätzliche Arbeiten abweisend – oder bieten etwas an »wie sauer Bier«. Manche haben eine »Bierruhe« oder betreiben etwas »bierernst«. Ob der »Bierbauch« allerdings tatsächlich immer vom Genuss des Gerstensaftes kommt, bleibt eine offene Frage. »Das schlägt dem Fass den Boden aus!«, ist ein empörter Ausruf, der auf die Sitte zurückgeht, Bierbrauern, die ein schlechtes Gebräu anbieten oder die Steuer hintergehen, zur Strafe den Fassboden zu zerschlagen und damit das Fass unbrauchbar zu machen.

1.3 So wird Bier gebraut

Die Bestandteile, die zum Bierbrauen Verwendung finden, haben sich in Deutschland seit Jahrhunderten nicht geändert. Es sind immer noch die gleichen, die in den Reinheitsgesetzen des 16. und 17. Jh.s erwähnt werden. Auch wenn die EU-Richtlinien das deutsche Reinheitsgebot als verbindliche Regelung für alle in Deutschland angebotenen Biere ausgehöhlt haben, halten sich die einheimischen Brauereien nach wie vor freiwillig an die tradierten Regeln.

Die natürlichen Bestandteile des Bieres sind ausgesprochen nahrhaft. Schon immer gilt das Getränk als Brotersatz. Bier besteht allein aus Hopfen, Malz, Wasser und Hefe. Die Hefe wird in den alten Reinheitsgeboten nicht eigens erwähnt, weil deren Wirken zu jener Zeit nicht genau bekannt ist.

Der Hopfen, genauer die weibliche Hopfenblütendolde, sorgt für das typisch herbe Aroma, eine gewisse Bitterkeit und erhöht die Haltbarkeit des Bieres. Ferner unterstützt sie beim Brauen die Ausscheidung von pflanzlichem Eiweiß, das den Bitterstoff Lupulin enthält, und sorgt für eine feste Schaumkrone.

Braumalz ist gekeimtes und gedarrtes Getreide. Die stärkereiche und eiweißarme Braugerste wird in einem Bottich eingeweicht, wodurch sich die Schale löst. Anschließend wird das Getreide durch Wärmezufuhr zum Keimen gebracht und getrocknet. Das Darren stoppt den Keimungsvorgang. Enzyme, Farb- und Geschmacksstoffe sind nun aufgeschlossen für die nächsten Schritte. Das süßlich schmeckende Malz ist bereit für die Bierherstellung.

Das Brauwasser muss rein sein. Es enthält natürliche Salze, die wichtig sind für die weiteren Prozesse der Bierentstehung. Da jede Region spezifisches Wasser hat, beeinflusst dieses gleichfalls den jeweils typischen Geschmack, je nachdem, ob es weich oder hart ist und welche Mineralstoffe in welcher Konzentration es enthält. Besonders berühmt ist das Pilsener Brauwasser, wenngleich heute durch moderne Aufbereitungstechniken die Bedeutung des in einer Region natürlich vorgegebenen Wassers geschwunden ist.

Seitdem die Bedeutung der Hefe auch wissenschaftlich belegt ist, legen die Brauereien großen Wert auf die Qualität dieses Bestandteils. Es gibt besonders gute Hefestämme, die von den Brauereien, die sie züchten, für gutes Geld in alle Welt weiterverkauft werden. Die Hefe ist wichtig für Gärung, Geschmacksentwicklung und Haltbarkeit. Ihr Wirken ist an bestimmte Temperaturgrade und Feuchtigkeit gebunden. So genannte »wilde Hefen« können einen kompletten Sud vernichten.

Nicht nur die Bestandteile des Brauens, auch die Schritte des Bierbrauens haben sich – ungeachtet aller technischen Innovationen des Brauvorgangs – seit Jahrhunderten nicht grundlegend geändert. Der erste Schritt ist das Schroten. Das Getreidemalz wird in der Schrotmühle zu Malzschrot zerkleinert. Dann kommt das Maischen, bei dem das geschrotete Malz mit Wasser in der Braupfanne zu Maische vermischt wird. Dabei bildet sich bei bestimmten Temperaturen die Würze, wobei Enzyme aus der Maische eine zuckerhaltige Lösung bilden. Der dritte Schritt, das so genannte Abläutern, geht im Läuterbottich vor sich. Hier werden die festen, unlöslichen und die flüssigen Bestandteile der Würze voneinander getrennt. Die festen Bestandteile, Treber genannt, sind als nahrhaftes und hochwertiges Viehfutter beliebt.

Schließlich wird die Würze unter Zugabe von Hopfen in der Sudpfanne gekocht. Der Hopfen macht das Bier haltbarer, sorgt für die herbe Würze und die Schaumbildung. Auch soll er eine saure Gärung verhindern. Wenn die gewünschte Konzentration, also der in der Flüssigkeit gelöste Extrakt, die Stammwürze, erreicht ist, wird das Kochen beendet.

Nach dem Sieden folgt die Kühlung der Würze. Im Kühlschiff, einem flachen Bassin mit großer Oberfläche, wird die Würze mit Hilfe von Wasser oder Eis abgekühlt. Zugleich werden Trübstoffe herausgefiltert und z.B. in einem »Trubsack« aufgefangen. Danach wird der erkaltete, zuckerhaltige Sud im Gärbottich unter Zugabe von Hefe vergoren; das Jungbier entsteht. Die Hefe vergärt den Zucker der Würze zu Alkohol und Kohlensäure. Bei der Nachgärung in einem Lagertank oder -fass reift das Bier, es klärt und reichert sich weiter mit Kohlendioxid an. Die Lagerung und Reifung dauern mehrere Wochen.

Nun scheiden sich die Geister, früher schon und jetzt wieder in den Gasthausbrauereien, ob auf das Filtrieren verzichtet werden soll. Die natürlichen Nährstoffe bei dem Nicht-Filtrieren bleiben erhalten, aber das Bier ist nicht lange lagerfähig. Industriell produziertes Bier wird filtriert und verliert dadurch Hefe, Enzyme und Vitamine. Da die Trübstoffe wegfiltriert sind, ist es klar. Der letzte Schritt besteht in der Abfüllung in Fässer oder Flaschen.

Ob ein Bier obergärig oder untergärig gebraut ist, hängt von der verwendeten Hefeart ab. Obergärig gebraut sind Weizenbiere bzw. Kölsch und Altbier (daher der Name, nach »alter« Brauart). Im Mittelalter herrscht in Deutschland das obergärige Brauverfahren vor. Dabei steigt während des Gärungsprozesses die Hefe an die Oberfläche der Würze. Die Gärung läuft schneller ab, lange Lagerzeiten sind nicht erforderlich. Allerdings machen wilde Hefen aus der Luft das Bier schneller sauer. Ab dem 15. Jh. wird in Süddeutschland die Untergärung eingeführt, auch kalte Gärung genannt. Von Bayern und Österreich aus setzt sich diese Brauart erst im 19. Jh. in ganz Deutschland durch. Untergärige Hefe, vor allem bei den Pilsener, Lager- und Export-Sorten benutzt, setzt sich am Boden des Gärgefäßes ab. Das in Böhmen Mitte des 19. Jh.s erstmals gebraute Pils ist herber und stärker als andere Sorten. Lagerbier ist durch stärkere Hopfung und längere Gärzeit haltbarer, auch das Exportbier ist durch höhere Stammwürze länger lagerfähig und, wie der Name sagt, für Transport und Ausfuhr besonders geeignet.

Manche Biersorten werden nur zu bestimmten Jahreszeiten gebraut. So der Maibock zum Start der Biergartensaison. Er enthält ca. 17% Stammwürze und markiert das Ende der Bock- und Starkbiere, die in den kalten Monaten getrunken werden. Frühjahrsbockbiere erhalten von den Brauereien meist Namen, die auf -ator enden (Salvator, Castellator). Dabei schwankt der Alkoholgehalt je nach Sorte zwischen etwa 3,5 und 6,5%. Die Farbe des Bieres hängt vor allem vom verwendeten Braumalz ab.

Dass Bier als »flüssiges Brot« gilt, hat seinen Grund. Denn es enthält eine Reihe wertvoller Nährstoffe. Neben Kohlehydraten sind es Vitamine, vor allem des B-Komplexes. Diese sind gut für den Stoffwechsel, für Haut und Haar. Ferner stärken sie Nerven und Immunsystem. Mineralstoffe wie Kalium und Magnesium fördern Herz- und Muskelfunktion. Der Hopfen gilt als natürliches Beruhigungsmittel. So kann das Bier der Gesundheit dienen. Beim Genuss des Gerstensafts kommt es – wie bei vielen anderen Dingen – eben auf das richtige, gesunde Maß an.

Castellator Doppelbock der Heidelberger Schlossquellbrauerei, Flaschenetikett um 1960 (Privatsammlung)

2 Wie das Bier nach Heidelberg kommt ...

2.1 *Dunkle Anfänge*

Wahrscheinlich wird man nie erfahren, wann und von wem das erste Bier auf Heidelberger Gemarkung gebraut wird. Kelten, Römer und Germanen stellen zwar Bier oder bierähnliche Getränke her, doch ob sie dies auch auf der Gemarkung der heutigen Stadt Heidelberg tun, ist unklar. Zumindest gibt es keinen eindeutigen schriftlichen oder archäologischen Beleg für eine hiesige Brautätigkeit.

Es ist durchaus denkbar, dass die Kelten, die im Raum Heidelberg siedeln und im 5. Jh. v. Chr. auf dem Heiligenberg ein politisches, religiöses und kulturelles Zentrum etablieren, hinter ihren mächtigen Ringwällen Gerstensaft trinken. Für die römisch-germanische Zeit gibt es immerhin indirekte Belege: In Neuenheim und auf dem Heiligenberg sind aus dieser Zeit stammende Teile von Trinkhörnern entdeckt worden, wie sie für den Konsum von Bier Verwendung finden. Bei den Funden handelt es sich um Metallbeschläge, Ösen und Halterungen für die Hörner. In der Villa rustica in Walldorf wird eine steinerne Malzdarre aus römischer Zeit ausgegraben. Sie zeigt, dass auch die Römer in der Rhein-Neckar-Region das Bierbrauen praktizieren.[1]

Aus der Zeit des Mittelalters gibt es wiederum keine Quellen, die eindeutig Auskunft über eine Brautätigkeit auf Heidelberger Gemarkung geben könnten. Zwar lässt sich vermuten, dass in den Wirtschaftsbereichen der Klöster auf dem Heiligenberg oder in der Altstadt, vielleicht im Spital am Kornmarkt, kleinere Bierbrauereien existieren, aber bisher sind hierfür weder eindeutige schriftliche Belege noch Fundstücke wie Braukessel oder biologische Überreste von Hopfen sowie Braugerste aufgetaucht.

Für die geistliche wie weltliche Herrschaft ist zunächst der Wein von Bedeutung. So bauen die Mönche auf dem Heiligenberg in unmittelbarer Klosternähe Wein an und verfügen – wie die anderen Lorscher Gründungen – durch Schenkungen und Erbschaften im Rhein-Neckar-Raum über zahlreiche Weinberge, Äcker und Höfe. Es lässt sich nur darüber spekulieren, ob die Mönche auf dem Heiligenberg auch Bier brauen, wie das von vielen mittelalterlichen Klöstern gehandhabt wird, um Insassen und Pilger zu stärken. Aus den im 12. Jh. im Lorscher Codex zusammengefassten Urkunden ist ersichtlich, dass Eimer mit Bier in der Region als Naturalabgabe von den Huben durchaus üblich sind.[2] Um 1090 muss der Meier des Hofs in Fürth im Odenwald den Mönchen auf dem Heiligenberg Kessel und Pfannen abliefern, die möglicherweise zum Bierbrauen bestimmt sind.

Auch für die Stadt Heidelberg gibt es für das Mittelalter keinen sicheren Beleg für eine Brautätigkeit. Die seit dem späten 12. Jh. urkundlich nachweisbare Stadt ist noch klein, erlebt aber im 14. Jh. einen Aufschwung. Der Einfluss des Bistums Worms und der Abtei Lorsch schwindet immer mehr, die Pfalzgrafen gewinnen an Macht und Territorium hinzu. Die Universitätsgründung 1386 markiert einen Bedeutungsgewinn Heidelbergs. 1392 wird die zu klein gewordene Stadt, die bis zu diesem Zeitpunkt im Westen an der Linie Grabengasse/Große Mantelgasse endet, erweitert. Der Weiler Bergheim wird einverleibt; die Bauern werden in die neue Vorstadt zwangsumgesiedelt, die sich zwischen Grabengasse und heutiger Sofienstraße erstreckt. Seit 1357 wird in der Stadt ein Jahrmarkt abgehalten. In Peter Luders Stadtbeschreibung von 1458 heißt es immerhin, die rund 5.000 Einwohner zählende Stadt sei »vielbesucht von Fremden, mit zahlreichen Einwohnern«,[3] wenn auch die Heidelberg-Ansicht Sebastian Münsters von 1527 noch eine Stadt von recht bescheidenen Dimensionen zeigt.

Über Handwerk und Gewerbe Heidelbergs in diesen Zeiten ist wenig Genaues bekannt. Viele Dokumente fallen den späteren Stadtzerstörungen und dem Rathausbrand zum Opfer. Eine sehr wohlhabende Stadt ist Heidelberg nicht. Doch bieten der kurfürstliche Hof, der lokale Adel und die Universität keine gar so schlechte Basis für die Entfaltung von Handwerk und Gewerbe. Zwar wird Heidelberg nie eine bedeutende Handelsstadt, es liegt aber günstig an der Kreuzung der Handelswege von Frankfurt nach Basel und von der Pfalz ins Neckartal. Mit ihrer Brücke verfügt die Stadt über den einzigen festen Neckarübergang im Umkreis, eine günstige Voraussetzung für Gastronomie und Beherbergungsgewerbe.

2.2 Wein, Most und Bier

Für den von den Römern in der Region eingeführten Weinbau sind Klima und Bodenbeschaffenheit in Heidelberg günstig. Bis weit in die Neuzeit hinein gibt es zahlreiche Weinbauern in der Stadt. Die wenigen erhaltenen Einwohner- und Steuerlisten des 15. Jh.s erfassen in Heidelberg unter den ca. 550 Zunftbürgern keinen einzigen Bierbrauer; hingegen stellen die Weingärtner mit rund 130 Mitgliedern die größte Zunft.[4] In und um Heidelberg gibt es zahlreiche Weinberge, wie auch auf alten Darstellungen, etwa dem Merian-Stich von 1620, zu sehen ist. Wein wird an den Hängen des Heiligenbergs, des Gaisbergs und in der westlichen Ebene angebaut. Das Große Fass auf dem Schloss in seinen verschiedenen Ausführungen und später der weinselige Perkeo werden Sinnbilder des Alkoholkonsums und der kurpfälzischen Lebenslust.

In guten Traubenjahren kommt es mitunter zu grenzenloser Verschwendung des Weines. Johann Peter Kayser, Pfarrer in Handschuhsheim, berichtet in seiner 1733 vorgelegten Chronik, 1484 habe es so viel guten Wein gegeben, dass ein Fass dreimal teurer gewesen sei als sein Inhalt, Wein werde zum Anrühren von Mörtel benutzt oder sogar ausgeschüttet. Durch übermäßigen Alkoholkonsum angefeuert entstünden sogar Händel zwischen Studenten, Adel und Bürgern. Als Strafe für diese Lästerungen, so Kayser, folgten mehrere Jahre mit schlechtem Wetter und Missernten. Dadurch würden die geistigen Getränke teuer und 1488 das Ungeld für alkoholische Getränke eingeführt, »Tranck-Steuer« genannt.[5] Zu dieser Zeit ist Bier, wie sich aus der steuerlichen Gleichstellung mit Importwein schließen lässt, offenbar nur »Einfuhrartikel«. So ist es in Heidelberg üblich, vom Bier das zehnte Maß als »Ungelt« zu erheben. Eine Regelung, wie sie auch für importierten Südwein gilt. Auch das lässt darauf schließen, dass Bier noch kein sehr verbreitetes Getränk ist. Befreit von diesen Getränkesteuern ist der Hofstaat, Universitätsangehörige müssen nur für importiertes Bier Steuern zahlen. Die Form der Besoldung der Universitätslehrer im Mittelalter schließt auch Naturalien und Wirtschaftsprivilegien ein. Steuer- und Zollfreiheit zählen ebenso dazu wie freier Weinschank und vermutlich die eigene Braugerechtigkeit, so dass die gelehrten Herren steuerfreien Gerstensaft herstellen und »ihre Schüler mit einem vielleicht nicht immer ganz bekömmlichen Hausbräu traktieren durften«.[6]

Dass bei Hofe, gelegentlich unterbrochen von religiös motivierten Abstinenzbemühungen, und auch an der Universität kräftig getrunken wird, besonders bei Turnieren, Schützenfesten, Fürsten-Tagen und feierlichen Besuchen hoch

»Du bist mein Bierjunge« oder »Vivat academia, vivant professores …« Es lebe die Akademie, es leben die Professoren. Stimmungsvolle Ansichtskarte (STAHD)

gestellter Persönlichkeiten, steht außer Frage. Neben dem Wein ist in der Kurpfalz der Most beliebt, für dessen Herstellung genügend Obstbäume vorhanden sind.

Die Bierbrauerei ist zu dieser Zeit noch schwer kalkulierbar. Manchmal kommt es nicht zur Gärung, Bakterien gelangen in die offenen Bottiche, das Gebräu wird schlecht und muss dann sprichwörtlich wie »sauer Bier« angeboten werden. Wozu also in der Kurpfalz Bier brauen?

Die Bierbrauerei blüht erfahrungsgemäß in solchen Gegenden, die wegen des Klimas oder der Bodenbeschaffenheit nicht für Weinbau geeignet sind; dies gilt besonders für Teile Bayerns und für Norddeutschland. Bayerische Klöster haben lange Erfahrung mit der Brautechnik. Für die Hansestädte in Norddeutschland ist Bier seit dem 14. Jh. ein wichtiger Exportartikel. An Bierexport ist zunächst in Südwestdeutschland nicht zu denken. Da das Wasser im Mittelalter in vielen Städten kaum genießbar ist, zumal Brunnen und Latrinen häufig dicht beieinander liegen, kommt es zum verbreiteten Genuss von bekömmlicheren Getränken wie Wein oder Bier. Da in Heidelberg durch die rund 50 Quellen des Königsstuhlhangs ausreichend Trinkwasser in guter Qualität zur Verfügung steht, ist hier die Notwendigkeit von Ausweichgetränken weniger groß. Schon seit dem 13. Jh. verlegt die Stadt Wasserleitungen, um Quellwasser vom Berg und mittels eines ausgeklügelten Verteilungssystems in die Stadt zu bringen.[7]

Vermutlich trinkt also die Heidelberger Bevölkerung im Mittelalter und der frühen Neuzeit vor allem Quellwasser, mit Wasser verdünnten Wein, Most, Obstsäfte und nur in geringem Umfang Bier. Dieses Bier wird, wie in jenen Zeiten üblich, zumeist von Frauen für den Familienbedarf hergestellt. Oft wird ein Teil des für das Brotbacken bereitgestellten Teigs abgezweigt und als Basis für die Biergärung verwendet. Sollte das Bier nicht gelingen, wird die Schuld eventuell der Nachbarin zugeschoben, die als »Bierhexe« durch einen Schadenszauber »böses Bier« gemacht hat.

Gegen Ende des 16. Jh.s gewinnt das Bier in Heidelberg und der Kurpfalz an Bedeutung. Hauptgrund hierfür ist der »Misswachs«, also schlechte Traubenernten, die den Wein verteuern, wie in der kurfürstlichen Bierordnung von 1603 ausdrücklich erwähnt wird. Ferner kommt es offenbar in der Kurpfalz in jener Zeit zu einem Geschmackswandel: Bier wird beliebter und verbreitet sich als »neues« Nahrungs- und Genussmittel im Südwesten. Im Jahr 1603 gibt es in Heidelberg – wie der kurfürstlichen Bierordnung zu entnehmen ist – bereits zehn Brauereien. Die Zahl der Braubetriebe hat sich innerhalb von nur 15 Jahren mehr als verdoppelt. Bier ist nun auch in Heidelberg zum verbreiteten Volksgetränk geworden.

Heidelberg verfügt über gute natürliche Voraussetzungen für die Bierbrauerei, denn alle nötigen Rohstoffe sind in der Stadt oder der näheren Umgebung vorhanden. Gerste und Hopfen gedeihen, Wasser ist, wie oben dargestellt, in ausreichender Menge und Qualität vorhanden. Zudem bieten die Felsenkeller am Nordhang des Königsstuhls ideale Kühl- und Lagermöglichkeiten. Im Winter wird Neckareis gebrochen, in die Keller verfrachtet und kühlt dort bis in den Sommer hinein die Fässer. Dennoch gilt: Für die Zeit vor 1588 gibt es weder schriftliche noch sächliche Beweise für Brautätigkeit. Auch die paläobotanische Analyse von Abfallgruben und Latrinen, die Auskunft über das Nahrungsangebot geben, liefert diesbezüglich keine positiven Ergebnisse, etwa Rückstände von Hopfen oder Braugerste. Allerdings lassen die Funde von Trinkgeschirr in der Altstadt Rückschlüsse auf die Trinkgewohnheiten der Bevölkerung zu. Ausgrabungen in Fäkaliengruben und Kellergewölben vor allem in den Bereichen Kornmarkt, Karlsplatz, Seminarstraße, Untere Neckarstraße 70–74 und Grabengasse 14 zeigen, dass spätestens seit dem frühen 16. Jh. eine Vielfalt von Trinkgefäßen aus Keramik und Glas für Wasser, Säfte, Wein und wohl auch Bier in Gebrauch ist.[8]

Man erkennt, dass Glasgefäße den Vorteil haben, geschmacklich und farblich neutral zu sein und dem Getränk »keine Theilhaftigkeit« abzugeben.[9] Während die arme Bevölkerung mit einfachsten Holzgefäßen vorlieb nehmen muss, können wohlhabendere Bürger auf ein breites Spektrum von Keramikbechern, Pokalen, Glaspechtern, Stangen- und Noppengläsern zurückgreifen. Ob sich vor Mitte des 16. Jh.s bereits selbstständige Brauer etabliert haben oder die Brauerei eine Nebentätigkeit für den Eigenbedarf ist, bleibt dagegen im Dunklen.

Immerhin gibt es 1588, Heidelberg hat rund 6.000 Einwohner, vier hauptberuflich mit der Bierbrauerei beschäftigte Bürger in der Stadt, während in den Einwohnerverzeichnissen des 15. Jh.s überhaupt keine Bierbrauer auftreten. In der »Sandt Gaß«, die Ende des 16. Jh.s neben der Sandgasse auch die heutige Schiffgasse umfasst, wohnt ein namentlich nicht genannter »Bierbreuer«, die anderen drei werden als »Biersieder« bezeichnet und namentlich aufgeführt. In der »Groß Mantel Gaß«, nicht weit vom berüchtigten »Frauenhaus«, lebt der Biersieder Peter Deber mit Familie, Knecht und Magd, möglicherweise dort, wo Merian 1620 ein Fass auf der Gasse zeigt und später die Familie Schaaff im »Weißen Bock« Bier braut. »Vorm Marckbronner Thor«, also südlich der Kettengasse, wohnt sein Kollege Frantz Metz. Schließlich braut in der »Stein Gaß« der Niederländer Wilhelm de Roo, der acht Kinder hat, Bier.[10] Die Lage seiner Brauerei ist besonders günstig, da über die, wie der Name betont, gepflasterte Gasse der Durchgangsverkehr zur einzigen festen Neckarbrücke weit und breit führt. Reisende machen hier Station, versorgen die Pferde, übernachten vielleicht auch.

Die Stadt verfügt über insgesamt 14 Schildwirtschaften, also Gasthäuser mit auf dem Grundstück haftendem Bewirtungsrecht – angezeigt durch das im Eingangsbereich aufgehängte Schild. Hinzu kommen einige Lokale mit eingeschränktem Ausschankrecht für Wein und Bier.

Dass Bier zu dieser Zeit ein in der Kurpfalz bekanntes und verbreitetes Getränk ist, lässt sich schon aus dem um 1588 vom kurfürstlichen Leibarzt Tabernaemontanus verfassten Kräuterbuch schließen, in dem er detailliert auf die Herstellung guten Bieres eingeht. Möglicherweise existiert zu dieser Zeit am Fuß des Schlosses eine kurfürstliche Brauerei, zu lokalisieren am Friesenberg in Höhe der heutigen Hauptstraße 248. Diese Vermutung, von Karl Christ vertreten, stützt sich auf das Einwohner-Verzeichnis von 1600, das »vorm obern thor« einen Martin Reuttel aufführt, der mit seiner Familie und Untermietern als »Bier-Preuer in der Sengerei« wohnt.[11] Reuttel könnte der herrschaftliche Bierbrauer sein, der hier für den Hof braut. Doch gibt es für eine kurfürstliche Brauerei keinen weiteren Beleg, schon gar keinen archäologischen. Unklar bleibt auch, woher der noch heute so genannte »Biersiedersteig«, ein Bergpfad im Stadtwald südlich des Schlosses, seinen Namen hat. Die Bezeichnung lässt sich spätestens seit Mitte des 18. Jh.s belegen und könnte darauf zurückzuführen sein, dass von alters her auf diesem Weg Braugerste und Malz auf Lasteseln vom Kraichgau und den Mühlen des Elsenztals direkt zu den Biersiedereien der Altstadt gebracht wird.[12] Eindeutig nichts zu tun mit der Bierbrauerei hat der »Bierhelderhof« an der Grenze zwischen Heidelberg und Rohrbach. Der Hof, dessen Name wohl vom Wort Beeren, vielleicht auch von Bär oder von einer alten Bezeichnung für den Zuchteber stammt, wird erstmals 1442 urkundlich als »ze berhelden« erwähnt und findet sich in der Folgezeit als »beerheiligen« oder »beerheller hoff« in den Dokumenten.[13]

2.3 Bierordnung von 1603

Als 1516 der bayrische Herzog Wilhelm IV. sein Reinheitsgesetz für Bier erlässt, wird er Pionier für das älteste, im Kern bis heute gültige Lebensmittelgesetz. Viele deutsche Territorialfürsten folgen seinem Beispiel und führen ähnliche Reinheitsgebote ein. Anlass für die Bierordnungen des 16. und 17. Jh.s sind die zahlreichen Versuche der Brauer, die Herstellungskosten ihres Gebräus durch Zusätze von Kräutern, Pulvern, Metall und anderen Stoffen zu verringern und zugleich die rauschhafte Wirkung ihres Bieres zu steigern. Noch hat sich der Hopfen als geeigneter Zusatzstoff für die Biersiederei nicht allgemein durchgesetzt. Statt dessen kommen ins Bier: Bilsensamen, Seidelbast, Ochsengalle, Pech, Ruß, Kreide, Rinde, Wermut, Wacholder, Kümmel, Zimt oder Salz. Dass diese und weitere, teils giftige Zusatzstoffe wenig bekömmlich sind und häufig »böses Bier« und grimmende Mägen produzieren, liegt auf der Hand.

Heidelberger Bierordnung von 1603: Sie soll die Reinheit des Bieres garantieren und regelt Steuerfragen (Generallandesarchiv Karlsruhe)

Auch der Heidelberger Kurfürst Friedrich IV., »von Gottes Gnaden Pfalzgraf bey Rhein« (1583–1610), hält eine Regulierung des Bierbrauens für nötig. Der Fürst selbst, obwohl protestantisch-calvinistisch geprägt, ist keineswegs ein Kostverächter und steht in der Tradition der kurpfälzischen Fürsten, die zumeist Feste, Trink- und Essgelage schätzen und nicht selten »voll gewest« sind, wie ein bekanntes Lied weiß. Friedrichs IV. Leibarzt Dr. Marx, besorgter Beobachter des kurfürstlichen Lebenswandels, notiert über seinen Herrn: »Am 11. Juni 1601 ist der Kurfürst in fünf Stunden von Heidelberg nach Erbach (im Odenwald) geritten, hat sich dabei sehr bewegt und erhitzt und darnach mit unordentlichem Trinken (Wein, Bier und Milch durcheinander!) gar verderbet.« Der Kurfürst liegt wieder einmal »elend darnieder«, wird ohnmächtig, hat Fieber und epilepsieartige Anfälle.[14]

Unmittelbarer Anlass für die am 3. Januar 1603 erlassene strenge »Bier-Ordnung der Stadt Heydelberg« ist der durch die »Weintheuerung« wegen »mißwachsender Jahr« erhöhte Zuspruch zum Bier.[15] Ausdrücklich erwähnt der Kurfürst, es seien in der Kurpfalz, »sonderlich aber in Unserer Statt Heydelberg allerhand beschwerliche Unordnungen und ungebührliche Vortheil gespührt und geklagt worden«, was sich vermutlich sowohl auf die Qualität des Bieres als auch auf Steuerfragen bezieht.

Das neue Gesetz regelt in insgesamt elf Artikeln die Reinheit des Bieres, die Zahl der Betriebe und klärt Steuerfragen sowie Kontroll- und Strafmaßnahmen. Das Dokument legt im ersten Punkt fest, dass in Heidelberg nur ausgebildete Bierbrauer mit »erlaubnuß« von Rat und Bürgermeister der Stadt »Bier allhie uff den Verkauf« brauen dürfen. Die Zahl der Brauer wird auf sechs limitiert, den vier überzähligen Biersiedern soll aber nicht per Gewaltakt das Handwerk gelegt werden, sondern durch die Nichtbesetzung freiwerdender Stellen. Wer für den Eigenbedarf im Hause brauen will, darf dieses auch weiterhin uneingeschränkt tun.

Kern des Gesetzes ist das Reinheitsgebot in Artikel zwei: Bei der Bierproduktion dürfen nur »diese drey Stück, Gerstenmalz, Hopfen und Waßer« verwendet werden, wobei auch

Kurfürst Friedrich IV. regiert 1592 bis 1610 und erlässt 1603 die Bierordnung (Kurpfälzisches Museum)

Weizen statt Gerste zugelassen wird. Per Eid müssen die Bierbrauer bestätigen, ihr Produkt nicht zu verwässern oder durch Zusätze, »die dem Menschen nachtheilig« sind, zu verunreinigen. Auch die Siede- und Kühlzeiten werden festgelegt, damit das Bier »sein gebührlichen Sud und Kuelung« erhält. Im Maischvorgang soll keine »Kochung« stattfinden, um die Rohstoffe schonender zu behandeln. Der Brauer soll seinen Sud auch »gebührlich höpfen, das sich's halten möge«, ein Beleg dafür, dass inzwischen diese Eigenschaft der Hopfenpflanze erkannt ist. Da bisher »zu Unzeiten im Jahr gebrawen worden« sei, wird der Zeitraum »allein von Michaelis biß Georgy« (29.9. bis 23.4.) als Brauzeit festgelegt. Nur in Ausnahmefällen, mit ausdrücklicher Genehmigung des Rats darf »im Sommer frisch Bier« gebraut werden. Hintergrund dieser Bestimmung ist, dass der frische Biersud in der warmen Jahreszeit angesichts der unvollkommenen Kühl- und Lagermöglichkeiten zu leicht verdirbt. Im Regelfall muss also das im Winter gebraute, in Felsenkellern mit Neckareis gekühlte Bier bis zum Sommer reichen, bis dann im Herbst wieder frisch gebraut werden darf.

Weiterhin sollen die kontrollierenden »Bierkieser« auf den begutachteten Fässern Zeichen und Siegel anbringen. Es wird ein Maximalpreis von 12 Pfennig für ein Heidelberger Maß, also etwa zwei Liter oder vier Schoppen, festgelegt. Eine Braukesselsteuer von vier Pfennigen auf ein Heidelberger Fuder (1.078 Liter) ist zu entrichten. Die Biersieder haben festzuhalten, an wen sie welche Menge Bier verkaufen, beim Verkauf an Wirte sind 100 Pfennige pro Fuder des fertigen Bieres zu entrichten. So müssen sowohl die Bierbrauer eine mengenabhängige Steuer zahlen als auch die Wirte für den Ausschank. Jede zehnte Maß wird »verungeltet«. Während, wie bei Verbrauchssteuern üblich, ¾ an den Landesherren und ¼ an die Stadt gehen – dies gilt auch für aus der Pfalz exportiertes Bier –, darf die Stadt Einnahmen aus nach Heidelberg importiertem Bier behalten. Der Universität werden ausdrücklich keine Privilegien oder Steuerbefreiungen in Sachen Bier zugebilligt, hingegen wird der Hofstaat im zehnten Artikel von Biersteuern ausgenommen.

Zum Regelwerk gehört ein System von Kontrollen und Strafen. »Sonderbare Bierköster« überwachen die Qualität des Gebräus, »Umbgelter« registrieren die Biermenge und schaffen die Basis für Steuern und Abgaben. »Dörrbesichtiger« kontrollieren die Malzdarren auf Feuergefährlichkeit, eine lebensnotwendige Maßnahme in der eng bebauten Altstadt. Drakonische Strafen »an leib oder gut« drohen demjenigen »verbrecher«, der zur Unzeit braut oder gar verunreinigtes Bier produziert: Neben der Ablieferung des Gebräus können bis zu zehn Gulden Geldstrafe und ein Brauverbot verhängt werden.

Die Bierordnung hat den Sinn, durch detaillierte Festlegung von Wirtschaftsfragen Konflikte zu vermeiden. Die vom Kurfürsten in der Einleitung seines Gesetzes angesprochene »Weintheuerung« spricht dafür, dass um 1600 vor allem wohl bei den ärmeren Bevölkerungsschichten Bier an Beliebtheit gewinnt und dieses Feld einer Regelung bedarf. Nicht zuletzt dürfte Eindeutigkeit bei Steuern und Abgaben das Ziel des Gesetzes gewesen sein. Die Limitierung auf sechs Bierbrauer in Heidelberg entspricht der auch in den Zünften üblichen Kontingentierung, um eine Überbesetzung der Gewerbe zu vermeiden. Inwieweit die Begrenzung auf sechs Bierbrauer nach 1603 sich überhaupt als durchsetzbar erweist, ist nicht überliefert. Auch sonst ist über die Durchsetzung des Gesetzes in den bewegten Zeiten des 17. Jh.s nichts bekannt.

In weiser Vorahnung deutet der Kurfürst im letzten Artikel seiner Bier-Ordnung an, dass dieses Gesetz »nach gelegenheit und erforderung der nothdurft« der jeweiligen Zeit angepasst werden müsse. So werden vor allem die Modalitäten der Steuererhebung immer wieder geändert. Mal wird auf den Sud eine Braukesselsteuer erhoben, dann wird statt des Siedegelds eine Geldsteuer auf den Verkauf an die Wirte erhoben, die wiederum an die Stadt ein »Ungeld« von zehn Prozent zu zahlen haben. Ab 1673 ist nach der erneuerten Bierordnung ein Malzaufschlag zu entrichten. Das »Malzgeld« richtet sich nach dem Volumen der Säcke geschroteter Frucht, deren Taxe 1701 erneut erhöht wird.

Nie angetastet wird allerdings der Kern der Bierordnung: das Reinheitsgebot. Zur Erinnerung an dieses uralte Heidelberger Lebensmittelgesetz nennt die Heidelberger Brauerei heute ihr Spezial-Pils »1603«.

2.4 Wiederaufbau im 18. Jahrhundert

Die Zeit, in der die »Heydelberger Bierordnung« entsteht, fällt zusammen mit der politischen und kulturellen Blüte der kurpfälzischen Residenz. Die Universität zieht bedeutende Gelehrte an. Schloss und Stadt werden ausgebaut. Der berühmte Hortus Palatinus wird angelegt. Die Heirat Kurfürst Friedrichs V. mit Prinzessin Elisabeth Stuart schafft eine Verbindung mit dem englischen Königshaus, die politischen Ambitionen der Kurpfalz reichen weit über ihr Territorium hinaus. Der von Feuerwerk und festlichem Prunk umrahmte Einzug des jungen Paares markiert den glanzvollen Höhepunkt dieser Phase. Heidelbergs Zenit ist mit der Annahme der böhmischen Königskrone durch Friedrich V. im Jahr 1619 allerdings rasch überschritten. Es beginnt eine Phase von Katastrophen und Zerstörungen.

Im Dreißigjährigen Krieg muss Heidelberg 1622 die Eroberung durch Tilly und 1633 durch die Schweden ertragen. Die berühmte Bibliotheca Palatina wird geraubt und nach Rom verschleppt. Truppen freundlicher wie feindlicher Provenienz lagern in und um Heidelberg und wollen versorgt werden. Zur Tagesration gehört ebenfalls ein Quantum Alkohol – nur so sind wohl die kriegerischen Zustände auszuhalten. Auch in der Pfalz geht man dazu über, die Truppen weniger mit Wein zu beköstigen, sondern eher mit Bier und seinem sedierenden Hopfen zu beruhigen.[16] Schließlich wird im pfälzisch-französischen Erbfolgekrieg die Stadt 1689 teilweise und 1693 fast völlig zerstört. Die überwiegend aus Holz gebauten Häuser, wie sie auf Merians Stich von 1620 zu sehen sind, gehen in Flammen auf. Mit ihnen Dokumente, die über Handwerk und Gewerbe im mittelalterlichen und frühneuzeitlichen Heidelberg genauere Auskunft geben könnten.

So liegen am Ende des 17. Jh.s Stadt und Umgebung verwüstet, der Großteil der Bevölkerung ist tot oder geflüchtet, einige Bürger versuchen in den Trümmern notdürftig ihre Existenz zu sichern. Erst nach dem Frieden zu Rijswijk im Jahr 1697 kann in halbwegs geklärten Verhältnissen ernsthaft an einen Wiederaufbau gedacht werden. Mit Privilegien, Schutzbriefen und Versprechungen versucht Kurfürst Johann Wilhelm Bürger zur Rückkehr in die Kurpfalz zu animieren und Neubürger zur Niederlassung anzuwerben. Unter den neu Zugezogenen, die auch aus Holland, Frankreich oder der Schweiz kommen, sind unternehmungslustige und qualifizierte Persönlichkeiten, die Erfahrung und frischen Schwung in die Stadt bringen. Langsam kommt das wirtschaftliche Leben wieder in Gang, die Infrastruktur wird verbessert. Doch kaum beginnt sich neues Leben zu regen, trifft Heidelberg 1720 mit der Verlegung der Residenz nach Mannheim unter Kurfürst Karl Philipp der nächste Schlag. Der Abzug des Hofstaats und der Verwaltung bedeutet einen harschen wirtschaftlichen Substanzverlust für die Stadt.

Der Wiederaufbau des Gasthaus- und Brauereiwesens ist kein einfaches Unterfangen. Nicht nur, dass die Gebäude und Einrichtungen wie Bottiche, Kessel und Sudpfannen zerstört bzw. eingeschmolzen sind. In vielen Fällen müssen die alten Grundstücksgrenzen und Rechtsverhältnisse erst rekonstruiert werden, zumal die schriftlichen Dokumente häufig verschollen sind. Auf den zerstörten Hausplätzen liegt in der Regel nach wie vor die alte, nicht personengebundene Wirtschafts- und Braugerechtigkeit. Diese Gerechtigkeiten gehen auf das wieder aufgebaute Haus über, werden aber manchmal verkauft und auf ein anderes Haus übertragen, sofern die Stadt zustimmt. In den meisten Fällen allerdings ist davon auszugehen, dass an der Stelle, an der beim Wiederaufbau im 18. Jh. eine Gaststätte oder Brauerei entsteht, auch schon vor 1693 dieses Gewerbe betrieben wurde. In diversen Kaufbriefen um 1700 wird ausdrücklich auf eine auf dem »abgebranten haußplatz« noch ruhende alte Brau- und Feuergerechtigkeit Bezug genommen.[17]

Häufige Besitzerwechsel der gerade wieder aufgebauten Häuser zeigen, dass sich nur langsam stabile Strukturen herausbilden. Besitzteilungen, Zusammenlegungen, Grundstückstausch, Erb- und Grenzstreitigkeiten: Die Contractenbücher spiegeln die unklaren Verhältnisse der Zeit wider. Einige der neuen Hausbesitzer scheinen sich beim Aufbau finanziell zu übernehmen, müssen gleich wieder verkaufen, manche stoßen ein Objekt schnell ab, um in eine andere, lukrativer erscheinende Immobilie zu investieren. So hat das Haus Dreikönigstraße 15 mit der Brauerei »Zum fröhlichen Mann« zwischen 1701 und 1748 neun verschiedene Besitzer. Im Ostteil des heutigen Hauses Hauptstraße 208 braute vor der Zerstörung Friedrich Radel, auch »Bierfritz« genannt, sein bei Studenten beliebtes Bier. In der Wiederaufbauphase wird noch 1706 in einem Vertrag das auf dem Gelände haftende »bierbrawerfewerrecht« erwähnt. Doch die Erben verkaufen es offenbar um 1740, jedenfalls wird danach hier nicht mehr gebraut.[18] Das am Südende des Kornmarkts gelegene »Lamm« zählt zu den ältesten Gasthäusern der Stadt. Ab 1705 erfolgt der Wiederaufbau. 1747 wird noch die auf dem Haus liegende »schild-feuer und brau gerechtigkeit« erwähnt, wenngleich diese aber ab der Jahrhundertmitte nicht mehr ausgeübt wird.[19] An der Südwestecke des Kornmarkts, im Bereich des ehemaligen Spitals, hat die Bierbrauerei bereits seit 1658 Tradition, als Johann Christoph Werle Haus, Hof, Brunnen und das »Feuerrecht zum Bierbrauen« in Besitz nimmt. Nach der Stadtzerstörung ist 1698 der Hausplatz im Besitz des Bierbrauers und Ratsmitglieds Johann Peter Kling. Später geht der neu erbaute Gasthof an seinen Sohn, der das Haus an seine Töchter vererbt. In der Mitte des 18. Jh.s endet hier die Brautätigkeit; das Areal wird später mit dem »Prinz Carl« überbaut.[20]

Beispiel für die gelungene Weiterführung eines alten Braubetriebes könnte der »Weiße Bock« in der Großen Mantelgasse sein: Dort, wo auf Merians Stich von 1620 ein auf der Straße stehendes Fass zu sehen ist, also ein Brauer, Küfer oder Weinwirt wohnt,[21] führt ab 1739 rund 150 Jahre lang ein Zweig der alteingesessenen Heidelberger Familie Schaaff die Brauerei und Wirtschaft »Zum weißen Bock«.

In überwiegender Zahl intakt sind die alten Gewölbekeller, die in den meisten Fällen unverändert die Basis für den Neubau bilden. So bleiben der unterirdische Teil der Stadt und ihr Grundriss, also die Führung der zumeist gekrümmten Straßen und Gassen, mittelalterlich geprägt, und darauf wächst nun das barocke Heidelberg. Beim Wiederaufbau der Stadt im 18. Jh. werden einige Häuser zudem mit den Zeichen der Bierbrauer oder Küfer versehen. So zeigt der Schlussstein über dem Eingang zum »Weißen Schwanen« heute noch Fasshaken und Malzrechen, typisches Handwerkszeug der Brauer. Ebenso über dem Tor des ehemaligen »Goldenen Schwanen« an der Alten Brücke. Die Symbole an den Häusern 2 und 4 in der Oberen Neckarstraße sowie in der Fischergasse 2 deuten ebenfalls auf Brauereibetriebe hin. Über den Eingangspforten sind also in Stein gehauene Zeichen des Brauwesens zu sehen: Mälzerschaufel, Fass, Fasshaken und Setzhammer. Einige der Zeichen, die Ludwig Merz noch 1967 beschreibt,[22] sind inzwischen verschwunden, wegsaniert in der »Modernisierungswelle« der 1970er-Jahre. Unter den in der Wiederaufbauphase neu Zugezogenen sind nicht wenige Ausländer, häufig Glaubensflüchtlinge. Ihre meist französisch klingenden Namen werden später eingedeutscht. So sind um 1700 die Bierbrauer Beaufils (auch Bufiel, Buffi) und Boula oder Boulier (auch Bulla) am Schlossberg nachweisbar.[23] Der einer wallonischen Familie entstammende Bierbrauer Jean Blancard (Blanckart) kommt über Hanau nach Heidelberg und wird 1692 hiesiger Bürger.[24]

In der zweiten Hälfte des 18. Jh.s erlebt die Heidelberger Wirtschaft einen Aufschwung. Dies hängt auch mit der Wirtschaftspolitik Carl Theodors, Kurfürst von 1742 bis 1799, zusammen, der die Infrastruktur der Kurpfalz ausbaut und die Gründung neuer Gewerbebetriebe fördert. Er beglückt Heidelberg mit einer neuen Ausführung des Großen Fasses und – endlich – einer steinernen statt der zerstörten hölzernen Brücke. Kartoffeln, Hanf und der aus Amerika importierte Mais werden angebaut. In Rohrbach wird eine Krapp-Fabrik eingerichtet, die das begehrte Türkischrot liefert. Manufakturen für die Seifen-, Kerzen- oder Papiertapetenfabrikation entstehen in Heidelberg. Seit 1752 arbeiten Seidenmanufakturen in der Stadt, allen voran die Rigal'sche, die 1771 Aktiengesellschaft wird. Eine Heidelberger Maulbeerplantagengesellschaft soll die Seidenraupenzucht organisieren, um den Rohstoffnachschub für die Seidenherstellung zu garantieren.

Die Gewerbepolitik Carl Theodors wird unterschiedlich beurteilt. Während manche die Betriebe als »Treibhausblüten« betrachten, die ohne die »künstlichen Krücken der Privilegien« kaum lebensfähig seien, sehen andere hierin den Grundstein für die sich dann im 19. Jh. in Heidelberg entfaltende Gewerbetätigkeit mittelgroßer Betriebe. Zeitweise scheint Heidelberg aufstrebender Manufaktur- und Industriestand-

Nach der Zerstörung Heidelbergs 1693 entfalten sich auch Gewerbe und Gastronomie neu – vor allem in der Vorstadt und in Richtung Westen, Darstellung von J. Rieger, 1786 (Kurpfälzisches Museum)

ort, Mannheim Handelsort zu werden. Jedenfalls profitiert auch das Braugewerbe durch die großzügige Erteilung von Brau- und Schankgerechtigkeiten. Eine florierende Gastronomie füllt über die Getränke- und Gewerbesteuer dem Staat die Kassen, in Zeiten hoher Militärausgaben ein nicht zu unterschätzender fiskalischer Faktor.

Einige der in der zweiten Hälfte des 18. Jh.s gegründeten Brauereien erlangen größere Bedeutung, so die 200 Jahre bestehende »Engel-Brauerei« und die Brauerei zum »Güldenen Schaf«, deren Nachfolger noch heute existiert. In gewisser Weise spiegelt die Liste der Heidelberger Bierbrauermeister, geführt von 1715 bis 1812, die dargestellten Entwicklungen wider.[25] Die Liste weist für das Jahr 1715 einen Stand von 25 Braumeistern aus, wobei unklar ist, wie viele dieser Brauer zu dieser Zeit bereits in ihren (wieder) aufgebauten Gasthäusern die Brautätigkeit tatsächlich ausüben. Die Zahl von rund zwei Dutzend Bierbrauern bleibt lange konstant. Bis 1812 sind in Heidelberg 192 Braumeister verzeichnet, fast alle Meister stammen aus der Stadt. Nur in einigen wenigen Fällen wandern von außen Meister zu und werden hier als Brauer anerkannt. Im Wesentlichen dienen die Meisterverleihungen der Auffüllung der Lücken verstorbener Bierbrauer,

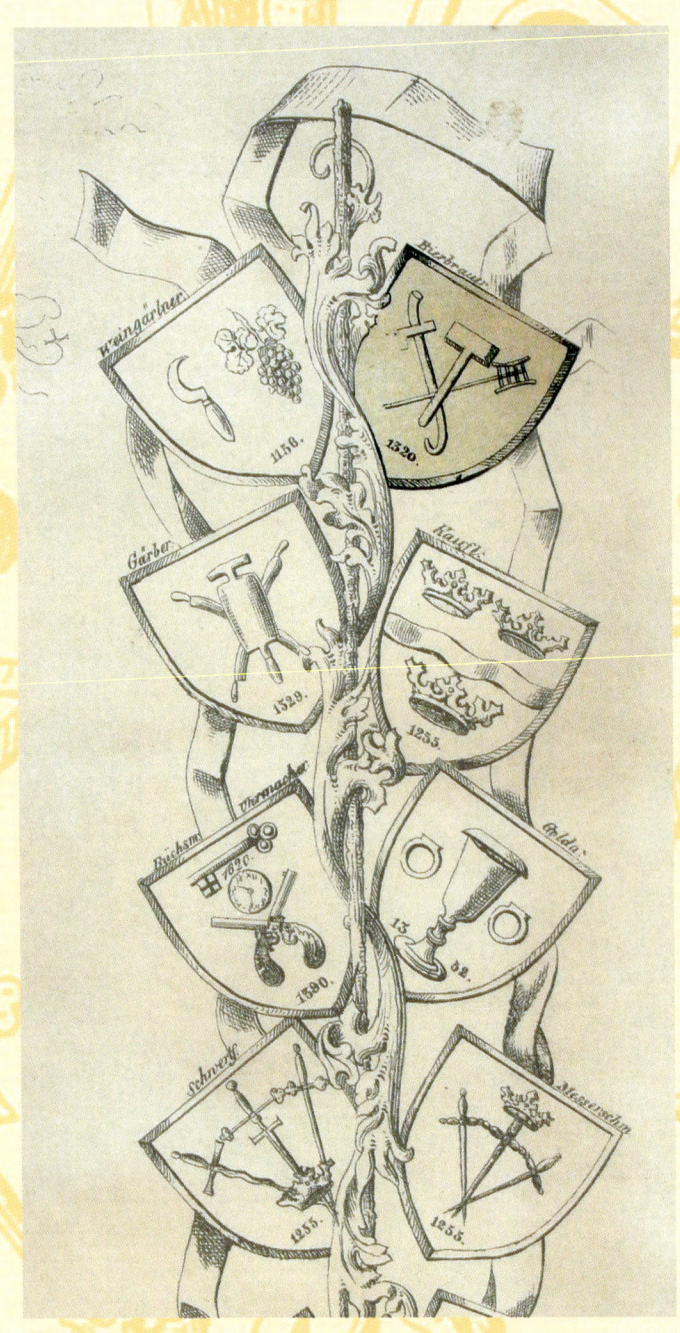

Zunftzeichen der Bierbrauer: Fasshaken, Fasshammer und Malzschaufel, aus dem Lehrbrief des Küblerhandwerks 1859 (STAHD)

wobei die immer wiederkehrenden Namen der Kandidaten auf die Fortführung der Betriebe innerhalb der Familie hindeuten. Im Durchschnitt avancieren pro Jahr zwei, drei Heidelberger Bürger zum Bierbraumeister. In den Jahren um 1720 sind auffallend wenige Meisterwerdungen verzeichnet, was möglicherweise auf die Unsicherheit der Stadtentwicklung angesichts der Residenzverlegung nach Mannheim zurückzuführen ist. Ab 1729 nehmen die Zahlen deutlich zu und erreichen in den beiden Jahrzehnten nach 1730 oft sieben, acht Ernennungen pro Jahr, vielleicht weil durch Fördermaßnahmen und eine großzügige Konzessionspraxis Wirtschaft und Leben in der Stadt wieder aufblühen.

Den Neugründungen der zweiten Hälfte des 18. Jh.s steht allerdings eine Reihe von Brauereischließungen gegenüber, teils aus wirtschaftlichen, teils aus persönlichen Gründen. Kauft ein Metzger oder Bäcker eine Wirtschaft mit Braurecht, kann er letzteres nicht selbst ausüben. Bevor er sich nun einen Braumeister nimmt, den er bezahlen muss, verkauft er häufig Einrichtung und Braurecht zur Übertragung auf ein anderes Haus. Es ist davon auszugehen, dass die meisten Neugründungen in der zweiten Hälfte des 18. Jh.s keine zusätzlichen Betriebe entstehen lassen, sondern Überschreibungen alter gelöschter Gasthäuser sind.

1795 verkauft Heinrich Joachim Landfried seine Brauereiwirtschaft »Zum Welschen Hahn«, Kornmarkt 7, die seit 1716 nacheinander von den Familien Hartlieb, Solinger und Joseph betrieben wird und 1771 in den Landfried'schen Besitz übergeht, an einen Metzger. Der Kaufbrief listet die Wirtschaftseinrichtung detailliert auf und gibt Einblick in die Ausstattung einer durchschnittlich großen Brauerei: »1 bier keßel, 1 mastbütt, 1 großer brandweinkeßel, (...) 5 satzfäßer, 2 Kühltonnen samt rohr, 1 bierfaß von 19 ohm, 8 tisch in der bierstube, 12 lehnstühle, 32 halb maaßkrüg, 4 maaßkrüg, 4 bänk.« Der Gasthof bleibt von nun an im Besitz verschiedener Metzger, Bier wird hier nicht mehr gebraut; unklar ist, wohin das Braurecht geht.[26] An der Südseite des Kornmarkts liegt auf dem Haus Ingrimstraße 38 eine Braugerechtigkeit, die 1711 und noch einmal 1797, als Biersieder Georg Neureither aus

Handschuhsheim das Haus mit Brunnenstube und großem Gewölbekeller kauft, erwähnt wird. Doch schon sechs Jahre später wird der Neureither'sche Besitz wieder verkauft. Gebraut wird auch hier nicht mehr. Der an der Zwingerstraße gelegene Südteil des Hauses wird noch 1951 für einige Szenen des Films »Heidelberger Romanze« genutzt und wenige Jahre später abgerissen.[27]

2.5 *Brautechnik und Brauwasser*

Bis ins 19. Jh. erweist sich der Brauprozess auch für Könner unter den Biersiedern bis zu einem gewissen Grad als Glückssache. Der genaue Ablauf der Gärung in den Holzbottichen und das Wirken der Hefeorganismen sind in diesen Zeiten noch nicht geklärt. Man hofft, dass es zur Gärung kommt – doch manchmal bleibt diese aus oder es entsteht ein ungenießbares Gebräu. Die wilden Hefen haben nicht immer die nötige Reinheit, manchmal gelangen beim Gärprozess auch Bakterien ins Bier und es entwickelt sich Essigsäure, es entsteht das sprichwörtliche »saure Bier«, das keiner trinken will. Gezüchtete reine Hefen sollen dieses Problem vermeiden, doch ist man dazu erst nach Pasteurs Entdeckungen in der zweiten Hälfte des 19. Jh.s in der Lage. Noch verlässt man sich auf Erfahrungswerte und Naturbeobachtungen. Solche Keller, in denen viele Spinnen hausen, gelten als günstig für die Gärung.

Die Gasthausbrauereien werden in der Regel als Familienbetrieb geführt. Der Wirt ist zugleich der Braumeister und arbeitet mit seiner Familie und allenfalls einigen wenigen Gesellen, Lehrlingen oder Gehilfen zusammen. Gasthausbrauereien stellen als Kleinbetriebe ihr Bier überwiegend für den Bedarf in der eigenen Wirtschaft her. Das Bier wird hier konsumiert; Nachbarn holen Bier in Kannen nach Hause. Größere Brauereien liefern einen Teil ihres Bieres fassweise an andere Gasthöfe, die nicht selbst brauen. Brauen ist noch ein Saisongeschäft von September bis Mai. Die Überschussproduktion wird in Fässern in den bereits erwähnten tiefen kühlen Felsenkellern eingelagert. Diese Lagermöglichkeiten, nicht zu weit von den Stammhäusern und mit der Möglichkeit, im Sommer vor den Kellern Ausschankstellen einzurichten, sind für das Braugewerbe von großem Vorteil. Der Neckar und die Schlossteiche bieten im Winter Eis, das die Bierbrauer und Wirte in großen Stücken in die oft mehrstöckigen Keller schaffen. Es kühlt dort die Fässer bis in den Sommer hinein. Die Rohstoffe zum Brauen sind in der näheren Umgebung erhältlich, lange teure Transporte entfallen also. Braugerste wird in der Region angebaut, Hopfen wird schon lange nicht mehr als wilder Hopfen eingesammelt, sondern gezielt kultiviert und findet sich auf der Stadtgemarkung Richtung Rohrbach und in den südlichen Nachbargemeinden. Das gute Brauwasser aus den Quellen vom Königsstuhl kommt zu den Standortvorteilen der Heidelberger Altstadt hinzu, die erst mit der Industrialisierung ihre Bedeutung verlieren. Durch künstliche Kühlung, Wasserleitungen, Erfindungen und Aufbereitungstechnik wird der Bierbrauprozess erst Ende des 19. Jh.s wirklich kontrollierbar. Bis dahin müssen die Konsumenten mit unreinem Bier und dessen Folgen rechnen, wie sie Nadler humorvoll beschreibt:

> »Wird von Hefen rein
> Auch die Mischung seyn?
> Daß uns nicht in öder Kammer
> Morgen quält der Katzenjammer!
> ...
>
> In den Bauch ist's aufgenommen
> Glücklich ist der Durst gestillt
> Wird es uns auch wohl bekommen
> Daß zu Haus die Frau nicht schilt?
> Macht's kein Magenweh?
> Keine Diarrhöe?
> Ach vielleicht, indem wir hoffen,
> Hat uns Unheil schon betroffen!

> Dem vielerprobten starken Magen
> Vertrau'n wir oft zur Ungebühr,
> Vertrau'n ihm ganze Tonnen Bier,
> Und liegen steif dann auf dem Schragen,
> Vor lauter Elend berstend schier ...«[28]

Einen erheblichen Anteil am Gelingen oder Misslingen der Bierbrauerei hat seit jeher das Wasser. Immerhin bestehen rund 90% des Gerstensafts aus diesem Element. Mit zunehmender Beliebtheit des Bieres bei gleichzeitigem Bevölkerungswachstum gewinnt in Heidelberg auch die Wasserfrage an Bedeutung. Bis 1786 ist Heidelbergs Einwohnerzahl auf rund 10.000 angewachsen, es existieren 59 Gewerbebetriebe und rund 100 Gaststätten, wovon 26 das Braurecht haben. Der Neckar bietet Brauchwasser, Trinkwasser kommt aus Grundwasserbrunnen und in bester Güte aus den rund 50 Quellen am Nordhang des Königstuhls. Wasser dieser Quellen wird seit dem Mittelalter über ein kompliziertes System von Leitungen und Brunnenstuben in der Altstadt verteilt. Teilungskästen, wie sie in Überresten noch heute im Bereich Kornmarkt und Klingentor zu sehen sind, regeln den unterschiedlichen Bedarf, der naturgemäß bei Gerbern oder Bierbrauern höher ist als bei Privathaushalten. Wasser wird zum Trinken, Bierbrauen oder für die Badestuben im Areal Zwingerstraße, Oberbad- und Mittelbadgasse bereitgestellt. Der durch das Gefälle erzeugte Wasserdruck reicht aus, so können die Heidelberger auf aufwändige Pumpsysteme, zu denen andere Städten greifen müssen, verzichten.

Wohlhabende Bürger versuchen, sich bestes Wasser durch eine Privatquelle zu sichern. So kauft die Hofapotheke unterhalb des Schlosses ein Grundstück mit guter Quelle und will diese für die Pharmazie nutzen, was zu Streitigkeiten mit den Bierbrauern führt.[29] Im früheren Heidelberger Bäderviertel, im Bereich der Zwingerstraße/Mittelbad-/Oberbadgasse, entwickeln sich nun bedeutende Brauereien. Das Mittelbad liegt genau an der Ecke Mittelbadgasse 13/Zwingerstraße, wo später Gassmann und Gundt brauen. Auch die bedeutenden Brauereien Bartholomä (Bremeneck) und Landfried (Fauler Pelz) sind mit dem Bäderareal in Verbindung zu bringen. Vom guten Wasser des Königstuhls profitieren auch die Brauereien Diemerei und Steigleiterei am Schlossberg.

1772 wird in der Heidelberger »Bronnen-Renovation« das Wasserversorgungsnetz der Stadt detailliert beschrieben. Dies ergibt in Verbindung mit dem Katasterplan ein genaues Bild der städtischen Wasserversorgung. Per Vertrag wird dem Kunden z.B. ein Drittel der Wassermenge eines Teilungskastens garantiert, der Verlauf der Leitungen wird genau festgehalten. So wird Wasser von einem »Theilungskasten« durch diverse Gärten am Schlossberg bis an das »Brauhauß geleithet«, wo sich ein weiterer Teilungskasten befindet, und schließlich über den Allmendweg »in des Biersieders Landfrieds Maltzkeller, durch dessen Hof und Garthen« es fließt. Bierbrauer Heinrich Landfried beispielsweise, der am Kornmarkt 7 seinen »Welschen Hahn« betreibt und über einen eigenen Brunnen auf seinem Grundstück verfügt, erhält seit dem 14. Mai 1787 mit Einwilligung der kurfürstlichen Hofkammer 1/3 des Wassers von einem Teilungskasten am Schlossberg als gutes Brauwasser.[30]

Tiefenbrunnen hingegen sind überwiegend im Altstadtbereich nördlich der Hauptstraße zum Neckar hin zu finden, wo eher die arme Bevölkerung lebt, Tagelöhner, Fischer, Schiffer, kleine Handwerker und Krämer. In diesem Areal befinden sich nur sechs mit Bergwasser gespeiste Brunnen, die überwiegend Bierbrauer und Gasthöfe bedienen. Die benachbarten Nutzer sind nach alter Tradition auch als Brunnengemeinschaften für die Instandhaltung der Wasserwege in ihrem Bezirk verantwortlich und bilden zugleich die Löschmannschaften. Hierbei spielen die Bierbrauer eine bedeutende Rolle, da sie im Brandfall mit ihren Fuhrwerken und großen Wasserbottichen wertvolle Dienste leisten können.

Die Wassersituation verdeutlicht, warum sich in Heidelberg bis ins frühe 19. Jh. hinein die meisten und die größten

Brauereien im südlichen Bereich der Altstadt, am Fuß des Königstuhls ansiedeln, nämlich weil sie dort am besten am guten Quellwasser teilhaben können. Heidelbergs Bergwasser ist so begehrt, dass es nach der Residenzverlegung sogar nach Mannheim transportiert werden soll, da es dort an ausreichenden Mengen guten Trinkwassers mangelt. Technisch eine Herausforderung: Man denkt an den Transport durch eine Vielzahl von Wasserwagen; den kühnsten Plan fasst jedoch Freiherr Johann Andreas von Traitteur. Er beginnt mit dem Bau einer tönernen Wasserleitung, die Bergwasser aus Heidelberg nach Mannheim bringen soll. Bis Seckenheim immerhin kommt die Leitung, doch die politische Lage verhindert die weitere Ausführung. Die Idee, Heidelberger Bergwasser zu verwenden, wird 1934 von der Brauerei Kleinlein wieder aufgegriffen, die eine sechs Kilometer lange Leitung vom Quellgebiet am Königstuhl in die Bergheimer Straße legt und rund 50 Jahre lang mit eigenem Quellwasser ihr »Schloßquell«-Bier braut. Diese Bezeichnung wird 1951 sogar zum neuen Firmennamen.

2.6 *Konkurrent Mannheim*

Zwischen den beiden kurpfälzischen Städten Heidelberg und Mannheim besteht schon immer ein besonderes Konkurrenzverhältnis. Während sich Heidelberg seiner weiter zurück reichenden Geschichte, der alten Universität und insbesondere der Jh.e währenden Residenzfunktion rühmen kann, erlangt das 1607 gegründete Mannheim als Festung sowie als Handels- und Wirtschaftplatz am Zusammenfluss von Neckar und Rhein Bedeutung. Im Bereich Bierbrauerei gibt es zwischen beiden Städten vielfältige Beziehungen.

Die Bierordnung von 1603 ist zunächst nur für Heidelberg gedacht, wird aber als Basis für die Regelung des Bierbrauerhandwerks in der ganzen Kurpfalz betrachtet. Während in Heidelberg das Handwerk streng reglementiert bleibt, erhält Mannheim 1652 die Gewerbefreiheit, ein Novum angesichts der verbreiteten strengen Zunftzwänge, um der Trümmerstadt nach dem Dreißigjährigen Krieg wieder aufzuhelfen. Bierbrauer von auswärts, darunter einige aus den Niederlanden, lassen sich in Mannheim nieder. 1664 gibt es 14 Brauereien in Mannheim, 1680 schon 25, Ende des 18. Jh.s trinken die Mannheimer fünfmal so viel Bier wie Wein.[31] Als es in Mannheim mehrere Skandale wegen unhygienischer Zustände in den Brauereien gibt, will der Kurfürst eine strenge Bierordnung erlassen, die sich an der Heidelberger Ordnung von 1603 orientiert. Doch die Mannheimer Bierbrauer protestieren heftig. Ein Vergleich mit Heidelberg sei nicht zulässig, eine Begrenzung der Zahl der Bierbrauer verstoße gegen die Gewerbefreiheit. Ferner sei das in Heidelberg gültige Brauverbot für die Zeit zwischen Georgi und Michaelis, also von April bis September, nicht auf Mannheim übertragbar, da die Stadt im Gegensatz zu Heidelberg wegen des hohen Grundwassers keine tiefen, kühlen Lagerkeller besitze, während die Heidelberger Bierbrauer über Felsenkeller verfügten. So entsteht die großzügigere Mannheimer Bierordnung von 1669, die eine weitere Expansion des dortigen Braugewerbes mit sich bringt.[32]

In einigen Fällen lässt sich der Wechsel eines Bierbrauers von der einen in die andere Stadt nachweisen. Als im Sommer 1664 zahlreiche in Mannheim stationierte Soldaten unter Magenerkrankungen leiden, visitiert eine kurfürstliche Kommission, der Mediziner der Heidelberger Universität angehören, die Mannheimer Brauereien. Die Qualität des Bieres und die Sauberkeit der jeweiligen Brauerei werden bewertet, wobei der Biersieder Johann Daniel Schmidt schwach abschneidet: »Ist eine schlechte Brauerei«.[33] Ob sich die Schmidt'sche Brauerei von ihrem schlechten Ruf befreien kann, ist fraglich, zumindest lässt sich Ende des 17. Jh.s der Mannheimer Bierbrauer Johann Daniel Schmidt, wohl der gleichnamige Sohn des Vorgenannten, in Heidelberg nieder. Er kauft ein Haus am Schlossberg und wird hiesiger Bürger. Bei der Brauerei, die er betreibt, handelt es sich wahrscheinlich um die spätere Diemerei.[34] Der Neuanfang in Heidelberg scheint sich zu lohnen, denn später übergibt Schmidt seinen Nachfolgern einen florierenden Betrieb.

Ein aus Heidelberg nach Mannheim übersiedelnder Brauer ist Mitgründer der Eichbaum-Brauerei, heute die größte der Region. In Hanau, Sammelpunkt wallonischer Glaubensflüchtlinge, wird 1664 Jean Blancard als Sohn einer angesehenen Brauerfamilie geboren. Er will seinen eigenen Betrieb aufbauen, geht in die Pfalz und wird im März 1692 als Heidelberger Bürger aufgenommen. Johann Blanckart, so sein eingedeutschter Name, folgt dem Aufruf zur Neubesiedlung Mannheims nach der Zerstörung im Pfälzischen Erbfolgekrieg und ist dort spätestens seit 1705 ansässig. Er gibt der Eichbaum-Brauerei die entscheidenden Impulse.[35] Von eben jener Brauerei kommt Ende des 19. Jh.s die Familie Hofmann, ursprünglich aus Bad Rappenau stammend, und macht aus der Heidelberger Engelbrauerei ein Aktiengesellschaft, nachdem sie vorher bereits die Umstrukturierung der Mannheimer Eichbaum-Brauerei in eine AG in die Wege geleitet hatte. Die Heidelberger Schloßquellbrauerei gehört Ende des 20. Jh.s, nach einer wechselvollen Geschichte, zeitweise zur gleichen Holding, die auch Eichbaum besitzt.

So sind die Heidelberg-Mannheimer Brauereibeziehungen von Konkurrenz, aber auch Ergänzung, Austausch und der Eröffnung neuer Chancen geprägt. Wenn auch die Leitung, die das gute Heidelberger Bergwasser als Trink- und Brauwasser in die Quadratestadt bringen soll, nie fertig gestellt wird.

2.7 Brauer Hartliebs Marienkult

Seit der Reformation ist Heidelberg massiv in die Glaubensauseinandersetzungen einbezogen. Die ab 1685 regierende katholische Neuburger Linie der Kurfürsten fördert die Bemühungen zur Rekatholisierung der Kurpfalz. Besonders engagiert zeigt sich dabei Karl Philipp, seit 1716 Kurfürst, unterstützt von den Jesuiten und diversen von diesen inspirierten Laien-Kongregationen, welche die protestantische Bevölkerungsmehrheit zum »rechten« Glauben zurückführen wollen; allerdings ohne allzu großen Erfolg. Zu den Mitteln der Gegenreformation zählen Flugschriften, das Aufstellen von Marien- und Heiligenfiguren und das Organisieren von Prozessionen. Die vielen Hausmadonnen in der Altstadt von Heidelberg geben noch heute Zeugnis von diesen Bemühungen. Zumeist werden diese Symbole der Marienverehrung an belebten Kreuzungen und Straßenecken und in Höhe des ersten Stockwerks aufgestellt, u.a. auch an den Brauhäusern in der Haspelgasse 2 und an der »Alten Gundtei« in der Zwingerstraße.

Ein besonderer Ausdruck des Marienkults ist die Aufstellung der Peter van den Branden zugeschriebenen Madonna auf dem Kornmarkt im Jahr 1718. Die Errichtung einer Marienstatue auf diesem zentralen Platz wirkt auf die protestantische Bevölkerungsmehrheit als Provokation. Gemäß eines Berichts der Jesuiten »knirschten die Unkatholischen natürlich mit den Zähnen«. Die Symbolik der Statue bringt Marias unbefleckte Empfängnis zum Ausdruck sowie ihre Funktion als Himmelskönigin und als Siegerin über den teuflischen Feind. Rund um diese Statue entwickelt sich nun ein demonstratives religiöses Ritual, bei dem ein Heidelberger Bierbrauer die herausragende Rolle spielt.

Biersieder Mathias Hartlieb aus Straßburg besitzt seit 1716 gemeinsam mit seiner Frau Barbara das Haus Nr. 223 an der Ostseite des Kornmarkts, heute Kornmarkt 7, samt rückwärtigem Garten und Hof. Als direkt vor seinem Gasthaus »Zum Welschen Hahn« die Marienfigur aufgestellt wird, beginnt Bierbrauer Hartlieb mit einem Kult, der vermutlich von jesuitischer Seite unterstützt wird. Hartlieb versorgt die Lampen am Fuß der Statue mit Öl, zündet sie allabendlich an, betet und singt mit seiner Familie vor der Madonna. Bald kommen abends immer mehr Katholiken dorthin, vor allem an Samstagen und Festtagen, um ebenfalls Öllampen zu entzünden, zu beten und zu singen. Besonders Katholiken aus den ärmeren Schichten der Altstadt schließen sich in immer größerer Zahl dem Ritual an. Zufrieden können die Jesuiten in ihrem Jahresbericht für 1718 feststellen, »dass zahlreiches Volk jeden Samstag und Sonntagabend vor der erwähnten Statue zusammenkommt und sie dort zur Entrüstung der Heterodoxen der Großen Mutter Gottes eine außerordentliche Verehrung bereiten.«[36]

1725 wendet sich Hartlieb an den Kurfürsten und bittet um Besoldung für seine Dienste im Sinne des »rechten« Glaubens. Dieser Wunsch wird erhört, und Hartlieb erhält Geld, Naturalgaben (jährlich 20 Malter Korn, ein Fuder Wein) und die Befreiung von Steuern und sonstigen Lasten zugesprochen. Dabei wird der Auftrag betont, »in conspectu lauter abgesagter Feinde der allerseligsten Jungfrau Maria« weiterhin die Lampen zu versorgen und die heilige Jungfrau durch Beten und Singen zu verehren.[37] Hartlieb geht es nicht schlecht dabei. Neben den Privilegien und Einnahmen für die religiösen Dienste dürfte er auch von den Scharen, die sich vor seinem Gasthaus versammeln, profitieren. Ein Teil der Gläubigen trinkt vielleicht nach vollbrachtem Ritual gleich nebenan noch ein Bier beim Initiator des frommen Dienstes. 1735 ist auch der Garten seines Grundstücks überbaut, eine neue Hofeinfahrt hinzugekommen. Als Hartlieb 1744 stirbt, geht sein Haus »sambt Brauerey feyer gerechtigkeit« ein Jahr später an den Bierbrauer Wilhelm Solingius und dessen Frau über. Der Marienverehrungsdienst und die damit verbundenen Vergünstigungen hierfür werden nun Hartliebs Schwestern übertragen.

Der von Bierbrauer Hartlieb eingeführte Brauch der Verehrung der Kornmarktmadonna setzt sich auch in der zweiten Hälfte des 18. Jh.s fort. Eine Federzeichnung von 1763 zeigt Öllämpchen am Sockel der Madonna, vor der Passanten den Hut ziehen. Das Ritual endet erst 1799, als die französische Revolutionsarmee die Stadt belagert. Seit dem 19. Jh. wird die Statue, die sich dann in einer eingezäunten Grünanlage befindet, weniger als religiöses Symbol, denn als Kunstwerk gesehen.

2.8 Vorstadt im Aufschwung

Überblickt man das ganze 18. Jh., fällt eine Umstrukturierung in der Gastronomie auf. Während einige der alteingesessenen Gasthäuser, die schon vor der Stadtzerstörung 1693 Bedeutung hatten, ihre Brautätigkeit aufgeben, kommt es vor allem in der Vorstadt zu erfolgreichen Neugründungen. Die Vorstadt ist der Bereich zwischen dem heutigen Universitätsplatz und dem Bismarckplatz. Bis zum Ende des 14. Jh.s bildet die Linie Grabengasse/Marstallstraße die westliche Stadtgrenze. Dann werden westlich

Kurfürst Karl Theodor fördert das Gewerbe und erteilt großzügig Konzessionen – Porträt auf Bierdeckel, 20. Jh. (STAHD)

hiervon die Bergheimer Bauern zwangsangesiedelt und die Stadtgrenzen bis zur heutigen Sophienstraße verschoben. Zwar bleibt die Vorstadt bis weit ins 19. Jh. hinein bäuerlich orientiert (besonders im Bereich der Seitengassen und der Plöck), doch entstehen vor allem an der Hauptstraße geräumige Bürgerhäuser, Gasthöfe und Brauereien. Schließlich kommt hier jeder vorbei, der von Mannheim oder Speyer nach Heidelberg will, ebenso alle Reisenden in Nord-Süd-Richtung, die zur Alten Brücke, dem einzigen festen Übergang weit und breit, wollen.

Während die Kern-Altstadt dicht und eng besiedelt ist, bietet die Vorstadt die Möglichkeit großzügig zu bauen. Vielleicht wird die Ansiedlung im Westen auch deswegen bedeutender, weil nach der Zerstörung des Schlosses und dem Abzug des kurfürstlichen Hofes nach Mannheim die Fixierung auf den Bereich des Schlosses und seines unmittelbaren

Umkreises aufgehoben ist. Eine Verschiebung des Stadtkerns nach Westen deutet sich an, die sich im 19. Jh. mit dem Bau des Bahnhofs und der Anlage neuer Hotels und Gewerbebetriebe im Bereich Bergheim/Weststadt noch beschleunigt.

Einer der Bierbrauer, die erfolgreich in der Vorstadt arbeiten, ist Johann Peter Krauß. Nach Wanderjahren durch die Schweiz und Frankreich legt er im August 1781 die Bierbraumeisterprüfung ab und lässt sich in der Hauptstraße, heutige Nummern 37–43, nieder.[38] Brauer Krauß besitzt offenbar Fleiß und Geschäftssinn, sein Betrieb floriert, und er beliefert sogar mehrere Gasthöfe außerhalb der Stadt, darunter »Hirsch« und »Post« in Wiesloch, die »Sonne« in Langenbrücken und die »Krone« in Mingolsheim. Zwischen 1799 und 1809 verfasst Krauß eine Chronik, in der er sowohl sachliche Ratschläge zur Bierbrauerei gibt als auch humoristische Beobachtungen aufzeichnet.[39] Ausführlich geht Krauß auf den Hopfen ein, den er für 90 Gulden pro Zentner in Eppingen kauft: »Zum Lagerbier muß gutzeitiger Hopfen verwendet werden«, d.h. er muss gelb und nicht mehr grün sein. Erst nach Mariä Geburt (8. Sept.) sei er gut, dürfe sich aber noch nicht entblättern »und das Gute verderben«. Der Brauer möge genügend Hopfen bereithalten, »um zu jedem Sud Bier 1 bis 2 Pfund zu nehmen; es gibt viele Faß helles und gutes Bier.« Wie so mancher Bierwirt, z.B. Ditteney und Spengel, hat auch Krauß eine dichterische Ader und liefert humorvolle Verse:

> »Der wohl beliebte Maurer Lay, trank niemals ohne Grund:
> Er trank im zehnten Jahr, mit Älteren sich zu messen,
> Im zwanzigsten, Luisen zu vergessen,
> Im vierzigsten für schwachen Magen,
> Im fünfzigsten aus Wohlbehagen –
> Nun ist's im sechzigsten ihm Wurst
> Und er behält den guten Durst.«

Nach Krauß' Tod 1809 bleibt die Brauerei in der Familie, bis dann am Ende des 19. Jh.s auch dieser Betrieb der Industrialisierung im Brauwesen zum Opfer fällt. Das Haus wird um 1900 abgerissen, das Grundstück geteilt; an seiner Stelle entstehen der Odeon-Komplex, im Besitz der Heidelberger Aktienbrauerei Kleinlein, und das Kaufhaus Rothschild, heute Kraus. Die alten Kühl- und Lagerkeller der Brauerei Krauß werden noch lange als Jazzkeller und Diskothek genutzt.

Wie kurzlebig auch in der Vorstadt einige Neugründungen sind, zeigt das Beispiel der Brauerei »Zum Englischen Hof«, Hauptstraße 129. Nachdem auf dem Gelände vorher verschiedene Gewerbe betrieben wurden, richtet Bierbrauer Johann Philipp Koch hier eine Biersiederei ein und erhält 1792 die Brau- und Steuergerechtigkeit »Zum Englischen Hof«. Der Betrieb scheint zu florieren. Kochs Anwesen wird bei der Steuerschätzung hoch eingestuft, sechs Brauereipferde stehen in seinem Stall.[40] Wundt zählt 1805 die »Kochische« zu den »beträchtlichen Biersiedereyen«,[41] doch spätestens 1818 wird die Brautätigkeit beendet und das Haus zur Buchhandlung von Mohr und Winter.[42]

2.9 Keimzellen: Güldenes Schaf und Goldener Engel

Zwei Neugründungen des 18. Jh.s, beide in der Vorstadt, erweisen sich als Keimzellen bedeutender und langlebiger Brauereien. Die Brauerei »Zum güldenen Schaf« in der heutigen Hauptstraße 115 ist die Keimzelle der noch immer existierenden Heidelberger Schloßquell-Brauerei. Das »Goldene Schaf« verfügt über eine günstige Lage durch die Nähe zur Kernaltstadt sowie zum Schiffs- und Floßanlegeplatz. Auf dem Areal Grabengasse/Schiffgasse wird schon bald nach den Zerstörungen von 1693 wieder gebaut, darunter sind zumindest drei Wirtschaften mit Braugerechtigkeit, das »Schiff« in der Schiffgasse, der »Goldene Ochse« Ecke Schiffgasse/Hauptstraße, heute eine Bank, und eben das »Goldene Schaf« in der Hauptstraße. Das

Gründungsjahr dieser Brauerei ist nicht eindeutig geklärt. Die Schloßquell-Brauerei selbst wirbt lange mit dem Zusatz »seit 1753«. Einiges deutet allerdings darauf hin, dass hier schon 1749, wenn nicht noch früher, gebraut wird: Bierbrauer und Bürger Frantz Adolph Betz verkauft laut Kaufbrief von 1749 sein Anwesen samt Bierbrauerei- und Feuergerechtigkeit, inklusive Braueinrichtung, für 3.000 Gulden an den »Kayserl. Schiffsbrücken Lieutenant« Johann Georg Karcher.[43]

Bereits 1753, also vier Jahre später, verkauft J.G. Karcher das Grundstück mit darauf liegender Brau- und Schildgerechtigkeit für 2.900 Gulden an den Bierbrauer Ernst Müller und dessen Frau Katharina. Nach Müllers Tod heiratet die Witwe den Bierbrauer Christoph Widder, 1792 verkauft das Ehepaar für 6.000 Gulden an Jakob Dietz. Durch Kauf und Tausch wird das Anwesen mehrfach vergrößert. Im 19. Jh. wird das »Goldene Schaf« vor allem durch das Engagement der Halbgeschwister Friedrich Volkert und Carl Friedrich Kleinlein eine der bedeutenden Brauereien. Deren Nachfolger firmieren an verschiedenen Standorten Heidelbergs mit wechselnden Namen als Heidelberger Aktienbrauerei vormals Kleinlein, Kleinlein AG und Schloßquell und machen die Brauerei zur größten am Ort.

Nicht all zu weit vom »Goldenen Schaf« wird seit 1797 im Gasthaus »Zum Goldenen Engel«, Hauptstraße 67, gebraut. Diese Brauerei existiert 170 Jahre und zwar immer am selben Standort. Die Gastwirtschaft selbst ist um einiges älter als die Brauerei. Julius Koppert ist bereits 1661 als »Wirt zum Engel« in der Hauptstraße vermerkt, 1693 in einem Kaufvertrag »Engelwürth« Johannes Dunsky. Danach erfolgen häufige Besitzerwechsel. Den Namenszusatz »Golden« soll das Wirtshaus angeblich seit 1731 führen, weil sein Käufer eine horrende Summe dafür zahlt und ihm das Haus quasi vergoldet vorkommt. Am Ende einer langen Kette von Besitzerwechseln verkauft der »Chyrurgus« und Bürger Philipp Heinrich Birck das erst zwei Jahre zuvor erworbene Haus 1797 an den Bierbrauer und Wirt Caspar Betz weiter.

Die Familie Betz gehört damals zu den alteingesessenen Heidelberger Wirts- und Braufamilien. Seit 1719 sind aus der Familie in Heidelberg nicht weniger als acht Braumeister hervorgegangen. Betz erwirbt das Haus »Hauptstras Ecke Ziegelgass«, um dort die »Biersiederey-Feuer-Gerechtigkeit« auszuüben. Die muss er aber erst noch erwerben, denn bisher gehört der »Goldene Engel« zu den Gasthäusern ohne eigene Brauerei. Georg Caspar Betz übernimmt 1798 das Braurecht von dem Handelsmann Johann Peter Trau, auf dessen Haus das nicht genutzte Recht liegt. Betz legt die Bierbraumeisterprüfung im April 1799 ab, so dass de facto erst ab 1799 der »Goldene Engel« zur Brauerei wird, doch nimmt Engelbräu später immer auf das Jahr des Hauserwerbs (1797) als Gründungsdatum Bezug.

Die neue Brauerei gehört zunächst zu den kleinen Heidelberger Betrieben, Gründer Betz stirbt 1810. Seine Witwe führt den Betrieb weiter und heiratet ein zweites Mal. 1830 erfolgt die Übertragung des Anwesens für 12.000 Gulden (ohne Brauereieinrichtung) an ihren Sohn aus erster Ehe, den Bierbrauer Peter Betz, wobei die Witwe sich das Wohnrecht vorbehält. Bis Mitte des 19. Jh.s bleiben Wirtschaft und Brauerei in Familienbesitz. Die Maße des Geländes betragen um 1800 16a, 71,11qm. Das Inventar der Brauerei ist bescheiden, es besteht aus einem kupfernen Braukessel, einem Kühlschiff, einem Gerstentrog, einer Malzdarre und zwei Bütten. Durch geschicktes Wirtschaften gehört Ende des 19. Jh.s die Engel-Brauerei zu den wenigen Heidelberger Betrieben, die den Sprung vom handwerklichen Brauen zum industriell geprägten Braubetrieb schaffen, und wird Aktiengesellschaft. Vom Gründungsjahr 1797 an braut die Engel-Brauerei bis zu ihrem Ende 1967 auf ihrem angestammten Areal zwischen Ziegelgasse, Karpfengasse und Hauptstraße.[44]

Die Engelbrauerei ist als eine Gründung in politisch bewegter Zeit anzusprechen. Das Ende der Kurpfalz zeichnet sich ab, die Residenz ist seit 1778 nach München verlegt, 1799 stirbt Carl Theodor. Französische Revolutionstruppen stehen vor den Toren Heidelbergs. Wenige Jahre später findet sich Heidelberg im neu formierten Großherzogtum Baden wieder. Die Stadt erlebt im neuen Jh. einen kulturellen und wirtschaftlichen Aufschwung, der auch die Brauereien prosperieren lässt.

3 Ehrbares Brauhandwerk im 19. Jahrhundert

3.1 »Goldquelle« Bierbrauerei

»Heidelberg ist die Gastwirtschaft Deutschlands« befindet der Dichter Jean Paul 1817, als es 84 Gasthäuser in der Stadt gibt. Davon braut ein gutes Drittel sein eigenes Bier. Bei der Vernichtung desselben hilft Jean Paul eifrig mit, denn »das Heidelberger Bier soll ihm sehr wohl munden«, erzählen sich Zeitgenossen. »Nicht genug kann man hier von seinem gewaltigen Biertrinken sich erzählen, wie er immer 15 Krüge (den Krug ungefähr zu fünf Viertel Berliner Bouteille) voll diesen edlen Trankes um sich her stehen habe ...«[1] Jean Paul gehört auch zu den Stammgästen des oberhalb der heutigen Ebert-Anlage befindlichen »Schützengartens«, betrieben von Wirt Müller.

Mit rund 9.000 Einwohnern hat Heidelberg gerade wieder den Bevölkerungsstand wie vor den Zerstörungen des Orléans'schen Kriegs erreicht. Nach dem Ende der Kurpfalz gehört die Stadt ab 1806 zum neu gebildeten Großherzogtum Baden. Die Bedingungen für die Heidelberger Gastronomie sind zu Beginn des neuen Jh.s günstig. Die einheimische Bevölkerung gilt als genussfreudig und frequentiert, soweit sie es sich leisten kann, die Gasthäuser. An Markttagen kommen Bauern und Händler aus der Umgebung dazu. Die Einwohnerzahl steigt bis zur Jahrhundertmitte um rund ein Drittel an. Zudem studieren wieder verstärkt Studenten aus ganz Deutschland in Heidelberg. Denn der neue Landesherr reorganisiert ab 1803 die danieder liegende Universität und holt bedeutende Gelehrte an die nun so genannte Ruperto Carola. Philosophen, Dichter und Bildende Künstler sehen in Heidelberg den idealen Ort für das neue Lebensgefühl der Romantik. Auch die Einheimischen erkennen nun, dass der Schlossruine nicht nur praktischer Nutzwert als Steinbruch zukommt, sondern dass diese auf immer mehr Besucher einen Reiz ausübt und den Fremdenverkehr fördert. Nach vereinzelten »Pionieren« zu Beginn des Jh.s wächst der Strom der Fremden – auch aus dem Ausland – immer mehr an. Maler wie William Turner oder Schriftsteller wie Victor Hugo, Herman Melville oder Mark Twain lassen sich in Heidelberg inspirieren. Der Bau des Eisenbahnnetzes, an das Heidelberg bereits 1840 angeschlossen wird, trägt hierzu bei, bringt mehr Reisende in die Stadt und löst besonders in der westlichen Vorstadt einen Bauboom aus. Hier entstehen zahlreiche neue Hotels und Gasthäuser.

Das gesellige Leben der Heidelberger Bürger spielt sich großenteils in den Wirtshäusern ab. Die einzelnen Handwerker treffen sich in ihren Stammwirtschaften, durchweg Lokale mit eigenem Braubetrieb. Bierbrauer und Küfer kommen im »Goldenen Schwanen« an der Alten Brücke zusammen, die Bäcker im »Schwarzen Schiff« in der Schiffgasse, wo später auch die Bäckerinnung ihren Sitz nimmt. Steinhauer sind bevorzugt im »Großen Fass« in der Oberen Hauptstraße anzutreffen. Schreiner im »Fröhlichen Mann« in der Dreikönigstraße. Kamm- und Knopfmacher im »Goldenen Reichsapfel«, Untere Straße, und schließlich die Maurer im »Goldenen Engel« in der westlichen Hauptstraße.[2] Rosige Zeiten also für Wirte, Bierbrauer und Hoteliers, die Einheimische, Studenten und Fremde mit Speis und Trank zu versorgen haben. Die Gasthäuser werden vor allem abends, besonders samstags und sonntags, frequentiert. Die Sperrstunde liegt in der Regel bei 22 Uhr. Die Polizei kontrolliert streng die Einhaltung des »Zapfenstreichs«; der Ausdruck ist hier besonders stimmig, denn er bezieht sich auf die Kontrollmarkierung auf dem Zapfhahn.

Bierbrauer und Wirte gehören meist zu den angesehenen Bürgern, zählen zu den Spitzensteuerzahlern und sind in Notfällen gesuchte Hilfskräfte. Wenn etwa die Brandwächter Feuer melden, kommt Bierbrauer Ditteney mit seinem Pferdefuhrwerk und einem riesigen Fass zum Löschen herbeigeeilt. Ebenso sein Kollege Landfried vom »Faulen Pelz«, der im Winter aus seiner Biersiederei Bottiche mit heißem Wasser bringt, um die Feuerspritzen vor dem Zufrieren zu schützen. Szenen, wie sie humoristisch Gottfried Nadler (1809–49) in seiner satirischen Ballade »Der Brand im Hutzelwald« beschreibt.[3] Nadler, geboren und gestorben in Heidelberg, vermittelt ein lebendiges Bild jener Zeit. Schwadronierende, politisierende Gasthausbesucher und Originale der Altstadtgassen tauchen in seinem Werk ebenso auf wie Wirte, die das Bier verdünnen oder – noch schlimmer für durstige Kehlen – gar keines mehr vorhalten. Nadlers »Der Glockengießer im Bierhause«[4] stellt eine Parodie auf Schillers berühmtes Gedicht dar:

> »Fest gemauert in der Erden
> Stehet dort die Brauerei.
> Frisch Gesellen! Kommt herbei!
> Von der Stirne heiß
> Rann uns heut' der Schweiß
> Doch wie das Lagerbier dort oben
> Hört ich noch keines jemals loben!«

Der Gerstensaft wird unversehens zum kulturellen Unterscheidungskriterium:

> »Das ist's ja, was den Menschen schmücket
> Zum Unterschied vom dummen Thier
> Daß er, sobald der Tag entrücket
> An nichts mehr denkt, als an sein Bier …«

Schließlich erweist sich gutes Bier als ein dem Bürgerfrieden zuträgliches Getränk; Aufruhr jeder Art ist Nadler ohnehin zuwider:

> »Brauer, Bäcker, Käsbereiter
> Wenn ihr Werk auch schnell vergeht
> Auf der Menschheit Stufenleiter
> Weiß ich nicht, wer höher steht.
> Wird ein gutes Bier gesotten
> Ißt man wohlfeil Käs und Brod
> Dann könnt ihr des Aufruhrs spotten
> Wenn er noch so grimmig droht!«

Zu Nadlers Zeit erreichen die Heidelberger Brauereien ihren zahlenmäßigen Höchststand. Beträgt um 1820 die Zahl der hiesigen Brauereien 27, so existieren 1830 bereits 35. Diese Zahl hält sich bis zur Jahrhundertmitte, um in den Jahren nach der gescheiterten 48er-Revolution auf unter 20 abzusinken. Nach der Einführung der Gewerbefreiheit steigt Mitte der 1860er-Jahre die Zahl der Brauereien wieder auf ca. 27 an, bis dann nach 1880 das Brauereisterben einsetzt und um 1900 nur noch eine Hand voll Betriebe existiert.

Für zeitgenössische Betrachter stellt sich das hiesige Brauhandwerk besonders in den 1840er-Jahren als blühender Gewerbezweig dar. Karl Geib notiert 1847, dass sich Handel und Industrie »in neuerer Zeit« gut entwickelt hätten, es gebe viele Kaffeehäuser, Gasthöfe und zahlreiche Gartenwirtschaften mit Tanzmusik. Heidelberger Bier werde »weit verführt«.[5] Im badischen Universallexikon ist für Heidelberg im selben Jahr verzeichnet: »Das am stärksten getriebene Gewerbe ist jedoch das der Bierbrauer, welche ein sehr großes Quantum Bier produzieren. Die Zahl der Bierbrauer beträgt über 36 … Bierhäuser erfreuen sich stets eines sehr zahlreichen Besuches.«[6] Ein anderer Betrachter urteilt: »… die Bierbrauer dürfen ihr

Gewerbe auch hier eine wahre Goldquelle nennen ... Bierhäuser sind in Menge vorhanden, und besonders von den Studierenden stark besucht. ... Das Bier ist gewöhnlich recht gut, doch steht es dem baierischen sehr nach. Jährlich wird ein außerordentliches Quantum Bier in der Stadt verschenkt und noch vieles nach auswärts verführt.«[7]

Leider lassen alle Beschreibungen offen, wohin Heidelberger Bier exportiert wird. Es ist jedoch zu vermuten, dass die Reise der Fässer kaum über die Grenzen der alten Kurpfalz und Nordbadens hinausführt. Auf jeden Fall geht ein Teil in die Landeshauptstadt Karlsruhe, wohin schon 1815 angesichts noch geringer Karlsruher Braukapazitäten Bier verfrachtet wird, so dass »das berühmte Heidelberger Bier nicht selten hier zu finden ist«, wie eine Karlsruher Stadtbeschreibung feststellt.[8] Später wird die seit 1843 nach Heidelberg führende Bahnlinie für den Schwund Karlsruher Bierkonsumenten und für die grassierende Braugewerbekrise verantwortlich gemacht. Vielleicht fahren nun die Karlsruher mit der neuen Bahn zu einem Ausflug nebst Biergelage eigens nach Heidelberg.[9]

Spätestens ab Herbst 1840 setzt in größerem Umfang der Import auswärtigen Bieres, vor allem aus Bayern, auch nach Heidelberg ein, wie zahlreichen Annoncen in der hiesigen Presse für »ganz vorzüglich gutes« Lager-Bier aus München, Nürnberg oder Kulmbach zu entnehmen ist. Ansonsten spielt Bierwerbung in den Heidelberger Zeitungen in der ersten Hälfte des 19. Jh.s kaum eine Rolle, während für »neue holländische Häringe« oder »frisch zu Lande angekommenes Selterser Bitterwasser« heftig geworben wird. Wahrscheinlich ist das nicht nötig, da die Bierhäuser ohnehin den Heidelberger Bürgern bekannt und auch für Fremde leicht zu finden sind, zumal sie meist an herausragenden Punkten der Altstadt oder am Aufgang zum Schloss liegen. Nur in seltenen Fällen annonciert ein Brauer einmal sein frisches Gebräu, so etwa im Frühjahr 1819 der Bierbrauer Joseph Gaßmann aus der Mittelbadgasse, der »gutes Krugbier« für 7 Kr. anbietet.[10]

3.2 Heidelberger Bier

Die Technik der Bierbrauerei hat sich gegenüber dem für das 18. Jh. beschriebenen Zustand kaum verändert. Nach wie vor ist in Heidelberg das Brauen ein handwerklich betriebenes Saisongeschäft. Noch zählen die Standortvorteile der Stadt mit gutem Brauwasser von den Bergquellen und den tiefen kühlen Felsenkellern. Der »Quantensprung« in der Brautechnik erfolgt erst am Ende des 19. Jh.s. Immer noch sind die Gärvorgänge des Biersuds nicht genau kalkulierbar, droht die Gefahr »sauren Bieres«. Doch der Bierproduktionsprozess enthält nicht nur Risiken für das Bier, sondern auch für die Stadt. Auf den hohen Dachböden der Altstadthäuser wird die Braugerste gelagert und getrocknet. Dies ist heute trotz Umbauten noch erkennbar im Dachaufbau des »Faulen Pelz«. Unter den Bierkesseln lodert offenes Feuer. Die Brandgefahr ist erheblich und kann in der eng bebauten Altstadt eine Katastrophe anrichten. Deswegen kontrolliert die Stadt die Darren und legt großen Wert auf die Errichtung von Brandschutzmauern im Umfeld der Brauhäuser, die meist im Hinterhof angesiedelt sind.

Heidelberger Bier zeigt sich zumeist trüb und dunkel. Erst Karl Kleinlein, der in seiner Gesellenzeit in Österreich die helle »Wiener Brauart« kennen lernt, führt um 1870 in Heidelberg helles Bier ein. Diese neue Mode setzt sich rasch durch. Welche Biersorten die Heidelberger Brauer produzieren, steht Anfang des Jh.s nicht ganz in ihrer freien Entscheidung. Viele hiesige Brauer haben sich wohl auf die Herstellung teurer Biersorten verlegt, so dass eine Polizeiverordnung vom 7. Juli 1803 besagt, dass sie »zwar eine oder auch mehrere bessere Biergattungen als die gemeine fertigen« und auch dafür einen höheren Preis verlangen dürfen. Doch wird ihnen auferlegt, »das gemeine Bier, welches der Taxation nach wie vor unterworfen bleibt, jederzeit in preiswerther Güte und in der für den gemeinen Bedarf erforderlichen Menge zu liefern.«[11] Auf diese Weise soll die billige Variante des zum Volksgetränk gewordenen Bieres garantiert werden. Das Heidelberger Wochenblatt führt eine Tabelle für »Fruchtpreise und Victualienschätzung« mit Richtwerten auf, die im August 1819 »die Maas Bier« mit 6 Kr. bewertet (zum Vergleich: ein Pfund Seife 20 Kr.).[12] Die Bierpreise fallen saisonbedingt im Winter um ein gutes Drittel, da die Nachfrage geringer ist und die kühle Lagerung kein Problem darstellt.

Einen Überblick über die Bedeutung des Bieres und des Brauens in Heidelberg zu Beginn des 19. Jh.s bietet Friedrich Peter Wundts Stadtbeschreibung.[13] Über das hiesige Bier urteilt Wundt, der das Wasser sehr lobt, aber Verstöße gegen das Reinheitsgebot registriert: »Das Bier ist im ganzen genommen, klar, rein, nahrhaft und wohlschmeckend, besser ist desjenige, welches klar ist und nicht schäumt, weil das Letztere oft durch der Gesundheit schädliche Beimischungen in Gährung gesetzt worden ist.« Bier ist aber nicht allein zum Trinken da. So betreibt beispielsweise der Apotheker Wilhelm Mai in der Sandgasse Heilbäder mit dem Absud aus Bier und Malz. Der Kunde kann aber auch einen Sud aus Ameisen und Kälberfüßen genießen.

3.3 Rundgang zu den Brauhäusern

Der Rundgang zu den Heidelberger Brauereien des 19. Jh.s orientiert sich an der damals üblichen Einteilung in die Quartiere Vorstadt, Stadt und Schlossberg.[14]

Die Vorstadt, der Bereich zwischen heutigem Bismarckplatz und Universitätsplatz, zeigt in den Seitengassen der Hauptstraße bis gegen Ende des 19. Jh.s ländlichen Charakter und ist nur lückenhaft bebaut. Gärten, Ställe, Tierhaltung zeugen noch davon, dass hier einstmals die Bergheimer Bauern zwangsangesiedelt worden sind. Viele der hier wohnenden Bürger sind Landwirte, und manche Brauerei wird von einem Bauern betrieben, der zugleich Essig herstellt, Schnaps brennt und Nutztiere hält.

In Bergheim befindet sich zunächst nur am Anfang der Bergheimer Straße eine kleine Brauerei, später als Brauerei Denner bekannt. Erst gegen Ende des Jh.s entstehen weiter stadtauswärts die Aktienbrauereien Kleinlein und Schroedl.

Gleich am Anfang auf der rechten Seite der Hauptstraße brauen die Bartholomäs im Gasthaus »Zur Goldenen Rose«. Schräg gegenüber auf der linken Seite befinden sich allein im Abschnitt zwischen Fahrtgasse und Brunnengasse drei Brauereien. Zunächst das Gasthaus »Zum Horn«, das ab der Jahrhundertmitte unter dem Namen »Fuchsbau« bekannt ist, weil im Hinterhof zeitweise ein Fuchs gehalten wird und die Wirtschaft sich zugleich zum Stammlokal der Arbeiter der H. Fuchs Waggonfabrik entwickelt. Einige Häuser weiter brauen mehrere Generationen der Familie Krauß.[15] Kurz darauf folgt die »Majerei«, Ecke Brunnengasse, benannt nach der Familie Majer, später Gasthaus »Gutenberg« genannt, wegen der Nachbarschaft zu Druckerei und Verlag des Heidelberger Tageblatts.

Dort wo heute das Kurfürst-Friedrich-Gymnasium am Neckarstaden steht, braut zunächst die Familie Bootz, die auch die gleichnamige Badeanstalt betreibt, in der »Stadt Straßburg« Bier. Ende des 19. Jh.s endet der Braubetrieb, der Name der Wirtschaft geht über auf eine Gaststätte in der Bergheimer Straße, einem beliebten Treffpunkt der Arbeitervereine.

Doch zurück zur Hauptstraße; auf der rechten Seite befindet sich im Haus Zum Riesen, einem prachtvollen Palais, zu Beginn des Jh.s für kurze Zeit eine Bierwirtschaft, die der Bierbrauer Betz betreibt. J. H. Voß wohnt zu Beginn seines Heidelberg-Aufenthalts kurz in diesem Hause und zeigt sich entnervt von den »unharmonischen Biergästen« in der Gartenwirtschaft.[16] Mitte des Jh.s werden Ladengeschäfte im Erdgeschoss eingerichtet, heute gehört das Haus der Universität. Auf der anderen Seite der Hauptstraße wartet seit 1797 der »Goldene Engel« auf durstige Besucher.[17] Heute befindet sich hier C&A. Einige Häuser weiter existiert ein Gasthaus mit dem verheißungsvollen Namen »Zur goldenen Gerste«. Noch im frühen 19. Jh. endet hier der Braubetrieb, das Lokal wird aber als Bier- und Weinwirtschaft fortgeführt. Nicht weit davon entfernt auf der linken Seite sind ebenfalls im »Güldenen Schaf«[18] Bierbrauer aktiv. Dieses ist das Stammhaus der Brauerei Kleinlein, später Heidelberger Aktienbrauerei, dann Schloßquell. Ein paar Schritte die Schiffgasse hinunter, schon steht man im »Schwarzen Schiff«, wo zunächst die Familie

Brauerei Rapp »Zum Goldenen Fässchen« in der Ingrimstr. 16, Ansichtskarte Ende des 19. Jh.s (Privatsammlung)

Helwerth, dann Rapp braut. Heute ist hier das Lokal »Backmulde« untergebracht. Unten am Neckar brauen die Wirte und Holzhändler Überle im »Goldenen Anker« Bier, das insbesondere die Flößer und Neckarschiffer trinken, die direkt vor dem Haus am Zimmerplatz anlegen. An diesem Anlegeplatz steht heute die Stadthalle, durch deren Bau sich der »Anker« vom Ufer getrennt zeigt.

Am Ende der vorstädtischen Hauptstraße, also an der Linie Marstallstraße/Grabengasse, häufen sich die Bierhäuser.

Auf der rechten Seite braut im Eckhaus zum Universitätsplatz die Familie Klar im »Pfälzer Hof«, vorher schon Sitz des Heldischen Bierhauses. Gleich um die Ecke in der Grabengasse brauen Bartholomäs in der »Neuen Pfalz«. In dieser Brauereigaststätte kommt es häufig zu studentischen Exzessen. In einem siebenseitigen Beschwerdebrief wird 1802 dargestellt, wie schlimm Lärm und Pöbeleien der Studiosi sogar nach 10 Uhr abends noch seien.[19] Ecke Hauptstraße/Marstallstraße befindet sich um 1800 für kurze Zeit die Kochische

Biersiederei im »Englischen Hof«, zuvor Sitz einer Apotheke, nachher des Verlags Winter. Wenige Schritte weiter Richtung Marstall erwirbt der Bierbrauer Widder den »Prinz Max«, mit seinem großem Saal ein Treffpunkt bis ins 20. Jh. hinein. Später erfolgt in diesem Gebäude die Einrichtung eines Rundfunkstudios; heute gehört es zur Universität.

Auch in der Plöck muss niemand verdursten. Wohl an der Stelle eines vorherigen Bierkellers wird 1851 an der Ecke zur Akademiestraße die »Inselbrauerei« errichtet. Weiter hinten in der Plöck lockt die Landfried'sche Essigsiederei und Bierbrauerei. Nicht weit vom Alten findet sich das 1800 errichtete Neue Essighaus, das als Gaststätte unter diesem Namen bis heute existiert.

Der Bezirk Stadt erstreckt sich von der Ostseite der Grabengasse am Universitätsplatz bis zum Stadtausgang am Karlstor. Hier, im alten Kern Heidelbergs, massieren sich die Brauereien. Auf der rechten Seite der Hauptstraße gibt es die Brauerei »Zum Ritter«, später nach dem Wirt nur noch »Hormuthei« genannt, nicht zu verwechseln mit dem heute noch existierenden »Hotel Zum Ritter St. Georg«. Einige Häuser weiter, ebenfalls auf der rechten Seite, besteht die Brauerei »Zum Goldenen Römer«, ein großräumiges Lokal. In der nach rechts abzweigenden Kettengasse existieren gleich zwei Brauereien, in Nr. 11 die Brauerei »Zur Stadt Düsseldorf«, in Nr. 21 das Gasthaus »Zum Schlüssel«. Um die Ecke in der Ingrimstraße braut das »Goldene Fässchen«, das 1900 in eine GmbH umgewandelt und an den Güterbahnhof verlegt wird. Weiter Richtung Kornmarkt findet der Dürstende das »Lamm«. Ecke Mittelbadgasse/Zwingerstraße braut Philipp Gundt sein Bier; daher heißt das heutige Lokal an dieser Stelle »Alte Gundtei«, allerdings mittlerweile in einem Neubau der 1960er-Jahre. Später wechselt Gundt über die Straße zum »Faulen Pelz«. Am Kornmarkt 7 wird zu Beginn des 19. Jh.s noch im »Welschen Hahn« gebraut.

Auf der linken Seite der Hauptstraße betreibt bis 1820 die Familie Landfried ihre Brauerei im »Weißen Schwan«, dann abgelöst von Hirschels und zeitweise vom »Mächer« Eisenhardt.[20] Wer an der Heiliggeistkirche nach links abbiegt, gelangt am Fischmarkt 1 zu einer weiteren Brauerei, dem Schmitt'schen Essighaus. Geht man die Haspelgasse zum Neckar hinab, trifft man auf zwei weitere Brauereien, in Nr. 2 das »Goldene Horn«, im Nachbarhaus Nr. 4 die Brauerei Höckl. In der Unteren Straße hat die Brauerei »Zum goldenen Reichsapfel« ihren Sitz, wenige Schritte weiter am Heumarkt 3 die Brauerei »Zum Goldenen Löwen«. Inhaber Mathias Walter

Landfrieds »Fauler Pelz«: einst die größte Heidelberger Brauerei – die Dachluken zum Darren des Malzes sind noch gut erkennbar, Zustand 20. Jh. (STAHD)

Die »Diemerei« am Aufgang zum Schloss, kurz vor ihrem Abriss 1899 (STAHD)

Julius Diemer (1826–1906), Brauereibesitzer und wohltätiger Stifter (STAHD)

avanciert 1785 zum Bierbraumeister. In seinem Haus, das Wundt zu den bedeutenden Brauereien zählt, versammelt sich die 1806 gegründete Heidelberger Freimaurerloge »Carl zur guten Hoffnung«.[21] Schräg gegenüber, in der Großen Mantelgasse 24, befindet sich der »Weiße Bock« der Familie Schaaff, die hier rund 150 Jahre Bier braut.

An der Alten Brücke, Obere Neckarstraße 2, ist der »Goldene Schwan« gelegen, um die Mitte des 19. Jh.s Stammlokal der Bierbrauer und Herberge ihrer Gesellen. Im Umfeld des Rathauses braut man in der Heiliggeiststraße 3 im »Schwarzen Bären«, benannt nach den früher im Schlossgraben gehaltenen Bären, und im »Großen Faß«, Ecke Hauptstraße/Mönchgasse, wo heute der Südostflügel des Rathauses steht. Richtung Karlstor folgt noch am Karlsplatz eine weitere Brauerei, ab 1848 von Joseph Ditteney geführt und später als »Seppl« bekannt. Links hinunter in die Leyergasse führt der Weg zur kleinen Brauerei der Familie Schaaff, wo heute die Kulturbrauerei betrieben wird. Neben dem »Seppl« lockt der

Brauereigasthaus am westlichen Schlosseingang, heute steht hier die Villa Lobenstein (STAHD)

»Rote Ochse«, keine Brauerei, aber ein bei Bürgern und Studenten beliebtes Bierlokal.

Schließlich hinauf zum Schlossberg. Als Bezirk Bergstadt liegt dieser Bereich zu kurfürstlichen Zeiten in unmittelbarer Hofnähe. Seine hieraus resultierende Bedeutung dokumentiert sich in einem eigenen Rathaus und eigener Gerichtshoheit, wie der Name des Lokals »Burgfreiheit« noch heute belegt. Erst 1743 wird die Berggemeinde mit der Stadt vereinigt und verfügt um 1810 über 77 Häuser.

Die bedeutenden Brauereien »Bremeneck« und »Fauler Pelz«, beide gegenüberliegend, markieren unmittelbar die Grenze zwischen Stadt und Schlossberg. Während heute Straßen und die Bergbahn das Gelände durchziehen, ist bis gegen Ende des 19. Jh.s das Areal zusammenhängend und von großen Gartengrundstücken geprägt. »Bremeneck« und »Fauler Pelz« verfügen nicht nur über große Häuser mit für Heidelberger Verhältnisse gewaltigen Braukapazitäten, sondern auch über große Biergärten. Weiter oben am Schlossberg erblickt man die »Diemerei«, ein bekanntes Wirtshaus mit Biersiederei, auf einem Felsenkeller gelegen. In diesem 1710 gebauten Haus, mit günstiger Lage am Hauptweg zum Schloss, hat früher schon die Familie Zwipf Bier gebraut. Diemers übernehmen das Gasthaus, das zwar zeitweise »Zum goldenen Adler« heißt, dessen ungeachtet aber allseits nur »Diemerei« genannt wird. Das Bierhaus ist 1817 so populär, dass es bei der Festsetzung von Transportpreisen durch das Großherzogliche Badische Stadtamt Heidelberg als feste Station genannt wird: Die Taxe für Fourage von den Anlegeplätzen am Neckar »bis an des Biersieders Diemer Behausung« ist auf 25 Kreuzer festgelegt.[22] In der Steuerliste von 1826 ist Georg Heinrich Diemer immerhin als der viertreichste der 27 Brauer ausgewiesen. Als Ende des 19. Jh.s viele alte Häuser am Schlossberg abgerissen werden und die Bergbahn gebaut wird, kommt auch das Ende der »Diemerei«. Im Neubau, heute Schlossberg 7–9, existiert nach 1900 zunächst noch ein Gasthaus, das den Traditionsnamen »Diemerei« trägt, später wird es Verbin-

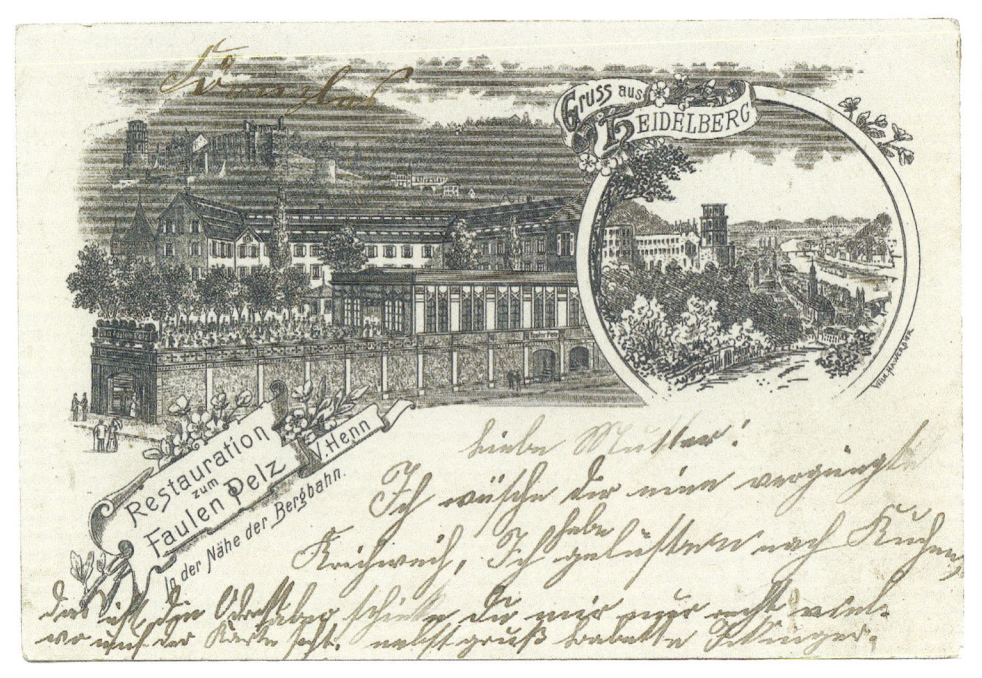

»Bremeneck« und »Fauler Pelz« zählen zu den größten Heidelberger Biergärten, Ansichtskarten, Ende 19. Jh. (Privatsammlung)

dungshaus. Unmittelbar links vom Eingang zum Schloss, wo heute die Villa Lobenstein steht, ist einst die »Steigleiterei« angesiedelt. Das Bier- und Weinhaus von Martin Steigleiter, auch Steichleder, wird später nach dem nachfolgenden Wirt »Falknerei« genannt.

3.4 Biergärten und Bierkeller

Der Biergarten ist um 1800 in Bayern entstanden. Da das beliebte untergärige Bier zum Reifen und Lagern eine niedrige Temperatur benötigt und ab April Brauverbot besteht, lassen erfindungsreiche Brauer am Rand der Städte metertiefe Kellerhöhlen schlagen und dort die Fässer mit Riesenbrocken Natureis lagern. Zum Schutz vor Sonneneinstrahlung streuen die Brauer Kies auf die Kellerhöhlen und pflanzen Schatten spendende Kastanien oder Linden an. Damit ist der Biergarten geboren. Zum besonderen Reiz des Biergartens gehört auch die temporäre Durchbrechung sozialer Schranken.

Hier mischen sich beim kühlen Trunk Knechte und Advokaten, Kutscher und Kaufleute, Studenten, Handwerker und Professoren.

Die größten Biergärten im Heidelberger Stadtgebiet bieten im 19. Jh. das »Bremeneck« und der »Faule Pelz«. Über einen großen Garten verfügt auch Wirt Müller am Riesenstein, wo Bürger, Studenten und Künstler sich treffen, darunter auch Joseph von Eichendorff und Jean Paul. Die Kronenbrauerei in Neuenheim bietet einen großen Biergarten direkt über ihrem dreistöckigen Felsenkeller, der vor wenigen Jahren einer Tiefgarage weichen musste. Einige Heidelberger Bierbrauer verfügen am Schlossberg, besonders im damals noch kaum bebauten Bereich Klingenteich, beim Judenfriedhof, über Bierkeller. In den tiefen Felsenkellern am Nordhang des Königsstuhls lagern die Biervorräte gut gekühlt bis in den Sommer hinein. Und es bürgert sich ein, dass in den Sommermonaten kleine Bierausschankstellen am Kellereingang eingerichtet werden, um den Spaziergängern und Schlossbesuchern einen erfrischenden Trunk anzubieten. Eine

Praxis, die von solchen Bierbrauern, die über keine Keller in dieser Gegend verfügen, mit neidischem Blick betrachtet wird.

Der Bierkeller von Jakob Kleinlein aus dem »Güldenen Schaf« liegt hinter dem Klingentor beim Judenfriedhof; auf einem Sandsteinbogen der heutigen Klingenteichstr. 5 ist noch die Inschrift »Jacob Kleinlein 1843« zu lesen. Um 1850/55 existieren im Bereich Klingenteich/Anlage außer dem Kleinlein'schen die Bierkeller von Georg Philipp Gundt (zunächst Mittelbadgasse, dann Fauler Pelz), Konrad Jäger (Goldenes Fässchen), Anton Friedrich Hirschel (Weißer Schwan) und Johann Ernst (Goldener Römer).[23]

1871 sind noch übrig: Kleinlein, Klingenteich 1, Schroedl (Fauler Pelz), Klingenteich 6, und Rapp (Goldenes Fässchen), Klingenteich 8. Neben Schroedls Bierkeller offeriert eine Trinkhalle dem Wanderer Kuh- und Ziegenmilch. Wenige Jahre später geben Kleinlein, Schroedl und Rapp ihre Bierkeller in der Altstadt auf und verlegen ihre Brauereien in den Heidelberger Westen. Die im unteren Bereich des Klingenteichs gelegenen Keller müssen später z.T. dem Bau der Odenwald-Bahnstrecke weichen. Letzte Überbleibsel, wie eine Sandsteinmarkierung mit dem Schriftzug »Hirschel«, verschwinden beim Ausbau der ehemaligen Bahnstrecke als Straße um 1960.[24]

August Eisenhardt aus Ladenburg richtet 1855 am Klingenteich seinen Bierkeller ein. Das kleine Gasthaus wird direkt vor dem Felsenkeller, heute Klingenteichstr. 4, errichtet. Später kauft das Corps Suevia das Grundstück und baut hier sein Corpshaus. Eisenhardt hat inzwischen die Witwe Hirschel vom »Weißen Schwan« geheiratet und wird als »der Mächer« berühmter Brauer und Schwanenwirt.

Außer in der Kernaltstadt existieren Bierkeller vor allem in der Plöck und in der Anlage. Seit 1865 betreiben die Bierbrauer und Wirte vom Essighaus am Fischmarkt 1 (Schmitt, Ziegler, Eisinger) in der Plöck 51 Bierkeller, hier entsteht dann die »Inselbrauerei«. Auch in der Rohrbacher Straße befinden sich stadtauswärts einige Bierkeller. Am bedeutendsten ist der Keller von Bierbrauer Kiessel vom »Goldenen Löwen« am Heumarkt. Spätestens seit 1874 existiert in der Rohrbacher Str. 108 sein Keller mit Ausschank, aus dem der heute noch so genannte »Löwenkeller« hervorgeht. Näher am Zentrum hat 1876 Brauer Kolb in der Rohrbacher Str. 20 seinen Keller. Auf der nördlichen Neckarseite lässt sich um 1850 Joseph Ditteney junior für seine Bierbrauerei in der Hauptstraße, den »Seppl«, auf dem Gartengelände seines Vaters in der Hirschgasse, schräg gegenüber des Cerevishäuschens, einen Bierkeller in den Felsen schlagen.[25]

Schmuckblatt des Bierbrauer-Handwerksbuchs, 1715 (STAHD)

Gott allein die Ehr
Eines wohl Löblichen Bier Brawer
Handtwercks Buch

Welches von den dermahlige verordneten Handtwercks Maister, als Herr Phillip Michael Hotze alter, und Herr Johann wolffgang Hardtlieb Junger ditzes Handtwercks Buch auffgericht worden, und die Nahmen ordentlich Eingetragen so Geschehen den 20t Februarÿ
A 1715

Im Oktober 1846 kommt es zu einer Kontroverse, als Meister Jacob Mayer das »Ansuchen« an seine Zunftkollegen richtet, in seinem Felsenkeller »Bierverzapf« zu betreiben. Nur wenige Kollegen befürworten dies, und zwar ausschließlich solche, die selbst Felsenkeller am Schlosshang besitzen wie Georg Philipp Gundt, Anton Friedrich Hirschel oder Jakob Kleinlein. 28 Bierbrauer sprechen sich dagegen aus und appellieren an die Stadt und das Oberamt, den Kellerausschank nicht zu genehmigen.[26] In den nächsten Jahren aber setzen sich die Bierbrauer durch, die in oder vor ihren Kellern das »darin lagernde Bier daselbst verzapfen« dürfen.

3.5 Zunft der Bierbrauer

Die Heidelberger Bierbrauer sind bis 1813 in keiner selbstständigen Zunft organisiert, sondern Mitglieder bei den Spänhauern. In dieser bedeutenden Zunft, die zahlenmäßig zu den größten der 16 hiesigen Zünfte gehört, sind recht heterogene Berufe versammelt, von den Holz verarbeitenden Gewerben wie Schreiner und Küfer bis zu Wirten und Steinhauern. Das Zunfthaus, dessen Vorläufer schon im 16. Jh. als »Spenhawer stub« erwähnt wird,[28] steht in der Froschaue, heutige Obere Neckarstraße 7. Innerhalb der Spänhauerzunft scheinen die Bierbrauer eine gewisse Eigenständigkeit zu genießen. Ausdruck ihres Selbstbewusstseins ist der 1735 von Friedrich Hiller gefertigte silberne Zunftpokal, an den bis 1883 bedeutende Heidelberger Bierbrauer ihre gravierten Schilde hängen.[29] Das auf Dokumenten verwendete eigene »Bierbrauerhandwerck Insigel zu Heidelberg« zeigt zwei Brauer mit Malzrechen und Schöpfkelle vor einem Bottich, darüber die Jahreszahl 1746 und einen Wappenlöwen.

Um 1800 sind die Zahl und die wirtschaftliche Bedeutung der Biersieder derart gewachsen, dass sie selbstbewusst die Gründung einer eigenständigen Bierbrauerzunft fordern. Die Brauer argumentieren mit der »Besonderheit« ihres Gewerbes und dem Beispiel anderer Städte. Ferner seien »die hiesigen Bierbrauer so zahlmäßig, daß sie als Zunft allein füglich be-

Pokal der Heidelberger Bierbrauer, geschaffen 1735 von Friedrich Hiller (Kurpfälzisches Museum)

stehen können«.³⁰ Die Verhandlungen mit der Spänhauerzunft, dem Stadtrat und dem großherzoglichen Oberamt ziehen sich über Jahre hin und führen erst im Herbst 1813 zu einem Ergebnis. Am 14. September 1813 genehmigt das Oberamt die Separierung, sofern die Spänhauerzunft »mit dieser Sonderung selbst einverstanden« sei und eine Regelung zur Zahlung der auf der gesamten Zunft haftenden Schulden gefunden werde. Ferner soll die Trennung »ohne die mindeste Änderung in seiner artikelmäßigen Verfassung« erfolgen. Die Bierbrauer akzeptieren die Auflagen. Die weitere Durchführung der Separierung ist nun dem Stadtrat aufgetragen. Die Gebühren für den Zunfteintritt legt das Oberamt fest: Bei den Spanhauern zahlen Fremde 15 Gulden, Einheimische die Hälfte, bei den Bierbrauern aber 100 bzw. 75 Gulden – Indiz für den Reichtum dieses Gewerbes. Für die Einheirat ins Braugewerbe gilt der Tarif von 10 Gulden für die Heirat einer »Tochter oder zünftigen wittib«. Von diesen Gebühren »bezieht die gnädigste Herrschaft die eine, und die Zunft die andere Hälfte.«

Am 15. September 1813 genehmigt auch der Stadtrat die »Sonderung« des Bierbrauerhandwerks von der Spanhauerzunft. Den Spänhauern bleibt nichts anderes übrig, als sich nolens volens mit der Abtrennung einverstanden zu erklären. Zunftmeister Abel lässt eine Liste anfertigen, die auch als Schlüssel für die Abtragung der alten Zunftschulden dienen soll. Worauf die Schulden zurückgehen, ist allerdings unklar. Mit Stand vom 9. April 1814 wird festgestellt: Von den 131 ehemaligen Zunftmitgliedern haben sich nun 35 »zahlbare« Bierbrauer abgespalten, hinzu kommen fünf nicht zahlungspflichtige (wohl solche, die ihr Gewerbe derzeit nicht ausüben). Die 96 zurückgebliebenen Spänhauer verlangen von den Ausgetretenen nun Schuldsummen, die von den Brauern als unverhältnismäßig hoch empfunden werden. Der Streit über den gerechten Anteil an den 265 Gulden Altschulden zieht sich über Monate hin. Schließlich entscheidet das Großherzogliche Stadtamt Heidelberg, den Bierbrauern sei nicht mehr als die Zahlung von 88 Gulden zuzumuten; ferner sollen sie »auf ihr Eigenthum an dem erst unlängst für die Spanhauerzunft angeschafften Leichentuch verzichten.« Es handelt sich vermutlich um ein kostbar verziertes Tuch für die Begräbniszeremonie von Zunftmitgliedern.

Nun haben die Bierbrauer das Ziel, eine eigene Zunft zu bilden, erreicht. An ihren Zunftregeln ändert sich allerdings nichts. Das zünftige Leben der Brauer vor und nach der Ab-

Heidelberger Bierbrauer werden selbstständig: Austritt aus der Spänhauerzunft 1814 (STAHD)

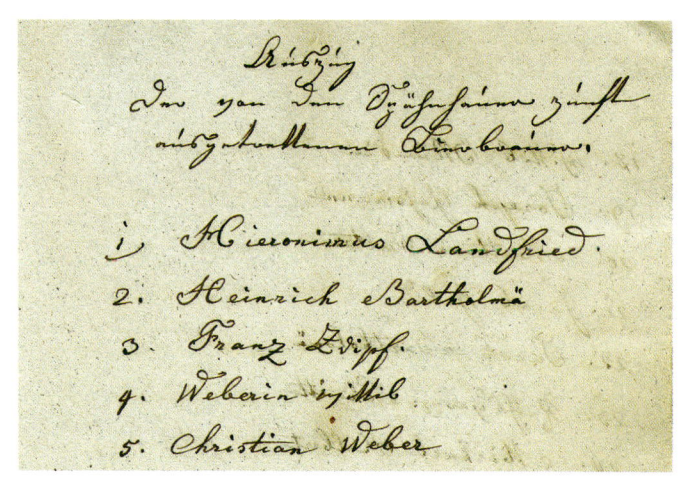

Dauerthema: Streit um die Abtragung alter Zunftschulden, Schreiben des Stadtamts Heidelberg an die hiesigen Bierbrauer, 1815 (STAHD)

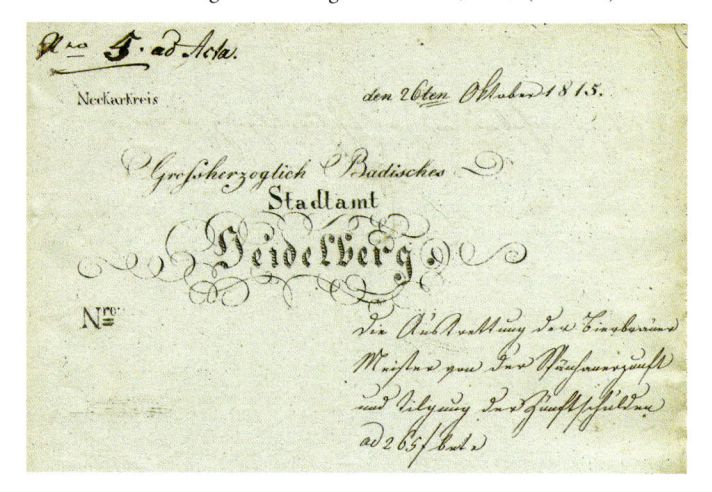

trennung kann leider nur bruchstückhaft rekonstruiert werden, denn viele Dokumente der Heidelberger Bierbrauerzunft sind nicht mehr erhalten. »Das Original-Protokoll ist im Zunftkasten aufbewahrt«, vermerken einige Abschriften. Doch ist die Zunftlade samt Inhalt verschollen. Immerhin sind einige Quellen erhalten, etwa ein Verzeichnis der zwischen 1790 und 1826 aufgenommenen Lehrlinge, »welche allhier aufdingt und ledig gesprochen worden«,[31] und das Fortsetzungsbuch von 1827 bis 1862[32]. Die beiden Bücher bieten eine chronologische Lehrlingsaufstellung. Weitere Informationen enthält das »Heidelberger Bierbrauer-Zunft Protocoll-Buch« mit Einträgen von 1835 bis 1860.[33] Ferner existieren einzelne Handschriften der Heidelberger Bierbrauerzunft, zumeist Bittschriften zur Senkung der Biersteuer sowie Lehr- und Meisterbriefe.[34] Rückschlüsse auf die Zunftverfassung lassen sich auch aus Sinsheimer Dokumenten ziehen. Die dortigen Bierbrauer bitten 1828 ihre Heidelberger Kollegen um die Abschrift ihrer Zunftartikel, da in Sinsheim die Konstituierung einer Bierbrauer- und Küferzunft bevorstehe. Zwar ist die Antwort »der ehrsamen Bierbrauerzunft Heidelberg« nicht erhalten, doch dürfte die Sinsheimer Zunftordnung sich in wesentlichen Teilen hieran orientieren.[35]

Aus diesen genannten Dokumenten und durch Analogieschluss lässt sich das zünftige Leben der Heidelberger Bierbrauer im 19. Jh. wenigstens in groben Zügen rekonstruieren. Danach führen der von den Mitmeistern gewählte Alte und der Junge Zunftmeister den Vorsitz der Bierbrauerzunft. Diese beiden Zunftvorsteher werden auf drei Jahre gewählt, wobei häufig Namen traditionsreicher Bierbraufamilien wie Diemer, Landfried, Hölzer, Bartholomä oder Frey auftauchen. Pro Jahr finden ca. fünf bis acht Zunftversammlungen statt, die jedoch keineswegs immer gut besucht sind. Oft erscheint von den zeitweise über 30 Meistern nur rund ein Dutzend. Wichtige Entscheidungen müssen mangels Beschlussfähigkeit vertagt oder die Stellungnahmen einzeln schriftlich eingeholt werden. Die Zunftvorsteher pflegen Kontakte zu auswärtigen Bierbrauern, vor allem ist eine rege Korrespondenz mit Kollegen in Karlsruhe, Mannheim und Sinsheim belegt.

Zu den vorrangigen Aufgaben der Zunft gehört die Regelung der Ausbildung. Die Lehrzeit für angehende Bierbrauer beträgt drei Jahre, in manchen Fällen – etwa bei Meistersöhnen – ein Jahr weniger. Bei der Aufnahme des Lehrjungen werden zwei Meister festgelegt, die die Ausbildung überwachen. Ein Meister ist Ansprechpartner des Lehrjungen, der andere der des Lehrherren. Die Kosten für die Ausbildung schwanken erheblich. Die Söhne Heidelberger Bierbrauermeister müssen gar nichts bezahlen; meistens gehen sie ohnehin bei ihren Vätern in die Lehre. Häufig melden einheimische Brauer gleich mehrere Söhne zur Ausbildung an, wobei meist nur einer diesen Beruf später auch tatsächlich ergreift. So lässt Zunftvorstand Carl A. Frey 1844 seine fünf Söhne »zünftig« einschreiben, von denen allerdings später kein einziger die Brauerei ausübt, zumindest nicht in Heidelberg. Für Lehrlinge aus anderen Zünften oder gar von auswärts kostet das Lehrgeld bis zu 200 Gulden für die gesamte Lehrzeit. Die Hälfte des Lehrgelds ist zu Beginn zu zahlen, der Rest im Lauf der ersten Hälfte der Lehrzeit.

Unter den Lehrjungen finden sich bekannte Namen. So wird Andreas Rottmann, Sohn des kurfürstlichen Administrators Carl Rottmann, 1792 bei Braumeister Johann Munck am Burgweg eingeschrieben. Söhne auswärtiger befreundeter Bierbrauer haben erhebliche Vergünstigungen; so nimmt etwa Louis Landfried 1825 Peter Förster aus Leutershausen kostenlos als Lehrjungen auf. Manchmal bewährt sich der Lehrjunge derart, dass er später – sofern kein direkter Erbe vorhanden ist – sogar den Betrieb des Meisters übernehmen kann. So ergeht es Daniel Kießel, der 1794 bei Mathias Walter in der Biersiederei »Zum Goldenen Löwen« am Heumarkt lernt und später den Betrieb weiterführt. Die Väter der Lehrjungen sind zu etwa zwei Dritteln Bierbrauer in Heidelberg. Gehäuft treten die Namen Landfried, Zwipf, Hellwerth, Diemer, Koch, Klar und Bartholomä auf, einige Lehrjungen stammen aus Gastwirts-, Bäcker- oder Metzgerfamilien. Die auswärtigen Lehrlinge kommen überwiegend aus der Region; sie sind aus Dossenheim, Leimen, Mannheim oder Karlsruhe, aus dem Kraichgau oder aus der Pfalz. Einige Lehrlinge stammen aus

Hessen, Bayern oder Frankreich. Ab etwa 1830 erhöht sich der Anteil der auswärtigen Lehrlinge, was für den guten Ruf der Heidelberger Bierbrauer spricht. Aus den beiden Protokollbüchern über die Ausbildung der Lehrjungen ergibt sich, dass im Zeitraum von 1790 bis 1826 insgesamt 140 Lehrlinge, zwischen 1827 und 1862 sogar 221 Lehrlinge eingeschrieben sind. Im Schnitt werden zwei bis sechs Lehrjungen pro Jahr eingetragen, im Spitzenjahren wie 1818 oder zwischen 1840 und 1848 sogar zehn bis zwölf. Ab 1850 sinkt die Zahl der Lehrlingseintragungen pro Jahr auf ca. fünf ab.

Nach Ablauf der Lehrjahre prüft die Zunft, ob der Lehrjunge seine Ausbildungszeit »ordnungsmäßig« absolviert hat. Ist er dann »frei und ledig« gesprochen, wobei er für die Lossprechung je nach Status Gebühren zwischen sechs und 30 Gulden zu entrichten hat, schließt sich die Wanderzeit von in der Regel drei Jahren an. Danach legt der Geselle Lehr- und Wanderbrief vor und fertigt das Meisterstück, also den Prüfungssud, der von zwei Meistern zu begutachten ist. Sind alle Voraussetzungen erfüllt, erfolgt vor versammelter Zunft die Bestätigung als Bierbraumeister. Nun kann der neue Meister entweder den väterlichen Betrieb übernehmen, eine Bierbrauerwitwe heiraten oder – schwierigste Variante – versuchen, eine neue Brauerei zu gründen.

Als problematisch erweist sich, wenn Ortsfremde als Meister in Heidelberg aufgenommen werden wollen. Die Anerkennung als Meister und die Aufnahme als Bürger sind nämlich gekoppelt; das eine ist Voraussetzung für das andere. Zunft und Rat sind sich im Verfahren zudem keineswegs immer einig.

Ein Dauerthema der Zunft bildet die chronische »Ebbe« in ihrer Kasse. Sowohl die Tilgung der alten, noch aus der Spänhauerzunftzeit übernommen Schulden bereitet Probleme, als auch die Deckung der laufenden Kosten. Weder die Gebühreneinnahmen noch die Umlagezahlungen reichen aus, dauerhaft aus der Unterfinanzierung herauszukommen. So muss die Zunft mehrfach Kapital aufnehmen. Beträge zwischen 100 und 550 Gulden werden zu einem Zinssatz von zumeist 4½% bei wohlhabenden Zunftgenossen wie den Landfrieds oder Diemers geliehen. Für die Rückzahlung verbürgen sich alle Zunftmeister mit ihrer Unterschrift. Noch 1818 zahlt die Zunft ihre Altschulden ab und leiht sich 550 Gulden von Ph. F. Landfried »zum behuf einer Zunftschuldtilgung«. Allein im Jahr 1823 nimmt die Zunft insgesamt 1.050 Gulden von verschiedenen Leihgebern auf. Die »Herren Bierbrauer« zahlen eine monatliche Umlage in die Zunftkasse, gestaffelt zwischen einem und sechs Gulden, wobei den Spitzenbetrag von sechs Gulden und zwei Kreuzern Ludwig Landfried vom »Faulen Pelz« zahlt.[36] Die Zahlungsmoral lässt zu wünschen übrig und bereitet mehrfach internen Ärger. So fordert im April 1826 Zunftmeister Johannes Ernst von Bierbrauer Heinrich Hormuth ebenso nachdrücklich wie vergeblich 105 Gulden und 38 Kreuzer »Zunftgelder u. zünftige Gebühren«. Schließlich muss das badische Oberamt eingreifen. Hormuth erhält einen Zahlungsbefehl und muss innerhalb von 14 Tagen seine Schulden zahlen. 1826 werden zeitweise zwei Kreuzer vom Malter Gerste als Sondersteuer erhoben; mit diesem Gerstengeld soll der Schuldenberg, dessen Abbau das Oberamt wiederholt anmahnen muss, abgetragen werden. Angesichts der gut gehenden Geschäfte und des offenkundigen Reichtums vieler Bierbrauer stößt die säumige Zahlung auf wenig Verständnis. Immer neue Zunftschulden bauen sich auf. Bis zum Anfang der 1840er-Jahre ist die Aufnahme größerer Kredite dokumentiert.

Neben der Schuldentilgung belasten vermutlich auch die sozialen Aufgaben die Zunftkasse, denn es geht keineswegs allen Brauern so gut wie den Landfrieds, Diemers oder Bartholomäs. So müssen der Witwe Munck, deren Mann eine Brauerei am Burgweg betrieben hat, mehrfach alle Zunftgebühren erlassen werden. Sie bietet per Zeitungsanzeige ihr Brauhaus samt Braukessel von 23 Ohm »in bestem Zustand ... nebst der Braugerechtigkeit« zum Verkauf an. Ehemann Johann Christian Munck war 1799 Braumeister geworden und 1819 gestorben. Die Anzeige führt zu keinem raschen Erfolg und muss monatelang wiederholt werden.[37] Zumindest für die 1820er-Jahre ist eine jährliche gestaffelte Sozialabgabe der Bierbrauerzunft an die »Armen-Instituts Casse« belegt.

Zeitweise gibt es offenbar eine Art genossenschaftlichen Einkauf, wie einem »Verzeichniß der Herren Biersieder, welche 1826 auf dem hiesigen Zunftmarkt Gerste gekauft haben«, zu entnehmen ist.[38] Rund 20 Bierbrauer kaufen in der Brausaison auf dem Zunftmarkt ihre Braugerste ein und erhalten durch den Kollektiveinkauf wohl günstigere Preise. Für den Verkauf von Malz und Treber – ein gehaltvolles Futtermittel für Tiere – bemüht sich die Zunft um einheitliche Abgabepreise.

Wo trifft sich die Bierbrauerzunft? Nach ihrer Abspaltung von den Spänhauern 1813 müssen sie das alte Zunfthaus in der Oberen Neckarstraße 7 verlassen. Kein Problem, schließlich stehen den Bierbrauern ihre eigenen Wirtshäuser als Versammlungsorte zur Verfügung. Das bis ca. 1850 bevorzugte Zunftlokal ist der »Goldene Schwan« an der Brücke, nicht weit vom alten Zunfthaus. Dann werden zeitweise der »Hirsch« in der Hirschstraße, der »Weiße Schwan«, der »Ritter« und der »Pfälzer«, alle in der Hauptstraße gelegen, favorisiert. Welche Gründe jeweils zum Wechsel der Treffpunkte führen, bleibt unklar. Offenbar aber kommt es dabei intern zu Konflikten. Vielleicht ist Neid mit im Spiel, soweit es um Treffpunkte bei Braukollegen geht. Daher werden zeitweise neutrale Gasthöfe, die selbst kein Bier brauen, wie etwa der »Badische Hof« gewählt. Mehrfach geändert wird auch die Herberge für wandernde auswärtige Bierbrauergesellen. Dies übernimmt seit etwa 1840 Braumeister Leicher im »Goldenen Schwan« an der Alten Brücke. Ihn löst 1855 Friedrich Klar im »Pfälzer Hof« ab. Schon 1858 fällt das zünftige Herbergswesen an den »Mitgenoßen G. Pfisterer Zum Schlüssel dahier«. Seit 1857 ist im Nebenzimmer des »Pfälzer« von der Zunft eine Meistertafel aufgestellt, verbunden mit einer Art »Schwarzem Brett« zum Überblick, wer welche Gesellen und Lehrlinge beschäftigt oder Gehilfen sucht. 1859 wird ein »Zunftdiener«, Jakob Stöß, gewählt, der für ein festes Gehalt Zunftaufgaben erledigen soll.

Zu den Funktionen der Zunft gehört auch, sich mit den Klagen der Stadt und des Oberamts über das Braugewerbe zu befassen. So lautet einer der Vorwürfe, die Gesellen der Bierbrauer, die abends – gemäß ihres Gewerbes – lange wach wären, würden ausgehen und zu später Stunde noch über die Stränge schlagen.[39] Gelegentlich gibt es Mahnungen, für »das öftere Reinigen der Kamine der Bierbrauer« zu sorgen und den Kaminfeger häufiger kommen zu lassen.[40] Wiederholt wird der Vorwurf geäußert, die Bierlokale würden die »Feyerabendstunde« nicht achten oder sogar sonntags während der Gottesdienste geöffnet sein.

Eine Widerspiegelung der revolutionären Zeiten 1848/49 findet sich nicht in den Zunftdokumenten. Zwar sind einzelne Bierbrauer in die Ereignisse verwickelt,[41] doch ob und wie sich die Zunft als Organisation dazu verhält, bleibt ungeklärt. Friedrich Ehrmann und Jacob Kleinlein amtieren in dieser Phase als Zunftmeister, es finden aber fast keine protokollierten Zunftversammlungen statt. Die Themen sind unpolitische, sei es als Vorsichtsmaßnahme, die schriftliche Niederlegungen nicht ratsam erscheinen lassen, oder weil man sich als Korporation in der Tat politisch zurückhält. Um so ergiebiger sind allerdings die Dokumente zu einem anderen Thema. Die Hauptaktivität der Zunft nach außen besteht nämlich im Kampf gegen die Biersteuer. Immer wieder richten die Heidelberger Bierbrauer ihre »unterthänigste Bitte um Minderung der Bier-Accise« an die Stadt, das Oberamt, die Ständeversammlung, das Finanzministerium oder gar den »durchlauchtigsten Großherzog, gnädigsten Fürst und Herrn« in Karlsruhe persönlich. Dutzende ähnlich lautende, bis zu 16 Seiten umfassende Schreiben sind überliefert. So verfassen z.B. am 26. Oktober 1825 die Bierbrauer ein sechsseitiges Bittschreiben an das großherzogliche Finanzministerium. Darin wird wortreich die wirtschaftlich schlechte Lage beklagt, die weitere Steuerzahlungen unmöglich mache, da die Brauereien »durch den Druck der Zeit ... durch die große Vermehrung der Brauereyen und durch den außerordentlich gesunkenen Weinpreiß in ihrem Absatze sehr stark reduziert sind«.[42] Das sei bei den »hohen Werthe[n] seiner erforderlichen Gebäude und Geräthe sowie der Menge an Menschen«, die hier arbeiten, für das Gewerbe verhängnisvoll. Das Gewerbe sei ferner, so in einer Eingabe vom 6. Juli 1830, »ein für das bürgerliche Leben sehr wichtiges« und eines der »gefahrvollsten«. Die Betriebe seien kapitalknapp, der Export durch den Zoll teuer.

Es hat allerdings den Anschein, dass die Braumeister wohl ganz gern den Protest gegen den Bier-Accis an ihre Repräsentanten delegieren. Denn wegen mangelnder Beteiligung an einer Zunftsitzung zum Thema Bier- und Malzsteuer wird der Petitionsentwurf an den Landtag am 17. Februar 1839 allen hiesigen Bierbrauern überbracht, die per Unterschrift den Erhalt des Entwurfs und die erneute Einladung zur Abstimmung über den Text zu bestätigen haben. Um Argumentationshilfe zu erhalten, beschließt die Zunft, in größerer Anzahl das »Badische Central Blatt vom 1. Juni 1854 anzuschaffen, weil darin ausführliche Gründe gegen den Oktroi« angeführt sind. Um das gemeinsame Vorgehen gegen die Biersteuern zu koordinieren, korrespondieren die Heidelberger Bierbrauer überdies mit ihren Kollegen in anderen Städten, besonders in Mannheim, Karlsruhe und Pforzheim.

Die erhaltenen Unterlagen spiegeln auch den Bedeutungsverlust der Zünfte, der sich spätestens in der Mitte des 19. Jh.s ankündigt, wider. Die Lockerung tradierter Bindungen und Gewerberegeln schmälert ihren Einfluss. Und mit der Einführung der Gewerbefreiheit in Baden ist das Ende der Zünfte besiegelt. Als Instrument der Wirtschaftsregulierung haben sie ausgedient, ihnen bleiben nur noch gesellige Aufgaben.

Dass die Heidelberger Handwerksmeister den wirtschaftlichen und sozialen Entwicklungen der Zeit hilflos bis ablehnend gegenüber stehen, zeigt sich auch am Widerstand gegen die 1828 in Heidelberg gegründete Gewerbeschule. Die Generation der Meister, die selbst keine solche Schule besucht hat, beäugt skeptisch den Trend, dass die Lehrlinge von neutraler Seite umfassend ausgebildet werden und theoretische Grundkenntnisse über ihr Fachgebiet hinaus erhalten. Die Stadt unterstützt die neue Gewerbeschule. Doch deren Besuch ist noch freiwillig, erfolgt in den Abendstunden und sonntags.[43] Immerhin wächst der Anteil der Lehrlinge aus dem Gewerbe der Küfer und Bierbrauer von nur zwei im Schuljahr 1837/38 auf sieben im Jahr 1846/47.[44]

1852 fordert die Zunft eine Revision der bei der Abspaltung von den Spänhauern 1813 übernommenen Zunftregeln. Dazu kommt es aber gar nicht mehr, weil die Bedeutung der Zunft weiter schwindet und die Entwicklung in Richtung Gewerbefreiheit forciert wird. Immer seltener und kürzer fallen die Einträge ins Protokoll-Buch aus, immer spärlicher besucht werden die Treffen der Zunftmeister. So finden sich am 8. Dezember 1857 nur noch zehn Meister ein, also nicht einmal die Hälfte der Betroffenen, um die Mitmeister Ehrmann und Ditteney mit einer Eingabe gegen die »Beschränkung des Bierbrauergewerbes« nach Karlsruhe zu schicken. Sang- und klanglos verläuft auch die letzte protokollierte Sitzung der inzwischen »Heidelberger Bierbrauer-Innung« genannten Zunft am 18. Februar 1860: Ein neuer Meister hat seinen Prüfungssud »richtig und pünktlich verfertigt«, einige Routine-Einträge folgen, dann nur noch leere Seiten.

Auch im Protokollbuch der Lehrjungen finden sich nur noch wenige Einträge, die letzten vom Jahr 1862: Heinrich Treiber aus Wieblingen und Louis Maugest aus Paris werden als Lehrjungen bei Jakob Siegel eingeschrieben.

Im Vorstand der Bierbrauerinnung erscheinen ein letztes Mal die Namen bedeutender Heidelberger Brauerfamilien: J. Ditteney, P. Bartholomä, F. Ehrmann und Joh. Schaaff. In einem fast schon nostalgischen letzten Akt hängen in den 1880er-Jahren »Seppl« Ditteney, der aus den USA heimgekehrte H. Bartholomä und »Mächer« Eisenhardt ihre Silberschilde an den Zunftpokal, den wenige Jahre später die Witwe Ditteney der Stadt übergibt.

3.6 Konkurrenten – Konzessionen

Im Übereifer, an der »Goldquelle« Bierbrauerei teilhaben zu wollen, achten wohl nicht immer alle Brauer auf die großherzoglichen und städtischen Vorschriften. So müssen die Behörden eingreifen. Doch manchmal sind es die Bierbrauer selbst, die nach Regulierung und Verbot der Konkurrenz rufen. Im Februar 1841 trifft die Bierbrauer Georg Müller und Friedrich Schaaff der Vorwurf des Oberamts, gegen die Wirtschaftordnung von 1834 zu verstoßen und in ihren Wirtschaften »selbst gebrautes Bier zu verzapfen ohne dafür conceßioniert zu seyn«.[45] Die Brauer sollen binnen 14 Tagen die Genehmigung zum Ausschank eigenen Bieres einholen. Ohne »Bescheinigung« droht die Schließung ihrer Wirtschaften. Georg Müller betreibt das »Neue Essighaus« in der Plöck und betont in seinem Bittschreiben vom 7. März 1841, er sei seit über vier Jahren als Bürger und Wirt mit gutem Leumund »etabliert«, führe eine »solide und angenehme Wirtschaft« mit Hof und Garten und bitte den »löblichen Gemeinderath« um »Concessionierung«. Friedrich Schaaff aus der Leyergasse bekräftigt in einer ähnlichen Petition an das Oberamt, es werde in seinem Haus seit rund 30 Jahren gebraut, er selbst führe das Lokal seit über drei Jahren als Bierwirtschaft und habe als Wirt einen »guten Leumund«. Für den Gemeinderat begutachtet eine Kommission die Wirtschaften. Sie erstellt ein positives Gutachten. Das »Essighaus« des Bierbrauers Müller eigne sich »ganz vorzüglich zu diesem Geschäft« des Bierbrauens, weil es speziell hierfür vor einigen Jahren gebaut worden sei. Auch Schaaffs mit Schulden belastetes Haus nebst Garten, eingeschätzt als »mittelmäßiges Geschäft«, sei für die Brauerei geeignet. Im April 1841 erhalten beide Bittsteller denn auch ihre Konzessionsurkunden.

Entgegen dem Trend des 19. Jh.s, Gewerbereglementierungen zu lockern, bemühen sich die Zünfte, alte Bindungen und Einschränkungen aufrecht zu erhalten. Als es mehrfach wegen Zunftwechsels zu Unstimmigkeiten unter den Heidelberger Meistern kommt, sprechen sich auch die Bierbrauer 1827 für eine einheitliche Regelung aus. Danach soll ein Bürger vor einem Zunftwechsel für mindestens ein halbes Jahr die Stadt verlassen. Doch innerhalb der Bierbrauerzunft wacht man mit Argusaugen darüber, dass sich keiner Vorteile verschafft, die die anderen für unbillig halten könnten.

Der oben dargestellte Konflikt um den Wunsch des Braumeisters Jacob Mayer im Oktober 1846 in seinem Felsenkeller »Bierverzapf« zu betreiben, zeigt den Konkurrenzkampf innerhalb der Zunft.[46] Noch 1857 richten sieben Bierbrauer, darunter renommierte Zunftvertreter wie J. Ditteney und H. Bartholomä, die »geziemlichste Bitte« an das Oberamt, man möge dem Pächter des »Bremeneck« – immerhin im Besitz eines Zweiges der Bierbrauerfamilie Bartholomä – untersagen, eine Konzession für das »sogenannte Hausackerlocal vor dem Karlsthor« zu blockieren. Generell sei es für Bierbrauer und Wirte bedenklich, Konzessionen außerhalb des »gewöhnlichen Lokals« zu erteilen.[47] Eine Antwort auf das Gesuch ist nicht erhalten, doch zeigt der Vorgang, wie genau über das Verhalten der Mitbewerber gewacht wird.

Heidelberger Gastwirte, die zunächst kein eigenes Bier brauen, damit aber beginnen wollen, müssen mit erheblichem Widerstand der Zunft rechnen. Im Juli 1830 richtet Leonhard Eber, der Anfang 1829 die Wirtschaft »Zum Fröhlichen Mann« in der Judengasse erworben hat, das Konzessionsgesuch an die Stadt, in seinem Haus eine »Bierbrauerey« einrichten zu dürfen. Er habe das Haus mit Schildgerechtigkeit gekauft und sein ganzes Vermögen investiert. Es gebe zu viele Weinwirtschaften, daher wolle er jetzt eine Bierbrauerei eröffnen, die nötigen Voraussetzungen erfülle er. Doch die »Ehrsame Bierbrauerzunft« ist gegen den »Weinwirth« Eber und richtet ein achtseitiges Schreiben an das Oberamt. Die Zunft argumentiert, es sei »seit hundert Jahren« üblich, dass »keine neuen Braugerechtigkeiten« ohne Meisterzustimmung erteilt werden. Die Bierbrauer wollen selbst über die Niederlassung bestimmen, sehen den Kasus als Präzedenzfall und berufen sich auf alte Vorschriften. Immer neue Gesuche richtet Eber an die Stadt und das Oberamt. Er habe das Bierbrauen »zünftig gelernt«, sei gewandert und erfülle alle handwerklichen Voraussetzungen. Der Streit geht bis vor das Innenministerium, welches Ebers Position gegen die Zunft unterstützt. Schließlich weist im November 1830 das Oberamt die Bierbrauerzunft an, Leonhard Eber aufzunehmen.

Ebenfalls 1830 kämpft Gastwirt Karl Ludwig Weber um eine Konzession für die »Errichtung einer Bierbrauerey in meinem Hause«, gemeint ist das »Goldene Horn« in der Haspelgasse. Das Lokal sei »vorzüglich« geeignet, er sei hiesiger

55

Bürger und Gastwirt mit gutem Vermögen, habe »Bierbrauerey zünftig bei Bierbrauer Leicher dahier erlernt«, sei losgesprochen und habe vier Jahre Wanderzeit hinter sich. Diese Angaben seien nachweisbar, »falls es die Zunft in Abrede stellen sollte«. Angesichts der wachsenden Bevölkerung sei auch Bedarf vorhanden. Auch Weber hat Erfolg mit seinem Protest.

Schwer tun sich die Heidelberger Bierbrauer mit auswärtigen Handwerksgenossen, die sich in der Stadt niederlassen wollen. So kann sich Christoph Gulden aus Schwetzingen 1855 nur mit Mühe als Meister in Heidelberg einschreiben, um dann das »Schwarze Schiff« in der Schiffgasse zu übernehmen. Jacob Kleinlein, angesehener Zunftvorstand und Braumeister im »Güldenen Schaf«, muss sich intensiv bemühen, bis sein Bruder Johann Caspar Kleinlein, aus Haslach zugezogen, der also »ein Ausländer ist«, eingeschrieben werden kann. Obwohl er bereits Bierbrauer mit Meisterbrief von 1850 ist, muss er in Heidelberg eine erneute Prüfung ablegen sowie Gebühren entrichten. Ab 1858 erst kann er dann als hiesiger Meister gelten.

Ein ernsthaftes Problem stellt die Abgrenzung zwischen Bierbrauern und Küfern dar. Manche Bierbrauer sind zugleich gelernte Küfer. Die meisten können zumindest elementare Küferarbeit leisten, für Kunden Fässer reparieren und den Wirten Fässer verkaufen. So wenden sich die Küfer im Juli 1831 an das Oberamt und beklagen, »mehrere Bierbrauermeister« erlauben sich Eingriffe in das Küferhandwerk«, was ein Verstoß gegen §16 der Handwerksartikel sei. Proteste der Küfer haben bis dahin nichts genutzt, denn »so fahren sie fort, durch ihre Knechte und Jungen nicht nur Fässer zu reparieren, sondern auch neu machen zu lassen«, und verkaufen sie mit dem Bier, sie »binden und butzen« Fässer. Doch diese »Wohlthat« dürfe weder den Bierbrauern noch »ihrem Gesinde« erlaubt sein. Der §16 der Handwerksartikel ist als Zitat beigegeben: »So soll ein Bierbrauer, welcher kein Küfermeister ist, sich nicht unterstehen« Fässer zu verkaufen und auch nicht »die allergeringste Küferarbeit« zu machen, sofern er nicht das Küferhandwerk zünftig gelernt hat. Interpretierbar ist Art. 23 der Zunftordnung, »wonach jedem Bierbrauer erlaubt ist, durch seine Geschäfte sich das für sein Braugeschäft nöthige Geschirr anfertigen zu lassen«. Die »Auslegung des Zunftgesetzes« für Küferarbeiten durch Bierbrauer sei falsch. Daher die »gehorsamste Bitte« des klagenden Küfergewerbes, gegen diese »Geschäftsbeeinträchtigung« vorzugehen. In wiederholten Eingaben »des Küferhandwerks zu Heidelberg gegen die Bierbrauerzunft daselbst« beklagen sich die Küfer bei Stadtrat und Oberamt, um »diese unerlaubte Handlung der Bierbrauermeister, welche nicht küferzünftig sind ... einstellen lassen zu wollen«. Als besonders hartnäckigen Gegner stufen die Küfer den Bierbrauer Krauß aus der Hauptstraße ein, gegen den wegen wiederholter unerlaubter Fassarbeiten sogar ein Gerichtsverfahren eingeleitet wird. Krauß hingegen betont, dass »jeder Bierbrauer ein freier Bürger« sei, doch untersagt ihm wie allen anderen Bierbrauern im September 1831 das Oberamt abschließend, »Küferarbeit zu fertigen«. Außerdem sei eine Berufung auf Art. 23 der Zunftordnung nicht möglich.

Die Definition, wer als Bierbraumeister zu bezeichnen ist, erweist sich als nicht immer eindeutig. Johann Martin Landfried gehört mit seinem Essighaus in der Plöck einst zu den bedeutendsten Heidelberger Bierbrauern. Als die Landfrieds sich mehr auf den Handel mit Tabak, Essig und Landprodukten verlegen und die Brauerei abnimmt, häufen sich ab 1829 die Zweifel der Zunft, ob Landried noch als »Mitmeister« anzusehen ist. Zehn Jahre später wird er in Bierbrauerlisten nur noch in Klammern aufgeführt. Die Zunft formuliert 1839 distanziert, Martin Landfried »glaubt mit unter den ... Meistern zu seyn«. Offenbar sieht die Zunft einen Bierbrauer, der nicht oder kaum mehr Bier braut, nicht mehr als einen der ihren an. Insgesamt zeigen die Beispiele, dass die Bierbrauer einerseits, vor allem gegenüber den Küfern, auf die freie Entfaltung ihres Gewerbes pochen, andererseits sich aber gegen Konkurrenz von außen oder innen abzuschotten suchen.

3.7 Bier und Revolution

Bier ist ein ideologiefreies Getränk. Bier hat keine politische Moral. Revolutionäre wie Reaktionäre genießen es. Mal dient es der Aufputschung politischer Leidenschaften, mal zu deren »Abkühlung«. Als es im August 1819 auch in Heidelberg zu den antijüdischen »Hepp-Hepp-Unruhen« kommt, beschlagnahmen die Behörden die Biervorräte des Bierwirts Meyer. Gemeint ist offenbar die »Majerei« in der Hauptstraße der Vorstadt, bei der sich betrunkene Bürger und Handwerksgesellen trotz Polizeiverbots versammeln und randalieren.[48] 1832 unterstützen Heidelberger Wirte die geschlagenen polnischen Freiheitskämpfer, die vergeblich gegen das despotische Russland rebellieren, mit Freibier. Mit »Lügen und Bestechung durch Geld und Bier« versuchen die verschiedenen politischen Richtungen bei den Ergänzungswahlen zum badischen Landtag 1845 die Wahlmänner zu beeinflussen.[49] In den Brauereilokalen treffen sich 1848 Demokraten und Radikale bei sympathisierenden Wirten. Bierbrauer und Küfer setzen Leib und Leben für die Revolution ein. Und im Vertrauen auf die beruhigende Wirkung des Hopfens suchen verängstigte Bürger die Revolutionäre mit reichlich vielen Bier- statt Pulverfässern von der Sprengung der Alten Brücke angesichts der heranrückenden Preußen abzuhalten.

Schon in der Phase des Vormärz spielen Heidelberger Bierhäuser eine Rolle. In der Brauerei »Zum Goldenen Fäßchen«, Ingrimstraße, verkehren um 1830 Sympathisanten der verbotenen Burschenschaften, darunter auch der Dichter Nikolaus Lenau. Lenau, der 1831/32 im Gasthof »Zum König von Portugal« wohnt, verewigt das Fäßchen als »Schenke« im 1. Polenlied. Wegen ihres Treffpunkts werden die Studenten in den Überwachungsakten der argwöhnischen Obrigkeit als »Fäßlerianer« geführt. 1833 beteiligen sich einige von ihnen am Sturm auf die Frankfurter Wache, einem eher perspektivlosen Akt der Rebellion.[50] Vielleicht sind einige der »Fäßlerianer« auch zum Gaisberg »gewallfahrtet«, um dort ehrfürchtig die Locken des hingerichteten Kotzebue-Attentäters Karl Ludwig Sand zu betrachten. Scharfrichter Widmann aus Heidelberg enthauptet 1820 den Studenten Sand. Ob Widmann tatsächlich Sympathie für den Hingerichteten empfindet, bleibt Spekulation. Offenbar aber verbindet er das Andenken an sein Opfer mit regem Geschäftssinn. Widmann – so wird es bisweilen kolportiert – gibt seinen Beruf auf und errichtet aus den Brettern des Schafotts eine Hütte am Gaisberg. Er lebt dort als Einsiedler und hält Kontakt mit den von der Reaktion verfolgten Burschenschaftlern, die sich dort zu geheimen Zusammenkünften treffen. Angeblich empfängt Widmann in seiner Hütte Revolutionssympathisanten und schenkt ihnen Bier aus.

Fritz Reuter aus Mecklenburg, der als Burschenschaftler und Freiheitsheld sieben Jahre in Festungshaft zubringt, studiert 1840/41 in Heidelberg. Er wohnt in der Oberen Neckarstraße 5, umzingelt von Brauereiwirtschaften, eine ständige Verführung für den revolutionären »Bierreuter«, der mit Alkoholproblemen zu kämpfen hat. Die besorgten Nachfragen seines Vaters geben Kunde von den nicht nur politischen Gefährdungen, denen Reuter ausgesetzt ist. Man kann davon ausgehen, dass die Wirte der Bierhäuser, in denen sich revolutionär gesinnte Handwerker, Studenten und Arbeiter treffen, selbst mit deren Gedanken sympathisieren. Schließlich müssen sie damit rechnen, überwacht und von der Obrigkeit drangsaliert zu werden. Zu den Lokalen, die als Nachrichtenbörse, Treffpunkte für politische Diskussionen und Kristallisationspunkte für Aktionen eine Rolle spielen, gehört neben dem »Goldenen Fäßchen« der »Goldene Schwan« an der Alten Brücke, der als Versammlungsort der Küfer und Bierbrauer gilt. Auf der Seite der Demokraten stehen die Wirte Jakob Kappler vom »Prinz Max« und Karl Müller vom »Riesenstein«, wo im April 1848 die erste überregionale Buchdruckerversammlung stattfindet, die soziale Forderungen stellt. Die politisch entschiedensten Kräfte der Handwerker, Arbeiter und Studenten aus dem Umkreis revolutionärer Vereine aber kommen im »Bremeneck« zusammen. Dessen Wirt, der Bierbrauer Philipp Bartholomä, steht den Deutsch-Katholiken nahe. Im großen Saal der Wirtschaft diskutieren in der Hochphase der Revolution 1848/49 einige Hundert Menschen über politische Forderungen, Strategien und die Volksbewaffnung. Im Januar 1849 ist das »Bremeneck« Ort für ein überregionales Treffen von Arbeiterdelegierten aus ganz Süddeutschland; die Diskussionen ranken sich um die »sociale Frage« und die politische Strategie. Das Rededuell zwischen Winkelblech und Born über die Rolle der Industrie verfolgen Arbeiter, Studenten und Professoren.

Über gezielte berufspezifische Forderungen hiesiger Bierbrauer, Wirte und Küfer ist nichts bekannt. Aber als Individuen sind einige revolutionäre Vertreter dieses Handwerks fassbar.[51] Dass hier nicht die Namen der wohlhabendsten Heidelberger Braumeister auftauchen, erstaunt wenig. Denn diesen dürften die sich radikalisierenden republikanischen Bestrebungen eher unheimlich sein. Es beteiligen sich daher auch wohl eher solche Wirte, Brauer, Küfer bzw. Gesellen, die angesichts des härter werdenden, sich liberalisierenden Markts keine sichere Perspektive mehr für sich sehen.

Der Küfer und Bierbrauer Hiebeler, vermutlich Georg Hiebeler von der »Steigleiterei«, zeichnet ab November 1848 als Redakteur für das Blatt »Die Republik« verantwortlich, eine der drei revolutionären Heidelberger Zeitungen.[52] In ihnen wird nicht nur für die Versammlungen im »Bremeneck« geworben, sondern hier sind die Parolen zu lesen, die abends in den Heidelberger Wirtschaften verbreitet werden. Der Wortradikalismus, wie ihn Nadler und Keller auf die Schippe nehmen, blüht.

Bierbrauer Joseph Ditteney beteiligt sich an den Organisationsbemühungen der republikanischen badischen Freischärler im Mai 1849. Bierbrauer Johann Schaaff vom »Weißen Bock« spendet im Mai 1849 zwölf Gulden für die nach Bruchsal überstellten Gefangenen.

Einen Schritt weiter als die bisher Genannten geht der Heidelberger Küfer und Bierbrauer Jakob Brecht, der für die Revolution zu den Waffen greift. Der aus Großsachsen stammende Brecht lebt und arbeitet im »Goldenen Schwan« an der Brücke. Er steht dem Arbeiterverein nahe, schließt sich der Volksmiliz an und gehört zu den neun Revolutionären, die im Juni 1849 bei Weinheim im Gefecht mit gegenrevolutionären Truppen ums Leben kommen. Jakob Brecht wird zu einem der Märtyrer der badischen Revolution. Am 5. Juni 1849 werden die neun Toten, darunter sieben hiesige Opfer, nach Heidelberg gebracht.[53] Beim Gefecht von Waghäusel am 21. Juni 1849 soll der Bierbrauer August Eisenhardt, später als »Mächer« vom »Weißen Schwan« berühmt, als Vertrauter General Mieroslawskis mit von der Partie gewesen sein.

Als im Mai/Juni 1849 in Baden und der Pfalz die radikalen Republikaner gewaltsam versuchen zu retten, was nicht mehr zu retten ist, entwickelt sich der Raum Heidelberg zum Aufmarsch- und Rückzugsgebiet der Freischärler. Während Karlsruhe das politische Zentrum des Aufruhrs ist, wird Heidelberg das militärische. Der polnische Revolutionsgeneral L. Mieroslawski hält sich in der Stadt auf, die dem Revolutionsheer zeitweise als Hauptquartier dient. Die 15.000 Heidelberger müssen Tausende von Revolutionssoldaten aufnehmen. In Privathäusern, Tanzsälen, im Museum und in sämtlichen Gasthäusern werden die mehr oder weniger willkommenen Gäste einquartiert. Ein Zeitgenosse berichtet: »Brot, Würste und Bier« werden »täglich auf Wägen herbeigefahren, um diejenigen zu beköstigen, die nicht in Privathäusern untergebracht« sind. Generell setzen die wilden Gesellen »dem Keller wie der Küche des Wirthes nicht wenig zu«.[54] Das revolutionäre Stadtregiment requiriert für die Volksarmee Waffen und Nahrungsmittel. Mieroslawski ordnet in seinem Aufruf vom 16. Juni 1849 an, es sollen alle Revolutionäre »mit Speise und Trank hinreichend erquickt« und sämtliche Wirthäuser bis Mitternacht offen gehalten werden. Mit etlichen Fässern Bier und Wein suchen gemäßigte Bürger die radikalen Republikaner daran zu hindern, die Alte Brücke mit einer Mine in die Luft zu sprengen, um die anrückenden Preußen aufzuhalten. Der Wirt vom »Holländer Hof« wird beinahe getötet, als er vor den anrückenden Preußen eine weiße Fahne hissen will.[55] Der Zeitzeuge und Dichter Gottfried Keller lässt sein »Freischarengespräch« in der Nähe seines Heidelberger Domizils spielen, nämlich im Wirtshaus »Zum goldenen Stern« bei der Alten Brücke. In einer ironischen Szene, die mit der

Forderung des Revolutionshauptmanns nach »Schoppen Bier!« beginnt, richtet sich die revolutionäre Kraft nur noch auf die Requirierung von Tabak und Alkohol. Freiheitskämpfer sind zu Kneipenhelden mutiert.[56]

Nachdem die Gegenrevolution siegt und Heidelberg besetzt ist, greift die Obrigkeit gegen Ordnungswidrigkeiten aller Art hart durch. Hatten die Heidelberger vorher die Revolutionstruppen zu beköstigen, wiederholt sich die Szenerie nun mit den ungeliebten Preußen. In den Listen der wöchentlichen Polizeistrafen finden sich auch die Bierbrauer und Wirte Hormuth vom »Ritter« und Hödt vom »Goldenen Engel«. Die preußische Kommandantur belegt sie im November 1849 wegen Überschreitens der Polizeistunde mit Geldstrafen, die Schließung der Wirtschaften wird angedroht.[57] Inwieweit es sich hierbei um zivilen Ungehorsam gegenüber den Besatzern oder den schlichten Versuch der Umsatzsteigerung handelt, sei dahingestellt. In Baden scheint in diesen Zeiten jegliche von den Preußen ausgesprochene Strafe politisch zu sein. »... und wer nicht schläft in guter Ruh, dem drückt der Preuß die Augen zu«, dichtet Ludwig Pfau in seinem »Badischen Wiegenlied«. Im Juni 1850 – die Revolutionsschlacht ist längst verloren – machen einige mutige Heidelberger Bürger ihrer republikanischen Gesinnung Luft und werden dafür mit mehreren Wochen »geschärftem Gefängniß« bestraft, darunter der Bierbrauer und Küfer Adam Dietz aus der Haspelgasse 4.

Wie viele Heidelberger Brauer und Küfer politisch enttäuscht oder verfolgt fluchtartig Deutschland verlassen, ist nicht genau nachvollziehbar. Ob die politischen Verhältnisse bei der Auswanderung der Heidelberger Bierbrauer Bartholomä in die USA eine Rolle spielen, ist unbekannt. Auffällig ist aber allemal, dass einige der in der Revolution aktiven Bierbrauer wie Dietz, Hiebeler und Leicher ihre Brauereien während der heißen Phase oder kurz nach dem Scheitern der Revolution abgeben.

3.8 Braudynastien: Schaaff, Landfried, Bartholomä

Im 19. Jh. ist es noch üblich, dass zumindest einer der Söhne das väterliche Handwerk erlernt und weiterführt. Bei vielen Heidelberger Bierbrauerfamilien wie den Diemers, Klars, Ammanns, Helwerths oder Webers lässt sich diese »Erbfolge« bis mindestens in die Jahrhundertmitte belegen. Für die Familien Schaaff, Landfried und Bartholomä gilt zusätzlich, dass hier nicht nur ein Betrieb über Generationen weiter vererbt wird, sondern mehrere Zweige dieser Familien gleichzeitig drei oder vier Brauereien in der Stadt betreiben – darunter die bedeutendsten. Die drei genannten Familien sind schon länger in Heidelberg ansässig, konzentrieren sich aber erst ab der Mitte des 18. Jh.s auf die Bierbrauerei. Vorher gehen sie einem Gewerbe als Fischer, Weingärtner oder Bäcker nach.

Die weit verzweigte Familie Schaaff, auch Schaf oder Schaff geschrieben, betreibt seit spätestens 1739 Bierbrauerei. Im 19. Jh. gehören der Familie vier Brauereien: in der Großen Mantelgasse, der Leyergasse und zwei Biersiedereien in der Hauptstraße. Die längste Schaaffische Brautradition verbindet sich mit dem »Weißen Bock«, Große Mantelgasse 24. Möglicherweise befindet sich an dieser Stelle bereits vor der Stadtzerstörung 1693 eine Brauerei. Zumindest kann man das Fass, das auf Merians Darstellung von 1620 hier vor dem Haus zu sehen ist, so deuten. Hiob Schaaff, seit 1736 Bierbraumeister, erwirbt 1739 das Anwesen samt Bierbraurecht und gründet hier das Stammhaus dieses Familienzweiges. Von nun an wird im »Weißen Bock« fast 150 Jahre lang von der Familie Schaaff Bier gebraut. Auf Andreas Schaaff, Meister ab 1806, folgt Johann Schaaff, der 1848 mit der Revolution sympathisiert und im letzten Vorstand vor der Zunftauflösung vertreten ist. 1881 stellt der »Weiße Bock« den Braubetrieb ein, auch er ein Opfer des Konzentrationsprozesses im Brauwesen. Das Gasthaus bleibt in Familienhand; noch 1920 hängt Louis Schaaff eine Tafel mit der Familien-Genealogie seit 1739 auf,[58] die allerdings heute verschwunden ist. Der »Weiße Bock« weitet nach Einstellung des eigenen Braubetriebs den Bier-

Bekannteste Braustätte der Familie Schaaff: der »Weiße Bock« in der Großen Mantelgasse (STAHD)

handel aus und importiert Bier aus Dortmund und München. Für die durstigen Festteilnehmer des Universitätsjubiläums 1886 kommen waggonweise Sonderlieferungen der auswärtigen Großbrauereien an. Nach dem Ersten Weltkrieg geht der »Weiße Bock« an die Karlsruher Brauerei Höpfner über. Der Getränkehandel Schaaff zieht in die östliche Altstadt und nutzt die Häuser Obere Neckarstraße am Neckarmünzplatz und Heiliggeiststraße 21, wobei das alte Mälzereigebäude der früheren Brauerei Ditteney/Gugel neue Verwendung findet.

Die Firma Schaaff ist nicht nur Bierniederlage, also Zwischenlager für auswärtige Bierlieferungen, sondern produziert schon seit 1906 Limonade und Mineralwasser.[59] Um 1950 erhalten die Schaaffs eine Abfülllizenz für Bluna und Afri Cola. Die Bierwaggons aus München oder Dortmund treffen am Karlstorbahnhof ein, dann werden die Fässer auf Lkws verladen und ins Schaaff'sche Depot gefahren. Damit die Laster das beengte Areal Leyergasse/Heiliggeiststraße überhaupt anfahren können, müssen diverse »Hundsbrunzer« abgeschlagen werden. In den 1970er-Jahren zieht die Firma aus den beengten Verhältnissen der Altstadt in den Wieblinger Weg, wo sie noch heute besteht.

Ein anderer Zweig der Familie Schaaff ist in der Leyergasse 6 tätig. In dieser später als »Ritterhalle« bekannten Wirtschaft braut seit 1837 und nach anfänglichen Konzessionsproblemen Friedrich Schaaff.[60] Seine Brauerei rangiert allerdings von der Ausstoßzahl her weit unten. Die städtische Kommission stellt schon 1841 fest, in Schaaffs mit Schulden belastetem Haus werde nur ein »mittelmäßiges Geschäft« betrieben,[61] 1867 werden das zweistöckige Wohnhaus, die Nebengebäude und die Brauereieinrichtung als teilweise bis zu 153 Jahre alt und »mittelgut« bis »etwas abgebraucht« eingeschätzt.[62] Mitte der 1860er-Jahre gibt Schaaff zumeist nur ein Fuder als Jahresproduktion an.[63] Möglicherweise wird in dieser Gastwirtschaft, die über einen Garten, eine Kegelbahn, umfangreiche Kellergewölbe und eine große Halle verfügt, mehr Wein oder fremdes Bier getrunken. Nach Friedrich Schaaffs Tod geht der Betrieb samt Braurecht 1867 auf seine Witwe über, doch scheint diese den Braubetrieb nicht, zumindest nicht in nennenswertem Umfang weiterzubetreiben. Ab 1877 ist die Brauerei hier definitiv aufgegeben. Doch besitzt und bewirtschaftet die Familie Schaaff, zuletzt Wilhelm Schaaff, das Areal weiter, bis es 1897 in fremde Hände übergeht. Nach häufigem Besitzwechsel kommt der Betrieb schließlich 1902 an die Wirtsfamilie Ellesser, in deren Besitz er bis nach dem Zweiten Weltkrieg verbleibt.[64] Seit 2000 wird an diesem historischen Ort wieder gebraut. Bei den Umbauarbeiten zur »Kulturbrauerei« finden sich die Reste eines Schaaffischen Kruges.[65]

Die beiden anderen Brauereien der Familie Schaaff befinden sich in der Hauptstraße. Die eine Brauerei liegt im Bereich der Vorstadt, heutige Hauptstraße Nr. 90, von Wundt 1805 zu den »beträchtliche[n] Biersiedereyen« gezählt.[66] Dieser von Peter Friedrich Schaaff geführte Betrieb ist typisch für den z.T. noch bäuerlich geprägten Bereich Vorstadt/Plöck. Schaaff vereinigt in sich die Berufe Landwirt, Bierbrauer und Schnapsbrenner. Er führt seinen Betrieb bis mindestens 1825, seine Tochter Anna Felicitas Schaaff heiratet Philipp Jacob Landfried, Gründer der großen Tabakfirma. Durch Kauf und Erbschaft geht der Schaaff'sche Besitz an die Familie Landfried über, die den Tabakbetrieb später vom Stammhaus nach Bergheim verlegt. Eine weitere Schaaff'sche Biersiederei besteht im hinteren Teil der Hauptstraße, der heutigen Nr. 166. Auch dieser Betrieb wird bereits von Wundt erwähnt, als »Schaaffisches Wirtshaus, wobei eine Biersiederey und eine Kaffee-Schenke angelegt ist«.[67] Kurz nach 1820 wird das Gasthaus »Zum Römer« von Bierbrauer Ernst übernommen.

Der Name Landfried weckt zunächst Assoziationen zu der traditionsreichen Tabakfabrik, deren Bedeutung weit über Heidelberg hinausreicht. Doch ursprünglich liegt die Haupttätigkeit der Familie im Gastwirts- und Bierbrauergewerbe.[68] Johann Ludwig Landfried führt die Wirtschaft »Zum Goldenen Herzen« in der Hauptstraße, sein Sohn braut wenige Häuser weiter im Gasthaus »Zum Weißen Schwanen«. Den »Schwan« übernimmt 1806 der zwei Jahre zuvor zum Braumeister aufgestiegene Philipp Friedrich Landfried, Bruder des Tabakfabrikgründers Philipp Jacob Landfried. Der weiße Schwan ist sogar im Familienwappen aufgenommen und krönt die drei Löwen. In dieser Form lässt sich das Wappen später auf den Verpackungen der Tabakprodukte nachweisen. Der »Weiße Schwan« samt Brauerei wird um 1820 von der Familie Hirschel übernommen.

Ein anderer Zweig der Familie Landfried wirtschaftet in der damals noch wenig bebauten Plöck. Johann Martin Landfried, seit 1804 Braumeister, führt dort eine Brauerei und Essigsiederei, die Zeitgenosse Wundt beeindruckt: »Die neu angelegte Landfriedische Biersiederei, die auf der linken Seite der Bleck angelegt ist, verschönert mit ihren zwei Gebäuden auch diese Straße.«[69] Als bedeutendste Braustätte aber gilt der »Faule Pelz« in Höhe der Oberbadgasse, Ecke Zwingerstraße/Bremeneckgasse, strategisch günstig zwischen Universität und Aufgang zum Schloss gelegen, mit Zugang zu bestem Brauwasser vom Königstuhl und mit großem Garten ausgestattet. Wundt nennt es ein »beträchtliches Gebäude« und bewundert das »große und schöne Landfriedische Bierhaus, das gewöhnlich den Beinamen zum faulen Belz führt.«[70] Dieses

Areal gehört schon seit 1724 den Landfrieds und ist mit dem »Goldenen Herz« verbunden. In den großherzoglichen Steuerlisten rangieren im Jahr 1826 unter den 27 aufgeführten Heidelberger Bierbrauern zwei Landfrieds an der Spitze. Hieronymus Landfried vom »Faulen Pelz« führt mit 10.500 Gulden Betriebskapital und Martin Landfried vom »Essighaus« folgt mit 7.800 Gulden auf Platz zwei. Der drittplatzierte Heidelberger Brauer verfügt nur über ein um etwa die Hälfte niedrigeres Betriebskapital, die meisten Konkurrenten jener Zeit besitzen lediglich ca. 1.000 Gulden. Gegen Mitte des 19. Jh.s ziehen sich die Landfrieds aus der Gastronomie zurück und konzentrieren sich ganz auf die Tabakfabrikation. Sie bauen ihre Fabrik zu einer der bedeutendsten Tabak- und Zigarrenproduktionsstätten in Süddeutschland aus.

Die Bartholomäs, früher auch Bartelme geschrieben, gehören ebenfalls zu den alteingesessenen Heidelberger Familien. In der Zeit von 1715 bis 1812 legen vier Bartholomä die Prüfung als Bierbraumeister ab. Zu Beginn des 19. Jh.s betreibt die Familie drei Brauereien in der Stadt: das »Bremeneck« am Fuß des Schlossbergs, die »Neue Pfalz« am Universitätsplatz und die »Goldene Rose« am Anfang der Hauptstraße. Das Bremeneckgrundstück ist damals sehr groß und verfügt über zwei Quellen, gute Voraussetzungen für die Bierbrauerei. Haus und Gelände sind seit 1465 nachweisbar, zunächst als adliger, seit dem frühen 18. Jh. als bürgerlicher Besitz. Um 1800 ist das »Bremen-Eck«-Gelände Eigentum des Heinrich Bartholomä. Die beiden Dichter Achim von Arnim und Clemens Brentano bewohnen hier 1808 ein Gartenhäuschen und erwähnen die Biertrinker in Bartholomäs Wirtschaftsgarten.[71] 1834 übergibt Heinrich Bartholomä Gasthaus und Brauerei an seinen Sohn Philipp. Das etwa fünf Morgen große Anwesen verfügt über die Real-, Brau- und Branntweingerechtigkeit, samt Gerätschaften im Wert von 13.000 Gulden. Der Bierbrauer Philipp Bartholomä sympathisiert mit den gemäßigten Kräften der 1848er-Revolution und stellt den großen Saal seiner Brauerei mehrfach für revolutionäre Treffen zur Verfügung. Die Bartholomä'sche Brauerei wird in den 1850er-Jahren zeitweise von Bierbrauer Heinrich C. Mutschler betrieben und stellt spätestens 1862 die Brautätigkeit ein. Erbin Susanne H. P. Bartholomä verkauft das Gelände 1870 an die Edinger Actienbrauerei. Seit 1919 gehört das Bremeneck der Verbindung Teutonia.

Die Brauerei »Zur Neuen Pfalz« befindet sich auf der Westseite der Grabengasse, gehört also zur Vorstadt.[72] 1792 ist das Anwesen im Besitz von Georg Philipp Bartholomä. Später übernimmt es Jacob Bartholomä, der 1810 zum Meister avanciert und die Brauerei »Zur Neuen Pfalz« bis ca. 1820 betreibt. Unter den Nachfolgern verkommt das Areal offenbar. Jedenfalls heißt es 1843, am Paradeplatz habe Dr. Posselt gerade das »baufällige Haus Zur neuen Pfalz« gekauft und werde dort bald ein schönes, neues Haus bauen.[73]

Ebenfalls in der Vorstadt, nahe beim westlichen Stadteingang, steht in der Hauptstraße 2 die Bartholomä'sche Brauerei »Zur Goldenen Rose«. 1826 braut hier Georg Hieronymus Bartholomä. Später übernimmt Heinrich Bartholomä den Betrieb. Er gehört zu den angesehensten Vertretern seiner Zunft. Doch auch diese Brauerei fällt 1884 der Braukonzentration zum Opfer. Heinrich Bartholomä bewohnt als »Privatmann« weiterhin das ihm gehörende Haus am Anfang der Hauptstraße. Als verdiente Bürger der Stadt werden die Eheleute Bartholomä anlässlich ihrer Goldenen Hochzeit 1900 von der Stadt offiziell geehrt.

Im frühen 19. Jh. wandert ein Zweig der Familie in die USA aus und lässt sich im Bereich Rochester/New York und Chicago/Illinois nieder, wobei Philipp und Georg Hieronymus Bartholomä, nachdem sie in den USA als Brauereibesitzer mit deutschem Brau-know-how Erfolg gehabt hatten, an ihrem Lebensende in die Heimat zurückkehren.

Philipp Bartholomä, geboren 1836, zieht 1858 vom Staat New York nach Chicago, heiratet dort Sophie Huck, Tochter eines Brauereibesitzers, und wandelt mit einem Partner die Huck Brewery in Bartholomae & Leicht Brewing Company um. Um 1880 zählt die Brauerei unter den 23 Brauereien Chicagos zu den vier größten und ist technisch auf dem neuesten Stand.[74] Doch bald darauf verkauft Philipp Bartholomä, der sich in Amerika, wie es in der Stadtchronik heißt, »durch Geschick und rastlose Arbeit als Bierbrauer ein großes Vermögen erworben« hat, und kehrt nach Heidelberg »in die Heimat« zurück.[75] 1885 hängt er sein Schild an den Zunftpokal der Bierbrauer, worauf geschrieben steht: »Wohl bin ich um die Welt gegangen, war manches Jahr in fremdem Land. Doch immer zog mich mein Verlangen. Nach Heidelberg am Neckarstrand ...« Der Sinnspruch schließt mit dem Bekenntnis: »... treu blieb ich der edlen Brauerkunst«.[76]

Am Schloß-Wolfsbrunnenweg 8 und 10, auf einem immerhin 1ha 66a großen Gelände, baut sich der im Adressbuch als »Privatmann« und »Rentner« geführte Philipp Bartholomä an einer besonders schönen Stelle ein Haus, wo er mit seiner Frau und dem Personal wohnt.[77] Ebenso wie Georg Hieronymus Bartholomä, dem in derselben Straße die Grundstücke 20, 22 und 24 gehören, verfügt das Haus über einen der zu dieser Zeit in Heidelberg äußerst seltenen Telephonanschlüsse. 1901 stirbt Philipp Bartholomä, drei Jahre nach seiner Frau. Das Paar ruht auf dem Bergfriedhof in einem monumentalen Mausoleum. Grundstück und Haus erbt Georg Bartholomä. Jener, 1851 in Heidelberg geboren, wandert 1870 nach Amerika aus, wo er in den Besitz mehrerer Brauereien gelangt. Aber auch er verkauft letztlich, »da es ihn in die Heimat« zieht, wo er beim Schloss sein »herrlich gelegenes« Heim errichtet und wohltätige Stiftungen fördert, wie einem Nachruf aus dem Jahr 1912 zu entnehmen ist.[78] Seine Frau Emma lebt bis zu ihrem Tod 1931 auf dem Areal. Im Ersten Weltkrieg zeigen die Bartholomäs ihre patriotische Gesinnung. Beim vom Roten Kreuz organisierten »Heidelberger Opfertag« spendet Emma Bartholomä, ebenso wie die Landfrieds, stattliche 500 Mark. Henry Bartholomä aus Chicago schickt 200 Mark in die alte Heimat.[79]

Der Bierbrauer-Zweig der Familie Bartholomä ist heute in Heidelberg oder der Region nicht mehr vertreten. Möglicherweise existieren Nachfahren in den USA, wo im vergangenen Jahrhundert Brauereien wie die Bartholomae & Roesing Brewing and Malting Company, Chicago oder die Bartholomay Brewery, Rochester, N.Y. nachweisbar sind.

Repräsentatives Monument: Grabstätte der aus den USA heimgekehrten Brauerfamilie Bartholomä auf dem Heidelberger Bergfriedhof (STAHD)

3.9   Schifferdecker: Vom Bier zum Zement

In die Phase der Umstrukturierung des Brauwesens im 19. Jh. fällt die Gründung einer bedeutenden Heidelberger Firma, die auf den ersten Blick gar nichts mit der Bierbrauerei zu tun hat: Heidelcement.

Die ungewöhnliche Geschichte beginnt in Mosbach. Die dort seit Generationen ansässige Familie Schifferdecker stellt Bierbrauer, Küfer und Wirte. Der junge Bierbrauer Johann Philipp Schifferdecker, 1811 als erstes von 24 Kindern geboren, zieht es angesichts der großen Konkurrenz vor, nach Ostpreußen auszuwandern, wo Verwandte aus Baden bereits wohnen. Das Brauwesen in der Königsberger Region liegt zu dieser Zeit danieder, einige wenige kleine Betriebe brauen Bier fragwürdiger Qualität. Der 28-jährige Schifferdecker erkennt seine Chance, übernimmt einen daniederliegenden Betrieb und gründet am 15. Novembner 1839 seine eigene Brauerei in Königsberg. Die neue Brauerei, die die Initialen des Gründers, J. P. S., als Zeichen führt, hat mit ihrem untergärigen Bier bayrischer Art, das bis dahin in Ostpreußen unbekannt ist, Erfolg. Nach süddeutschem Muster richtet er einen eigenen Spezialausschank ein, die Gambrinus-Halle.[80]

Bald reichen die Kapazitäten in Königsberg nicht mehr aus. So wird im nahen Dorf Ponarth eine neue Brauerei gebaut. Riesige Keller und künstliche Teiche für Kühleis werden angelegt. Die Betriebsführung kümmert sich um die sozialen Belange der Belegschaft. Werkswohnungen werden errichtet. Schifferdeckers jüngerer Bruder Eduard kommt aus Mosbach und tritt in den Betrieb ein. 1869 wird die Betriebsform in eine Kommanditgesellschaft umgewandelt. Der Ausstoß steigt auf stolze 51.000 hl.

Doch Schifferdecker sucht nach diesen großen Erfolgen bereits eine neue Herausforderung. Persönliche, familiäre Gründe mögen ebenfalls eine Rolle spielen bei seinem Entschluss, Ostpreußen zu verlassen.[81] Er kehrt in die Heimat zurück und erzählt auf der Eisenbahnfahrt nach Heidelberg einem Mitreisenden, dass er gar nicht wisse, was er mit seinem vielen Geld anfangen solle. Der Mitreisende rät ihm eine Zementfabrik zu errichten, weil Zement wegen der vielen Neubauten hoch im Kurs stehe. Schifferdecker hört sich um und gründet in Heidelberg die »Portlandzementfabrik Schifferdecker & Söhne«, die sich rasch zu einer der führenden dieser Branche entwickelt. Auch wenn sich diese Darstellung recht anekdotenhaft anhört, so bleibt doch die Tatsache bestehen, dass die noch heute bedeutende Heidelberger Zementfabrik gewissermaßen auf Bier gebaut ist, jedenfalls stammt das Startkapital aus der Bierbrauerei.

4 Burschenherrlichkeit im 19. und 20. Jahrhundert

4.1 *Gaudeamus igitur*

Zum klassischen »Heidelberg-Bild« in aller Welt gehören neben dem Panorama mit Schloss, Altstadt und Alter Brücke auch Szenen mit fröhlich singenden Studiosi, die dekorativ auf einer Terrasse sitzen, von netten Mädchen bedient werden und rudelweise ihre Bierkrüge heben. Ihren Ursprung haben diese Impressionen im Studentenleben des 19. Jh.s. Populär wurden sie durch Meyer-Försters Erfolgswerk »Alt Heidelberg« ab 1900. Die damals sich entwickelnde Begeisterung schlägt sich bis heute nieder in zahllosen Ansichtskarten, Filmen, Schlagern, dem »Student Prince« und in »Alt-Heidelberg«-Lokalen von Barcelona bis Chicago.

Doch zur Entstehungszeit von »Alt Heidelberg« ist die alte Burschenherrlichkeit – soweit es sie in dieser idealisierten Form je gegeben hat – bereits vorbei. Die idyllische Vorstellung vom herrlichen Burschenleben verknüpft Motive aus der Romantik mit solchen aus der Welt der Korps und Burschenschaften mit ihren Kommers- und Bier-Ritualen. Die Impressionen eines angenehmen, träumerisch unbeschwerten Studentenlebens sind verbunden mit der Studienzeit bekannter deutscher Dichter wie Jean Paul, Joseph von Eichendorff, Achim von Arnim und Clemens Brentano. Die beiden letzteren leben zwischen 1805 und 1808 mit Unterbrechungen in Heidelberg und erstellen hier ihre berühmte Liedersammlung »Des Knaben Wunderhorn«. Ihre wechselnden Studenten-

Ditteneys „Hirschgasse" 1809, dargestellt von Friedrich Rottmann (STAHD)

Das Bild vom feucht-fröhlichen »Alt Heidelberg«: Die lustigen Heidelberger im Zirkus Renz, 1884 (STAHD)

buden sind nicht mit letzter Sicherheit lokalisiert, doch wohnen sie höchstwahrscheinlich zweimal im »Dunstkreis« von Bierbrauereien.¹ Sie nutzen den geräumigen Saal in Landfrieds Brauerei »Zum Faulen Pelz«. Laut Eichendorff »eine[r] ehrbare[n], aber obskure[n] Kneipe am Schlossberg«. Zeitweise wohnen sie in einem zu Bierbrauer Bartholomä gehörenden Gartenhäuschen auf dem Bremeneck-Gelände, »mitten im Grünen, über uns die Apfelblüte, unter uns die lustige Bürgerschaft beim Biere«. Joseph von Eichendorff selbst wohnt während seines kurzen, aber inspirierenden Heidelberger Aufenthalts 1807/08 zeitweise in Rohrbach. Der romantische Poet ist bekanntlich unglücklich verliebt in die Küfertochter Katharina Förster, tauscht mit ihr »Abends beym Bierbringen erste Küße« und trifft sich mit seinem Freundeskreis im Rohrbacher »Ochsen«.

Dass Heidelberger Studenten gern Alkohol trinken, feiern, Würfelspiele betreiben und die Nachtruhe der Bürger stören, beklagen die Behörden seit der Universitätsgründung 1386. Das Universitätsarchiv ist voll von Dokumenten, die das belegen. 1759 druckt die Universität Aufrufe, um das Verhalten der Studiosi zu zügeln. Nach wiederholten Beschwerden, dieselben würden zu oft »die caffée, auch wirths und bierhäußer sehr starck besuchen« und ihr »unwesen« treiben, weisen »Rector et Senatus« darauf hin, dass Wirte und Zünfte keine Getränke »auf borg oder credit« abgeben sollen und die Studenten die Kaffeehäuser, Billard-Stuben und Wirtshäuser nur zwischen 12 und 14 sowie 17 bis 19 Uhr besuchen dürfen.²

Viel scheint sich in den folgenden Jahrzehnten nicht geändert zu haben. Die idyllische Freizeit-Seite des Heidelberger Studentenlebens nimmt auch Mark Twain wahr, der bei seiner Deutschlandreise im Sommer 1878 mehrere Wochen in Heidelberg verbringt. Im Schlosspark findet er unter Bäumen »eine reizende Stelle ... und da konnte man im Schatten sitzen und vorgeben, an seinem schäumenden Bierkrug zu nippen, während man die Menge betrachtete. Ich sage vorgeben, weil ich nur vorgab zu nippen, ohne wirklich zu nippen. Das ist die feine Art; denn erst wenn man geht, leert man den Krug auf einen Zug.« Twain registriert hier Studenten, »silberglänzende Offiziere« und »schlaksige Ausländer« beim Bier.³ Eine alkoholselige Verbrüderung zwischen Lehrenden und Lernenden glaubt Twain bei abendlichen Lokalterminen in der Altstadt wahrzunehmen. »Zwischen den deutschen Studenten und dem Professor scheint kein frostiger Abstand zu bestehen, sondern vielmehr ein geselliger Umgang ... Wenn der Professor abends ein Bierlokal betritt, wo Studenten versammelt sind, erheben sich diese, ziehen die Mütze und laden

den alten Herrn ein, sich zu ihnen zu setzen und mitzuhalten. Er nimmt an, und eine oder zwei Stunden lang fließen Bier und Unterhaltung dahin, und dann wünscht der Professor, ordentlich vollgetankt und gemütlich geworden, herzlich eine gute Nacht, während die Studenten barhäuptig dienernd dastehen; und dann begibt er sich auf seinen fröhlichen Heimweg, und all seine gewaltige Last von Gelehrsamkeit schwimmt ihm im Laderaum herum.«⁴ Das ausufernde Studentenleben führt Twain auf die harte Gymnasialzeit zurück. Nach dieser »Knechtschaft« und vor der kommenden »Sklaverei« des Berufslebens, genieße der Student seine Freiheit, besuche einige Vorlesungen »und den Rest des Tages hindurch trinkt er sein Bier, zerrt seinen Hund umher und lässt es sich allgemein gut gehen.«⁵

Zum Bild des Alt-Heidelberger Studenten gehört neben dem Rauchen, den Kneipen und dem Pauken auch der freche Streich; das kleine unbotmäßige Vergehen, das mit einer Strafe im Karzer geahndet wird. Doch auch diese von der Universität ausgesprochene Strafe ist einkalkulierter Teil des Rituals. Mindestens einmal muss der Student im Karzer sitzen und sich an Tisch und Wänden mit seiner Inschrift verewigen. Bier wird nachts in Flaschen oder Eimern mit Hilfe der Kommilitonen an der Fassade zum dritten Stock hochgezogen. Der Strafantritt wird zur theatralischen Gaudi, meist in Form eines Umzugs von der Wohnung des Studenten bis zum Karzer in der Augustinergasse. Ein Zeitzeuge schildert einen solchen Umzug um 1870: »Mein Bruder stehend auf einem großen Lastwagen, in Ketten, bleich, aber gefasst, schluchzend in malerischen Gruppen, um ihn her die Freunde. Dahinter in einem leeren Zweispänner, mit dem ›Schuß‹, dem schnellsten Droschkenkutscher von Heidelberg – der seine Pferde mit Bier tränkte, das Gepäck des Verurteilten: eine einsame Zahnbürste. Tiefererschüttert der ›Muck‹, der dicke Dienstmann, mit der ungeheuren Kartoffelnase, voraus. Alle Heidelberger Originale marschierten mit: Der Binsebub und das Paulinche, die immer fidele, Veilchen verkaufende Zwergin, der ›Sepp‹, der wie der Gambrinus selbst aussah. Viel Volk säumte die Straßen und kargte nicht mit dem Beifall ...«⁶

Vom »Pauken« gezeichnet – dem Bier zugewandt (STAHD)

Die Studentenscherze sorgen bei den Bürgern und der Obrigkeit teils für Erheiterung, teils für Empörung. 1854 wird der Brunnen in der Steingasse durch ein von betrunkenen Studenten gesteuertes Fuhrwerk beschädigt. Das Universitätsamt bezahlt an die Brunnengemeinde Steingasse 36 Gulden und 26 Kreuzer als Entschädigung.[7] In einer Juni-Nacht des Jahres 1882 erklimmt ein angeheiterter Student den Sockel des Brunnens auf dem Universitätsplatz und reitet auf dem Löwen. Eine Menschenmenge versammelt sich, zwei Gendarmen versuchen den Reiter zum Absteigen zu bewegen. Lange vergebens. Als sich der Student schließlich doch nach unten bequemt, bricht der Schwanz des stolzen Löwen ab. Eine wenige Tage darauf angefertigte Graphik hält das Ereignis fest.[8]

Den verbummelten Studenten, der nach Semestern des Feierns auf väterliche Kosten erst gegen Studienende und nach einigen durchgefallenen Prüfungen sich zum Lernen auf den Hosenboden setzt, gibt es durchaus in der Realität. Kein Einzelfall dürfte der Studiosus sein, der auf die zornige väterliche Nachfrage: »Aber sag um Gottes Willen, was hast du denn auf der Universität getrieben?« die bezeichnende Antwort gibt: »Nichts – und habe dazu Bier getrunken.«[9]

Von kuriosen Szenen wie dieser wird erzählt: Ein Student umarmt des Nachts heftig einen Laternenpfahl beim Universitätsplatz und ruft ständig, »vertragt euch, vertragt euch!«. Als ihn Passanten fragen, was denn los sei, erklärt er, er habe im »Perkeo« zwei verschiedene Biersorten getrunken, welche nun in seinem Magen eine jammervolle Balgerei veranstalten, die er schlichten wolle.[10]

Ehemalige Studenten arbeiten am Mythos des herrlichen Studentenlebens und verklären im nostalgischen Rückblick ihre Heidelberger Zeit zu einem akademischen Arkadien. Heidelberg wird zur Metapher für unbeschwerte Jugendzeit und einen rauschhaften Zustand des Feierns und der Leichtigkeit, wenngleich mit dem melancholischen Unterton der begrenzten Zeit. Aus diesem Stoff ist auch »Alt Heidelberg« gewoben.

Alexander Borodin, der um 1860 in Heidelberg Chemiestudent ist und später bedeutender Komponist wird, feiert 1877 Wiedersehen mit seiner Studentenstadt. Er schreibt an seine Frau: »Aus Bonn fuhr ich mit der Rhein-Eisenbahn in das gelobte Land, mein Mekka, Medina, Jerusalem, nenn es, wie du willst, mit einem Wort: nach Heidelberg ... Nach dem Mittagessen ging ich schnurstracks auf dem Bergweg nach Mekka: zum Wolfsbrunnenweg ...« Die Kellnerin fragt: »Wünschen Sie ein Bier, oder sonst noch was?«, was Borodin als einzige deutsche Worte im russischen Text übernimmt. Der Russe ist von Erinnerungen überwältigt: »Was für eine Mischung von Glück und Schmerz! Lange saß ich hinter meinem Schoppen Bier. Endlich erhob ich mich und ging mit sicheren Schritten auf dem unteren Wege am Neckar entlang zurück, auf eben dem Wege, auf dem wir seinerzeit heimwärts gingen.«[11]

Der Grieche Alcibiades Krassas, der um 1862 in Heidelberg studiert und später zum Jura-Professor in Athen avanciert, schreibt von dort an seine Rhenanen: »Ein Glas Bier in Heidelberg wäre mir lieber als eine ganze Advokatur in dieser Lumpenstadt des Altertums!«[12] Euphorisch auch die Erinnerungen von Alexander von Bernus (1880–1965) an Studenten mit bunten Mützen, die »in Gruppen singend durch die Straßen zogen oder an warmen Sommerabenden an langen Tischen in den Gärten ihrer Korporationshäuser saßen und mit Geklirr der Schläger und Bierkrüge ringsum die Nachbarschaft mit Lärm erfüllten. Ich kann mir aus dem Heidelberg von damals dieses bunte Treiben gar nicht wegdenken, so eins war es mit dem Neckarrauschen und dem Blütenmeer der Bergstraße im Frühling.«[13] Derwein hat wohl Recht, wenn er feststellt, der spezielle Reiz Heidelbergs liege in der Verkörperung einer bestimmten Lebensphase: »... vorher ungelebtes, dürres Leben, nachher starre Pflicht, die die Regungen des Herzens immer wieder einsargt.«[14]

4.2 Treffpunkte

Das gesellige Leben der Studenten – unabhängig davon, ob sie in Corps, Burschenschaften oder gar nicht organisiert sind – findet um diese Zeit überwiegend in Gasthäusern statt. Verbindungshäuser werden erst gegen Ende des 19. Jh.s gebaut und selbst dann bleiben die Verbindungsstudenten ihren alten Traditionslokalen treu. Die meisten dieser Gaststätten brauen bis zum Jahrhundertende ihr eigenes Bier. Das gilt für den »Seppl«, das »Große Faß« und den »Weißen Schwanen« in der Hauptstraße, das »Essighaus« in der Plöck, das »Goldene Fässchen« in der Imgrimstraße, die »Diemerei« am Schlossberg, Bartholomäs »Bremeneck« und Landfrieds »Faulen Pelz« am Fuß des Schlossbergs. Die »Ritterhalle« in der Leyergasse, mit kleiner Brauerei, wird gegen Ende des Jh.s kurzzeitig Pauklokal. Der »Rote Ochse« in der Nachbarschaft des »Seppl« braut zwar kein eigenes Bier, gehört aber ebenfalls zu den beliebtesten Studentenlokalen. Manche der beliebten studentischen Lieder klingen wie ein Stadtführer durch die Lokalszene. So heißt es im »Trinklied«:

> »Heut' weht ein scharfer Luft daher
> Und trocknet aus die Kehlen,
> Da wandern nach dem Bremeneck
> In Scharen durst'ge Seelen.
>
> Gleich nebenan der Faule Pelz
> Ganz voll von bunten Mützen,
> Der Fax rollt Faß auf Faß herein,
> Kein Mensch kann da mehr sitzen.
> ...
>
> Beim Seppel und im Essighaus
> Hei, was für ein Gedränge,
> Auf Gängen, Treppen, selbst im Hof
> Stößt sich die durst'ge Menge.
>
> Kein Platz mehr in der Hormuthei
> Bei unserer Gretel
> Sechs Seidel schwingt in jeder Hand
> Das liebe brave Mädel.«

Ein Lied ist Bierpatron Gambrinus und dem »Weißen Bock« gewidmet, mit den Zeilen:

> »Der Anstich steigt mit Kraftgedröhne
> Am runden Tisch zum strammen Hock
> Gambrinus segnet seine Söhne
> S' gibt doch nur einen Weißen Bock.«

Die Qualität manchen Liedes leidet wohl unter den feuchtfröhlichen Entstehungsbedingungen. Denn nicht jeder Verfasser erreicht das Niveau der Werke Scheffels, wie an einigen holprigen Versen zu ersehen ist:

> »O du Heidel- Heidelberg am Neckarstrand
> Wie laß ich dich so schwier.
> O du Bremer- Bremereck, o du Fauler Pelz,
> Wo es hat ein manich Bier.
> Juvivallerallera ...«[15]

Zum Freizeitvergnügen der Studenten gehören Treffen im Schlosspark, Schwimmen im Neckar, Bootsfahrten, Spritzfahrten oder Wanderungen in die nähere Umgebung. So berichtet Eichendorff in seinen Tagebüchern wiederholt von bierseligen Ausflügen ins Neckartal oder schönen Stunden bei Musik im »paradiesischen« Ambiente »oben im Schloßgarten bei Bier und Tabak.«[16] Als weiteres Vergnügen der Studenten neben dem Trinken von Bier, Wein und Punsch ist das Rauchen langer Tabakspfeifen zu nennen, für die der »Binsebub« die Reinigungswerkzeuge schneidet; beliebt sind auch Kartenspiele.

Neben den Gasthäusern in der Altstadt und Vorstadt locken Treffpunkte in der näheren Umgebung. Etwa der »Hausacker« beim Karlstor. Nördlich des Neckars, über den bis 1877 allein die Alte Brücke führt, warten die »Hirschgasse«, der »Steinbruch«, wo zeitweise Mensuren geschlagen werden, sowie die Neuenheimer »Rose« und die »Krone« auf studentische Gäste. Wanderungen oder Kutschfahrten nach Handschuhsheim gehören zu den beliebtesten Ausflügen. Dort gibt es zwei weithin berühmte Anlaufpunkte, beide in der Mühltalstraße: Der »Rote Ochse« mit der »Studentenmutter« Tante Felix und die von der Familie Lenz betriebene Brauereiwirtschaft, wegen des unmittelbar vorbeifließenden Mühlbachs »Bachlenz« genannt. Zu Beginn des Jh.s ist zunächst das Gasthaus »Zum Rebstock«, das später »Zur Traube« heißt (Handschuhsheimer Landstr. 118), das bekannteste Handschuhsheimer Studentenlokal. Trotz des weinseligen Namens wird hier kräftig Bier getrunken und auch gebraut. Das Lokal und sein Wirt, vertrauensselig »Vetter« genannt, der als unförmig, klein, dick und geizig beschrieben wird, kommen um 1820 in Mode. »Täglich stieg die Consumtion seines Krugbieres«, hält ein Beobachter fest.[17] In einem Bericht über Heidelberger Originale finden sich die Zeilen:

Bierbrauer und origineller Studentenwirt: der »dicke Vetter« aus der »Traube«, Handschuhsheim (STAHD)

> »Auch Studenten oft in Schaaren
> gern beim dicken Vetter waren,
> weil das Krugbier, das er führte,
> immer frisch war und musirte.«[18]

Der alte Holztisch aus der »Traube«, in den Generationen von Studenten ihre Namen eingeritzt haben, steht heute im »Roten Ochsen« in der Mühltalstraße. Dieser avanciert ab 1845 zum neuen Studententreffpunkt. In diesem Jahr übernimmt die 20-jährige Felicitas Brunner die Wirtschaft. Ihre Herzensgüte wird ebenso geschätzt wie ihr derber Humor. Es heißt, ein Student aus Mecklenburg, der sein Jagdrecht auf Handschuhsheimer Gemarkung – ein altes Privileg Heidelberger Studenten – ausübte, habe zufällig den »Ochsen« entdeckt. Er sei begeistert gewesen und bald darauf sei das Lokal zum beliebten Ausflugsziel geworden. »Tante Felix« liebt die Studenten, und diese – besonders die Vandalen und Franken – lieben sie. Gegenüber dem Lokal, das bis heute existiert, befinden sich damals eine Kegelbahn und der im Sommer bewirtschaftete Garten. In Verehrung für die junge Wirtin Felicitas schreibt der Teutone Otto Roquette im »Roten Ochsen« das Liebeslied »Noch sind die Tage der Rosen …« und singt es ihr zum 23. Geburtstag vor. Das Lied wird später ein Welterfolg. Der Text, der vom »freien Burschen«, zarten

Liebesbanden und dem Vergänglichkeitsmotiv handelt, schließt mit dem Refrain »Noch ist blühende goldene Zeit, / noch sind die Tage der Rosen!« Tante Felix hilft ihren Studenten und bittet gelegentlich knauserige Studentenväter um Vorschuss für ihre zahlungsunfähigen Sprösslinge.[19] Die vielen Zeichnungen, Fotos, Gedichte und Widmungen, die sie im Laufe von Jahrzehnten sammelt und im Kneipstübchen links vom Eingang dekoriert, vermacht die 1900 ledig gestorbene Felix der Stadt Heidelberg.

Seit 1865 darf Bierbrauer Georg Lenz mit Genehmigung des Bezirksamts Heidelberg in der Mühltalstraße sein selbst gebrautes Bier ausschenken. Das »Bachlenz« ist nicht nur bei Einheimischen und auswärtigen Obsthändlern, sondern zunehmend auch bei Studenten beliebt. Mit Brauerei, Mälzerei, Kegelbahn, großem Saal und tiefem Kellergewölbe stellt das »Bachlenz« ein eindrucksvolles Wirtschaftsensemble dar, wie noch heute zu sehen ist. Die alten Gästebücher des Bachlenz zeigen ebenso wie das Geschäftsbuch den regen Konsum der Studenten, besonders der Frankonia:

> »... Im Sommer oft sah wackre Franken-Kehlen
> im Bachlenz-Garten emsig ich bemüht,
> ein Faß voll kühlen Braunbiers auszuhöhlen,
> hell krähte zwischendrein ihr Anstichlied.«

Die Heidelberger Studenten lieben es, die Handschuhsheimer Bevölkerung mit neckischen Spielchen zu erfreuen oder zu ärgern, sei es mit dem Wurstschnappen oder indem sie Münzen in den Mühlbach werfen, die die Kinder dann herausholen. Handschuhsheimer Bauern verdienen sich ein Zubrot, indem sie die kaum mehr gehfähigen Jungakademiker mit Heuwagen und Ochsenkarren zum Universitätsplatz nach Heidelberg transportieren.

4.3 Korps und Burschenschaften

Zu Beginn des 19. Jh.s bilden sich neue studentische Formationen. Die früheren Orden und Landsmannschaften verlieren an Bedeutung. Während die ab 1810 entstehenden Korps sich zunächst durch die geografische Herkunft ihrer Mitglieder definieren (Schwaben, Westfalen, Schweizer usw.), sich als unpolitisch begreifen, aber als aristokratisch-konservativ gelten, sehen sich die 1817 in der »Hirschgasse« gestifteten Burschenschaften als Teil der liberal-demokratischen und nationalen Bewegung. Die Burschenschaften lehnen Einzelkorporationen ab und haben überwiegend Mitglieder bürgerlicher Herkunft. Die fünf Heidelberger Korps, zu dieser Zeit die Suevia, Guestphalia, Rhenania, die Nassauer und die Schweizer Helvetia, werden jeweils von einem Senior geleitet, die zusammen den örtlichen Seniorenconvent (SC) bilden. In ihrem SC-Comment legen sie den allgemeinen Burschenbrauch an ihrer Universität fest. Nach mindestens einem Semester als »Fuchs« und zwei geschlagenen Mensuren wird der Kandidat im Rahmen einer Art Prüfung mit feierlichem Gelöbnis als Korpsbruder aufgenommen. Die in der internen Hierarchie ganz unten stehenden Jungfüchse müssen sich einiges gefallen lassen. Zu den Aufgaben, mit denen die Burschen ihre Jungfüchse ärgern, gehört es, diese aufs Schloss zu schicken, damit sie die Frösche und Eidechsen auf den Steinreliefs des Elisabethentores zählen. Schafft es einer, wird er zu zehn Maß Bier wegen übergroßer Schlauheit verdammt, schafft er es nicht, trifft ihn dieselbe Strafe, diesmal wegen zu wenig Schlauheit.[20] In der Regel zwei mal pro Semester wird ein feierlicher Kommers abgehalten.

Nicht nur politisch, sondern auch in ihren Trinksitten unterscheiden sich zunächst die konkurrierenden Vereinigungen. Während die Burschenschafter, die »altdeutsche« Kleidung schätzen, von Anfang an das Bier bevorzugen, lieben die Korps anfangs eher den Wein. Heidelberger Bier hat damals unter Studenten keinen guten Ruf: »Wer, der es einst in Ermangelung anderen Stoffes trinken mußte, denkt nicht mit Schauder des Produktes Heidelberger Braukunst – wie mag es damals gewesen sein, wo die edle Zunft mit ihrer Kunst noch nicht einmal diese Vollkommenheit erlangt hatte. Wir verstehen Th. v. Kobbe, wenn er sagt: ›... das Heidelberger Bier war im Durchschnitt schlecht und, wenn auch berauschend, so doch geistlos.‹ Trotzdem wurde es mit Todesverachtung hinuntergegossen.«[21] So klingt es in einem Rückblick 1910. Die bemängelte Qualität hindert allerdings nicht daran, das Gebräu, wenn auch mit »Todesverachtung«, in Massen hinunterzuschütten, streng nach den Regeln des »Bierkomments«. Denn auch bei den Korps wird ab 1840 Bier immer beliebter, sei es, weil dessen Qualität sich steigert oder weil man mehr davon trinken kann – nicht unwichtig angesichts der ausgedehnten Rituale.

Mark Twain beschreibt eine Kneipsitzung der Heidelberger Korporierten: »... die fünf Corps versammeln sich am Abend, und auf ein Zeichen hin fangen sie alle an, sich aus Halbliterkrügen so schnell wie möglich mit Bier volllaufen zu lassen, und jeder zählt für sich selbst – gewöhnlich dadurch, daß er für jeden Krug, den er leert, ein Streichholz zur Seite legt. Die Wahl ist schnell entschieden. Wenn in die Kandidaten nichts mehr hineingeht, veranstaltet man eine Zählung, und wer die größte Anzahl von Halblitern getrunken hat, wird

»Pauken« in der Hirschgasse, von Mark Twain beschrieben (STAHD)

zum König ausgerufen.« Ein Bierkönig, so wird berichtet, habe seinen Krug 75-mal geleert: »Natürlich könnte kein Magen diese ganze Menge auf einmal fassen – aber es gibt Möglichkeiten, wiederholt ein Vakuum zu schaffen, was diejenigen verstehen werden, die oft zur See gefahren sind.«[22]

Jahrzehnte später zeigt sich auch der russische Dichter Sascha Tschorny, der zwischen 1906 und 1908 in Heidelberg lebt, angewidert von gewissen Ritualen.[23] In seinem 1911 erschienenen Text beschreibt er die Bierabende der Korpsstudenten: »Adlige mit Bulldoggengesichtern / neigen ihre mit Schrammen bedeckte Stirn / blökend über das Bier in der Wirtsstube / und schlagen sich voll mit Schweinefleisch ...« Zeitweilig lebt der Exilant mit seiner Familie im »Blauen Kreuz«, einer antialkoholischen Pension, macht sich über die Gaststätte, den widersprüchlichen Wirt sowie über die Selbstzufriedenheit und übertriebene Ordnungsliebe der Deutschen lustig. Gleichwohl findet Tschorny Gefallen an deutschem Bier und den reizvollen Kellnerinnen: »Manchmal geh ich in die Stadt hinunter / labe mich an dem munteren Bier.« Er sieht in der Kellnerin »eine Madonna«, die »an den groben Fingern Bierkrüge« trägt. Jahre später verklärt auch der Satiriker seine Heidelberger Zeit, erinnert »die Gassen schattig und friedlich ... aus den Toren riecht es nach Malz ... und hier ist die Walküre mit Bierkrug ... und die tiefblaue Weite ist die Türe zum Paradies.«

Die Trinkrituale bleiben im Kern zumindest bis zum Ersten Weltkrieg erhalten. Gelegentlich kommt es zu teils makabren Modeerscheinungen. So trinken die Medizinstudenten um 1900 ihren Gerstensaft gern aus zu Bierkrügen umgearbeiteten Totenschädeln.

Auch wenn sich die studentischen Organisationen häufig spalten, auflösen, zusammengelegt oder neu gegründet werden, sind sie seit Beginn des 19. Jh.s der organisierte Kern des heute in aller Welt bekannten Bildes vom Heidelberger Studentenleben. Die Kneipen werden in den traditionsreichen Studentenlokalen durchgeführt, erst Ende des 19. Jh.s bauen sich die Verbindungen eigene Häuser, zumeist am Schlossberg. 1893 entsteht das Frankenhaus, 1905 wird das Verbindungshaus des Corps Suevia in Jugendstilarchitektur errichtet, mit Damenempore. In extrem steiler Lage baut die Rupertia ihre »Bierkirche«, der Kneipraum reicht über mehrere Stockwerke. Die Karlsruhensia erstellt ihre Burg vor einem rund 60 Meter langen feuchtkühlen Berggang, in dem früher eine Weinhandlung ihre Spirituosen lagerte. Doch auch nach Fertigstellung ihrer eigenen Häuser besuchen die Verbindungsstudenten häufig noch ihre alten Traditionslokale.

4.4 Heidelberger Biercomment (1815)

Ab etwa 1800 entsteht der Heidelberger »Biercomment«. In ihm werden die bis dahin mündlich überlieferten Trinkgebräuche der Studenten in witziger Weise kodifiziert. In vielen Paragraphen dieses nicht ganz ernst gemeinten Regelwerks findet sich eine Parodie auf die im SC-Comment verankerten Richtlinien, so wird aus dem Ehrenwort das »Bierehrenwort« (Grand Cerevis) oder aus dem Burschen der »Bierbursche«. Das Motto wird von Jean Paul übernommen: »Mancher wird zum freien Diogenes, nicht wenn er im Fasse, sondern wenn das Fass in ihm ist«.

Der Heidelberger Biercomment vom 11. März 1815 ist der älteste aller deutschen Universitäten. Vermutlich gab es bereits einen Vorläufer, der allerdings nicht erhalten ist.[24] In 23 Paragraphen werden die Bier-Regeln formuliert, die die fünf Heidelberger Korps unterzeichnen. Zunächst hat man sich als Bierfuchs zu bewähren, dann erst steigt man zum Bierburschen auf. Der Ablauf des Kneipens ist genau festgelegt. Erst nach den Kommandos »Ergreift! – Stoßt an! – Setzt an! – Los!« darf getrunken werden. Wer zu früh trinkt, wird bestraft, ebenso wer während des Trinkens absetzt oder einen »Philister« übrig lässt. Das Trinkgefäß umzuwerfen ist ebenso verpönt wie den Zinndeckel offen zu lassen (§6). Ein Ausdruck wie »Bierjunge« gilt als Beleidigung und muss geahndet werden. Wer »vorsätzlich sein Bier-Wort« bricht oder gegen andere Regeln verstößt, wird mit »Bier-Verschiss« bestraft, wie in §8 festgelegt ist. Während früher der »Verschiss« oder

»Verruf« eines Studenten ganz wörtlich zu nehmen war und eine Verunreinigung seiner Bude zur Folge hatte, wird nun die Strafe in Bier abgegolten. Ein »Biergericht« hat die höchstrichterliche Gewalt inne. Das angesammelte Strafgeld wird bei Ausflügen in die nähere Umgebung vertrunken.

In den Jahren 1829 und 1840 werden die Regeln des Comments bei viel Bier und Tabak revidiert. Der Ton des Regelwerks wird ernsthafter, die Paragraphenflut wächst auf 150 an. Als 1870 eine Neufassung des Comments erscheint, ist aus der einstigen Persiflage ein penibles »Gesetzbuch« geworden, das auch noch die kleinste Eventualität zu erfassen und zu reglementieren sucht. Der Kommers, also ein festliches Treffen mit ritualisierter Kneiperei, gliedert sich in zwei Teile. Der erste Teil ist das Offizium mit der Festrede. Der zweite Teil das Inoffizium, der gesellige Teil, der aus witzigen Wortgefechten, Bierscherzen und Bierduellen bzw. dem »Staffettentrinken« besteht. Das Motto »Bier her! Bier her! Oder ich fall um ...!« ist dabei durchaus wörtlich zu nehmen.

4.5 »Saufpoet« Viktor von Scheffel

Die heitere Seite des akademischen Lebens ist das Sujet für Joseph Viktor von Scheffel aus Karlsruhe, der ab 1844 in Heidelberg Jura studiert. Zeichnend und dichtend fängt er die Stimmung jener Zeit ein und inspiriert bis heute die Phantasien vom unbeschwerten Studentenleben. Scheffel nimmt an den studentischen Ritualen teil, kneipt ausgiebig und redigiert Kneipzeitungen, hat aber wohl nie gepaukt. Gerne geht Scheffel in das »Essighaus«, die »Diemerei« am Schlossberg, den »Faulen Pelz«, das »Schnookeloch« und die »Kümmelspalterei« oder nach »Tiefschluckhausen« – gemeint ist Ziegelhausen – zu Pfarrer Schmezer, um mit diesem zu zechen. Gleichwohl meinen Zeitgenossen, die Realität sei nicht halb so schlimm gewesen wie die poetisch-dionysische Übersteigerung.[25]

Eine zeitgenössische Zeichnung zeigt Scheffel als »Kneipzeit-Poet« auf einem Fass stehend, eine Bierkanne mit dem Brauerstern in der Hand.[26] In den sich spaltenden, umbenennenden und poltisch radikalisierenden Verbindungen ist Scheffel zunächst Mitglied der Alemannia, dann der Teutonia und schließlich Mitbegründer der Frankonia. In der wöchentlich erscheinenden Kneipzeitung der Alemannia zeichnet Scheffel als »Tasso«, ein Spitzname, den er sich einhandelt, als er eines Abends von Freunden im »Horn« in der Haspelgasse dabei ertappt wird, wie er vor Beginn der Kneipe eine – horribile dictu – Tasse Tee zu sich nimmt. Während zunächst das Brauereilokal »Horn« (später »Vier Jahreszeiten«) das Kneiplokal ist, haben die Franken, deren Zeitung »Frankonia« wiederum Scheffel redigiert, in der Brauerei »Zur Stadt Düsseldorf« in der Kettengasse ihr Stammlokal. Dort werden die Wände al fresco mit Kneipmotiven bemalt, und die Franken tragen – dezent versteckt – die verbotenen schwarz-rot-goldenen Farben. Scheffel ist Teilnehmer einer Fenstereinwerfung bei Bundesbrüdern, wofür er solch hohen Schadensersatz zahlt, dass die zu Entschädigenden »auf meine Kosten ein Faß Bier« sich genehmigen können.[27]

Bekannt ist Scheffels feucht-fröhlicher Akademiker-Kreis im Lokal »Zum Waldhorn ob der Bruck« an der Ziegelhäuser Landstraße, dessen romantischen Ausblick hinüber aufs Schloss Scheffel skizziert. Auch den »Seppl« besucht Scheffel gern. Nach seinem Studium kommt der Dichter, zunehmend von Melancholie geplagt, häufig zu der »Rechtswohltat der Heidelberger Schenken« und preist Heidelberg – diesen »guten Ort für Heitere wie für Traurige«, an dem man »zu etwas Ganzem, Harmonischen sich zusammenfassen« könne.[28]

Berühmt wird Scheffels »Alt Heidelberg, du Feine«-Lied, auch seine Zeilen über den weinseligen Perkeo oder den Herrn vom Rodenstein, der sowohl »zu Heidelberg im Hirschen« einreitet als auch im »Waldhorn ob der Bruck«, wo er sich einen »schweren Schluck und Gluck« genehmigt. Im »Gaudeamus« wird das gesellige Trinken gefeiert. Ob Wein, Most oder Bier – Scheffel stellt fest: »... und wen manch Lied schier allzu durstig däucht, / der tröste sich: 's war anders nicht zu machen, / der genius loci Heidelbergs ist feucht.«

Der 1886 verstorbene Scheffel kann nicht ahnen, dass seine Lieder Jahrzehnte später Basis eines Alt-Heidelberg-

Kultes werden, der bis heute anhält. Heidelberg ehrt Scheffel mit der Aufstellung eines Denkmals auf der nach ihm benannten Schlossterrasse. Kuno Fischer soll gesagt haben: »Ich gehe nicht mehr auf das Schloß, seitdem der Saufpoet da oben steht!«[29] Das Bronzedenkmal im Schlosspark wird 1942 zu Kriegszwecken eingeschmolzen, das weltbekannte Scheffel-Haus in der Ziegelhäuser Landstraße mit Gartenterrasse und berühmtem Schlossblick nach dem Zweiten Weltkrieg abgerissen. Die Frankonia ehrt Scheffel bis heute. Seine Büste steht im großen Kneipsaal. Im Jahr 2000 wird Scheffel Namenspatron für die in der Leyergasse neu eröffnete Kulturbrauerei, auf deren Biergläsern sein Konterfei prangt.

4.6 Sturm auf das »Große Faß«

Zu Scheffels Heidelberger Studentenzeit zählt die Biersiederei »Zum Großen Faß« in der Hauptstraße 199 – heute steht hier die Südostecke des Rathauses an der Mönchsgasse – zu den beliebtesten Treffpunkten in der Altstadt. Bereits 1499 soll sich hier ein Gasthaus befunden haben, in dem Streitigkeiten zwischen Studenten und Heidelberger Bürgern ausgetragen werden.[30] Nach der Stadtzerstörung 1693 entsteht an der selben Stelle auf den mittelalterlichen Kellergewölben schon bald wieder ein Wirtshaus. Die Lage an der Hauptstraße, direkt neben dem Rathaus, ist ausgesprochen günstig. Zu Beginn des 18. Jh.s wird das »Große Faß« von der Bierbrauerfamilie Werle betrieben. Später folgt die Familie Weber. Bierbrauer und Wirt Friedrich Weber wird im Sommer 1820 Opfer eines Gewaltausbruchs Heidelberger Studenten. Dabei werden Weber und sein »Großes Faß« wohl eher zufällig zum Aggressionsobjekt. Vermutlich angeregt durch Unruhen in Göttingen suchen auch die hiesigen Studenten Streit mit eingesessenen Bürgern. Die studentischen Anführer von Reventlow, von Bonin und der kurländische Graf von Medem sind der Ansicht, Wirt Weber sei unhöflich gegenüber Studenten gewesen. Burschenschaftler und Landsmannschaften verbünden sich, stellen Weber zur Rede und geben schließlich

»Saufpoet« Scheffel: das eingeschmolzene Denkmal auf der Schlossterrasse (STAHD)

Schauplatz eines Studentenkrawalls: Brauereilokal »Zum Großen Faß«, Hauptstr. 199, Aufnahme 1955, kurz vor dem Abriss (STAHD)

mit dem Ruf »Burschen raus!« den Einsatzbefehl für ein Rollkommando. Mit Holzknüppeln bewaffnet dringen einige Dutzend Studenten in die Wirtschaft ein, vertreiben die Gäste und schlagen die Einrichtung kurz und klein. Fensterscheiben, Türen, Holztische und Geschirr werden zertrümmert. Thibaut und andere Professoren eilen herbei und versuchen die Wüteriche zu besänftigen.

Der Universitätssenat setzt für jeden Studenten die mäßige Strafe von 2 Gulden und 45 Kreuzern Schadenersatz fest. Laut Wirt Weber beträgt sein Schaden 736 fl., 22 kr., davon 210 fl. Verdienstausfall wegen 14tägiger Unterbrechung des Wirtschaftsbetriebs. Die Bestraften zeigen sich enttäuscht. Sie hatten auf eine härtere Strafe gehofft, um den Göttinger Kommilitonen nicht nachzustehen. Für Stadtdirektor Wild ist der Vorfall willkommener Anlass, wegen der »zügellosen Rohheit der Studenten« die Verlegung einer Garnison nach Heidelberg zu fordern.

Die Brauereigaststätte wird wieder hergerichtet und zeigt sich nach wie vor gerne von Bürgern und Studenten besucht. Sie gilt auch als Treffpunkt der Handwerker und Fuhrleute. Bierbrauer Peter Friedrich Weber führt das Lokal bis 1859.

Braumeister Johann Ernst übernimmt es, stellt aber schon 1861 den Braubetrieb ein. Die Wirtschaft wird unter ihrem alten Namen weitergeführt und in Adolf Schmitthenners (1854–1907) Erzählung »Ein Wort« erwähnt, worin ein rheinischer Bäckergeselle, der nach dem Großen Fass auf dem Schloss fragt, versehentlich ins Gasthaus »Zum Großen Faß« geschickt wird, wo er dann Handkäse und mehrere Gläser Bier vertilgt.[31] 1884 wird ein von Kerzinger modelliertes Tonrelief des Großen Fasses als Wirtshausschild angebracht. Für die Vergrößerung des Rathauses zwischen Marktplatz und Mönchsgasse werden 1914 die beiden Gebäude der Wirtschaft »Zum Großen Faß«, Hauptstraße 199 und 201, für 145.000 Mark erworben. Die Kriegs- und Krisenjahre verhindern zunächst das Ende der Traditionswirtschaft, die noch bis 1956 betrieben wird. Dann aber erfolgt der Abriss und an dieser Stelle der Neubau des Rathausflügels, der 1961 fertig gestellt ist. Dabei wird die Mönchsgasse verbreitert. Eine Relieftafel an der Ostwand des Rathauses erinnert noch heute an die einstige Brauereiwirtschaft »Zum Großen Faß«.

4.7 Mensurlokal »Hirschgasse«

Neben dem Kneipen gehört das Pauken, also das rituelle Fechten, zu den beliebten studentischen Freizeitbeschäftigungen jener Zeit. Korps und Burschenschaften treffen sich zu Mensuren, die in verschiedenen Lokalen der Altstadt und Neuenheims geschlagen werden.

Doch weit über Heidelberg hinaus bekannt ist die Gaststätte »Hirschgasse«, die als ältestes deutsches Mensurlokal gilt. Die Geschichte des auf der Neuenheimer Seite gelegenen Gasthauses weist zurück bis in das Jahr 1472, als der Garten im Tal Schauplatz einer Liebesgeschichte gewesen sein soll.[32] Der Arzt und Künstler Johann von Soest habe auf der Brücke eine Dame mit bildhübscher Tochter und kleinem Sohn getroffen. Der Kleine habe den Arzt »zu Bier und Wein« am Darsbach, also ins Tal der Hirschgasse, eingeladen. Noch am selben Abend habe der frisch verliebte Medicus das Jawort der Tochter und die Eheerlaubnis der Mutter erhalten.

Der Name Hirschgasse kommt entweder daher, dass früher die Waldtiere an den durch das Tal verlaufenden Bach zum Trinken kamen, oder lässt sich auf die Tatsache zurückführen, dass dieses Gelände mit Holzhaus dem Wirt des alten Heidelberger Gasthofes »Zum goldenen Hirschen« gehörte. Der »Hirsch« ist an der Nordseite des Rathauses in der Hirschstraße, heute Heiliggeiststraße, gelegen und wird auch von Götz von Berlichingen besucht. Schmitthenner hat das Lokal im »Deutschen Herz« verewigt.

Die Wirts- und Brauerfamilie Ditteney besitzt seit 1790 die Schildgerechtigkeit für die »Hirschgasse« und avanciert über drei Generationen zum Schutzpatron vieler Studenten. Das Lokal »Hirschgasse« erweist sich als ideal zum Kneipen und Pauken. Der große Saal im ersten Stock eignet sich für Mensuren, draußen gibt es ausgedehnte Wiesen, auf denen gelegentlich Duelle stattfinden. Die abgelegene Lage des Hauses, damals einsam im Tal zwischen Weingärten, ist überdies vorteilhaft, da die Paukerei von der Universität nicht gern gesehen wird. In Zeiten, in denen das Pauken verboten ist, werden ab der Alten Brücke Späher postiert, die mit dem Ruf »Achtung, Pudel kommt!« den Pedell melden.

Mark Twain beschreibt leicht angewidert, wie sich in der Hirschgasse rund 80 Studenten versammeln, trinken, badischen Hanf rauchen, Karten spielen und die Kämpfe betrachten, die mit scharfen Säbeln bestritten werden. Ein mit Zinkblech ausgelegtes »Flickzimmer« steht bereit, wo das getroffene Opfer auf dem Stuhl niedersinkt und hofft, dass der Paukdoktor die Wunden wieder mit einigen Stichen und Klammern herrichten kann, wobei ein Schmiss an die tapfer geschlagene Mensur erinnern sollte. Der Paukdoktor ist als Unparteiischer anerkannt und kann einen Kampf abbrechen, wenn ihm das medizinisch ratsam erscheint.

Die Ditteneys sind gegenüber den Stundenten äußerst verständnisvoll, verstecken bei Kontrollen Waffen und Paukausrüstung und verabschieden am Ende der Studienzeit ihre Studenten mit dem unvergesslichen Ritual des letzten Bierkrugs.

Weltberühmt: »Hirschgasse« mit Mensursaal, 1939 (STAHD)

Joseph Ditteney sen. (1786–1873) werden sogar wundersame Heilkräfte nachgesagt. So habe er zum Erstaunen der Paukdoktoren durch Handauflegen stark blutende Wunden zum Stillstand gebracht. Seit 1823 führen die Ditteneys ein Paukbuch, aus dem hervorgeht, dass in Spitzenjahren über 400 Mensuren geschlagen werden. Einige Studenten bringen in ihrer Studienzeit bis zu 60 Mensuren hinter sich.

Gegen Ende des 19. Jh.s verändert sich die Szene der studentischen Geselligkeit. Wiederholt kommt es beim Pauken zu Skandalen, schweren Verletzungen wie Erblindung und sogar einigen Todesfällen. Einzelfehden verlieren an Bedeutung, ritualisierte Gruppenkämpfe nehmen zu. Waren früher individuelle verbale Beleidigungen wie die Bezeichnungen »dumm« oder »sonderbar« die Anlässe für Mensuren, fühlen sich nun ganze Kollektive betroffen und befehden sich. Auch Mitglieder, die gar nicht zur Waffe greifen wollen und sich nicht persönlich beleidigt fühlen, werden nun durch Gruppenzwang dazu genötigt. In der »Hirschgasse« und andern Studentenlokalen sitzen die Gruppen separat an Tischen und warten nur auf einen Anlass, um loszuschlagen.

Nach dem Krieg von 1870/71 kommen die »schweren Mensuren« auf, denn die Erfahrungen der Studenten in einem realen Krieg lassen die bisherigen »leichten« Duelle als zu harmlos erscheinen. Gleichwohl werden in der »Hirschgasse« auch humoristische Rituale gepflegt. So ruft man hier einen eigenen Bierstaat aus, der Anführer erklärt sich zum Sohn der Biervernunft, erlässt Gesetze, erhebt in den Bieradel und verleiht Orden wie den St. Kannen-Orden vom »Biervließ«. Bierkommandeure werden ernannt, doch ein Vollrausch führt die Degradierung herbei. Zwischen Mitternacht und 1 Uhr morgens darf kein Tropfen Bier getrunken werden, ein gutes Mittel, die Entgleisungen etwas in Zaum zu halten. Zweimal pro Jahr treffen sich rund 150 Bierritter unter einem Hopfenkranz im Gartenhäuschen der »Hirschgasse«, um das Erscheinen der Biervernunft zu feiern:

> »Nimm jetzt des Bieres Glas
> Biere es aus fürbaß
> Biere in Eil!
> Daß dich das Bier bewegt,
> Zur Biervernunft dich trägt,
> Daß dein Herz bierig schlägt,
> Biervernunft Heil!«

Ein Stein mit den Emblemen Hopfen, Rose und Jasmin wird im Hof des Lokals eingelassen. Weibliche Wesen haben weder beim Kneipen noch beim Pauken etwas zu suchen, sind aber beim sonntäglichen Tanzvergnügen gern gesehen: Dann können Studenten und Bürgermädchen zarte Bande knüpfen.

Nach dem Tod des alten Ditteney 1873 geht es mit dem Lokal bergab, zumal die Familie die in Mode kommenden schonungslosen »schweren Mensuren« ablehnt. Sohn Joseph Ditteney betreibt in der Hauptstraße sein eigenes Lokal mit Bierbrauerei, den »Seppl«, und will das väterliche Haus nicht übernehmen. So wird die »Hirschgasse« 1901 verkauft, zehrt aber noch lange von ihrem alten Ruhm. Clevere Geschäftemacher erzählen den Touristen Schauermärchen über die wilde Vergangenheit des Lokals und bieten Splitter von Tierknochen als angebliche Überreste brutaler Mensuren an. So manche Teile von Schweinerippchen finden auf diese Weise ihren Weg in Vitrinen in England oder den USA. Trotz mehrfacher Umbauten, Besitzerwechsel und eines verheerenden Brandes 1954 existiert die »Hirschgasse« bis heute, inzwischen als nobles Hotel mit Restaurant.

4.8 Ditteneys »Seppl«

Um Joseph Ditteney (1821–90) von seinem Vater, dem »alten Joseph« aus der Hirschgasse, besser unterscheiden zu können, wird der jüngere Ditteney nur »Seppl« genannt, ein Name, der sich später auf seine Brauereiwirtschaft in der Hauptstraße 213 überträgt, die er von 1848 bis 1884 führt. Joseph »Seppl« Ditteney war von seinen Eltern dazu bestimmt, Geistlicher zu werden. Doch er zieht die Braukunst der Theologie vor. Statt den väterlichen Betrieb in der Hirschgasse zu übernehmen, betreibt er am Karlsplatz sein eigenes Wirtshaus mit Brauerei.

Das Gasthaus steht seit 1704 auf dem Keller eines schon vorher an dieser Stelle existierenden Lokals, gehört damit nach der Stadtzerstörung von 1693 zu den frühen Neubauten. Dieser Neubau erfolgt nicht, wie damals üblich, als traufständiges Barockhaus, sondern mittelalterlich wirkend mit reich dekorierter Spitzgiebelfassade, die sich bis heute erhalten hat. Joseph Ditteney übernimmt 1848 die Johann Wolff'sche Brauerei und schafft sich im Tal der Hirschgasse, gegenüber dem väterlichen Gasthof, in mühsamer Arbeit einen Felskeller zum Lagern seines Bieres. Von den Ausstoßzahlen her ist Ditteneys Brauerei nicht zu den großen Betrieben zu zählen. 1867 beträgt der jährliche Ausstoß knapp 1.800 hl, nur ein Drittel der Menge, die Spitzenreiter wie die »Diemerei« am Schlossberg oder Gundt im »Faulen Pelz« brauen. Ditteney

Joseph Ditteney Brauerei, bekannt als »Seppl«, Hauptstr. 213 (STAHD)

liegt mit seinen Ausstoßzahlen in den 1860er-Jahren an siebter oder achter Stelle unter rund zwei Dutzend Heidelberger Brauereien.[33] Doch an Bedeutung ist der Seppl kaum zu übertreffen. Ditteney wird als kräftiger, mittelgroßer Mann beschrieben. Eine in sich ruhende freundliche Persönlichkeit mit natürlicher Autorität, bei Studenten und Bürgern hoch geachtet. Viele Jahre versieht er das Ehrenamt eines Mitglieds im Bürgerausschuss. Eine begeisternde Ansprache, die er in den 1870er-Jahren anlässlich eines Turnfests hält, bringt ihm den Titel »Das Deutsche Herz« ein, zeitweise wird auch die Wirtschaft so genannt. Viele Anekdoten ranken sich um den Bierbrauer. Wenn zum Zapfenstreich die Lumpenglocke tönt, ruft er »Ausgeläut'«, und wenn keine Reaktion erfolgt, »Hör uff!« Mit seinen großen Füßen und dem Spruch »Wer nicht hören will, muss fühlen« setzt er denen zu, die nicht schnell genug enteilen. Bei einem Besuch des Großherzogs in Heidelberg anlässlich einer Gewerbeausstellung kredenzt Ditteney den hohen Herrschaften den Trunk. Als der Großherzog nur ein Glas trinkt, sagt Ditteney: »Die alten Deutschen tranken immer noch eins!«, worauf Hoheit ein zweites Glas leert.

Das Korps Rhenania verlegt bereits 1858 seine Kneipe in den »Seppl« und hält diese in der »Wallonenkirche«, dem Kellergewölbe unter der Heiliggeiststraße, damals Hirschstraße, ab. Auf einer Mitgliederdarstellung des Rhenania-Korps von 1863 ist Joseph Ditteney mit erhobenem Bierglas zu sehen; er wird als zugehörig zum Korps empfunden.[34] »Rhenania sitzt im Seppl«, lautet das Motto, während das Korps Suevia den »Weißen Schwan« bevorzugt. Der »Seppel« wird als eine Art Wohnzimmer der Rhenanen betrachtet, auch nachdem sie einige Häuser weiter ihr imposantes Korpshaus gebaut hatten. Ditteney – auch als »zweiter Gambrinus« bezeichnet – bringt an der Fassade eine plastische Figur des sagenhaften Bierkönigs an. Diese Figur ist allerdings seit Mitte des 20. Jh.s verschwunden. In zahlreichen Studentenliedern wird der Seppl erwähnt. So heißt es im »Seppellied«:

»Einen Ganzen Seppelbier,
Klargesott'nes Elixier,
Welche Wonne, welch Behagen
Säufelt quer mir durch den Magen:
Seppel, ja du hast's erschaut,
Wie man Malz und Hopfen braut ...«[35]

Bierbrauer und Wirt Joseph Ditteney, 1821–90 (STAHD)

Berühmt sind die 1884 von den fünf Heidelberger Korps gestifteten Glasfenster mit den Wappenrittern der Rhenanen, Suevia, Saxo-Borussen, Sachsen-Preußen und Guestphalia. Der Hintergrund: Nach einem Ehrenhandel zwischen Korpsstudenten greift die Universität ein und bestraft – offenbar auch noch die Falschen – hart mit extrem langen Karzerstrafen von zwei Wochen. Es entsteht eine Protestwelle, Bürger solidarisieren sich mit den Studenten und entsenden unter Führung von Ditteney eine Delegation nach Karlsruhe zum Großherzog. Die Bittsteller haben Erfolg. Im »Seppl« wird am 19. März 1884 ein großes Fest gefeiert, und die Korps stiften ihrem Fürsprecher als Dank die Fenster. Lange hält sich das Gerücht, es könne in Heidelberg nie mehr als fünf Korps geben, da der »Seppl« ja nur fünf Fenster habe. Man erzählt, einer Korporation sei einmal angeboten worden, das Toilettenfenster zu stiften.

Als einer der letzten Vertreter seiner nach der Einführung der Gewerbefreiheit bedeutungslos gewordenen Bierbrauerzunft hängt Ditteney 1883 sein Schild an den Zunftpokal von 1735, verbunden mit dem frommen Wunsch »... allen denen, die brauen und trinken! Mit diesem Wunsch hängt den Schild an den Zinken. Der gewesene letzt Zunftmeister Joseph Ditteney im Jahre des Heils 1880 und drey«. Der Stadt Heidelberg wünscht er »... Gedeihen allerwärts. Dies wünscht Dir der Seppel, das deutsche Herz.« Ditteneys Witwe vermacht später den Zunftpokal der Stadt Heidelberg.[36] Aus gesundheitlichen Gründen gibt Ditteney 1884 Brauerei und Wirtschaft an Carl Heinz ab. 1890 stirbt Ditteney, von Studenten und Bürgerschaft betrauert. In Stein gehauen wird er, wie der »Mächer« vom »Weißen Schwanen«, an der Fassade der Stadthalle verewigt.

Nach wenigen Jahren übernimmt August Gugel von Carl Heinz Wirtschaft und Brauerei. Die Brautätigkeit wird in der Phase des allgemeinen Brauereisterbens um 1899 aufgegeben. Die Mälzerei aber betreibt Gugel noch bis in die 1920er-Jahre weiter. In der Mälzerei ist eine Dampfmaschine eingesetzt; Gugel beschäftigt drei Mälzereiarbeiter, hinzu kommen saisonale Arbeitskräfte. Die ganzen Jahre über bleibt der »Seppl« beliebtes Studentenlokal und wird Schauplatz

Der »Weiße Schwan«, zunächst geführt von den Landfrieds, dann von den Hirschels (STAHD)

mancher Experimente. So kommt es um 1900 in der Gaststube zu exzessiven Tabakorgien. Fenster und Türen werden verschlossen, die ganze Nacht wird die Stube eingeräuchert. Niemand hat Zutritt, keiner darf hinaus, nicht einmal der Gang zur Toilette ist gestattet, für derartige Bedürfnisse stehen Eimer bereit. Nach der Fensteröffnung am nächsten Morgen ziehen, wie man hört, dichte Rauchschwaden durch die Hauptstraße.

Erhalten bleibt die Sitte, dass die Korps jeweils einen mit Schnitzereien reich verzierten Stammtisch haben und alle Kellnerinnen, gleichgültig wie sie wirklich heißen, »Anna« rufen. Ab Ende des 19. Jh.s entwickelt sich die berühmte Schildersammlung. Die Schilder sind Beutekunst studentischer Diebeszüge und werden gegen Bier eingetauscht. Doch ist der »Seppl« nie ein ausschließliches Studentenlokal, sondern wird auch von Heidelberger Bürgern und zunehmend von Fremden besucht. Beim Stammtisch der »Acht-Uhr-Gesellschaft« treffen sich ab etwa 1900 Handwerker und andere Bürger und verbrüdern sich manchmal im Trunk mit den Jungakademikern. Dieser Stammtisch besteht vermutlich bis nach dem Zweiten Weltkrieg.[37] Altstadt-Originale wie die »Blumme-Marie« verkehren im »Seppl«, der in seiner Geschichte von berühmten Persönlichkeiten besucht wird: Fürst Bismarck, Viktor von Scheffel, Robert Wilhelm Bunsen, Paul von Lettow-Vorbeck, Theobald von Bethmann-Hollweg und Helmut Schmidt. Lediglich die großen Kriege unterbrechen das gesellige Leben im »Seppl«. Am 30. Juli 1914, am Abend einer großen Schlossbeleuchtung, treffen sich die Studenten ein letztes Mal in ihrem Stammlokal, um kurz darauf in den Krieg zu ziehen. Der »Seppl« leert sich. Die »Hirschgasse« wird Ersatzkaserne. 1919 finden, da die Universitätsräume für verwundete Soldaten gebraucht werden, Vorlesungen für heimgekehrte Studenten im »Seppl« statt. Das Bier ist von dünner Nachkriegsqualität, doch ab Februar 1920 treffen sich die Korps wieder in ihrem Traditionslokal.

4.9 Der Mächer vom »Weißen Schwan«

Zu den legendären Heidelberger Studentenwirten des 19. Jh.s gehört August Eisenhardt, bekannt als »der Mächer«. Bierbrauer Eisenhardt, 1823 in Ladenburg geboren, kämpft in der badischen Revolution an der Seite des mit ihm befreundeten Revolutionsgenerals Miroslawsky in Waghäusel. Um 1855 siedelt sich Eisenhardt in Heidelberg an und gründet den Eisenhardt'schen Bierkeller in der heutigen Klingenteichstr. 4. Das Korps Suevia, das gerne hier verkehrt, kauft ihm sein kleines Gasthaus ab und richtet sein Korpshaus darin ein. Das erweist sich bald als zu klein und muss nach 1900 an derselben Stelle einem größeren, prächtig dekorierten Haus aus rotem Sandstein weichen, das bis heute Sitz der Schwaben ist.

Nach dem Verkauf bleibt Eisenhardt dem Schwaben-Korps eng verbunden. Inzwischen ist er mit der Witwe Hirschel vom »Weißen Schwan«, Hauptstraße 143, verheiratet und braut nun als Schwanenwirt sein Bier. Das traditionsreiche Gasthaus gehört zu den ältesten der Stadt. Es soll bereits um 1400 existiert haben und erfreut sich – schon aufgrund seiner Nähe zur Universität – bei Studenten und Professoren traditionell großer Beliebtheit.[38] 1778 wird das Haus neu aufgebaut. Nunmehr verfügt es über mehrstöckige Lagerkeller und einen eigenen Brunnen. Von 1788 bis 1820 wird der »Weiße Schwan« von Bierbrauern der Familie Landfried betrieben, die den Schwan in ihr Wappen aufnehmen, das später die Verpackungen der Tabakprodukte ziert. Nach den Landfrieds übernehmen die Hirschels das Gasthaus. Auf Anton Friedrich Hirschel folgt 1852 Carl Heinrich Hirschel und 1856 ein weiterer Anton Friedrich Hirschel. Dieser holt sich, als er am Neckar Eis für seinen Brauereikeller bricht, eine Lungenentzündung und stirbt 1861.

Altstadtoriginal Eisenhardt und die Witwe Hirschel betreuen »ihre« Studenten liebevoll, und nicht nur die »Schwaben« kehren hier gern ein. Warum der Schwanenwirt »der Mächer« genannt wird, ist nicht eindeutig zu klären. Die eine Version: Der Großherzog fragt bei einem Heidelberg-Besuch, wer denn das gute Bier gebraut habe, woraufhin Eisenhardt sagt, er sei der Mächer. Die zweite These bezieht sich auf den Spruch, den Eisenhardt auf seinem Schild für den Zunftpokal stiftet: »Stift diesen Schild an den silbernen Becher / Und lass das Bier leben und seine Mächer«. Wie auch immer, um Eisenhardt ranken sich zahlreiche Anekdoten. Seine Gäste bezeich-

Bierbrauer Eisenhardt, der »Mächer« vom »Weißen Schwan«, porträtiert von Wilhelm Trübner (Kunsthalle Karlsruhe)

net er liebevoll-derb als »ihr Viecher«. Er sammelt angeblich Sektkorken für den Wissenschaftler Bunsen (der ihn gar nicht kennt), gibt den Studenten »medizinische« Ratschläge und begleitet mit seinen Sprüchen alle bedeutenden Altstadtereignisse, von schweren Entbindungen bis hin zu politischen Versammlungen. Wilhelm Trübner malt 1890 ein Ölbild von Eisenhardt, mit der Inschrift »Bierbrauer Eisenhart, genannt der ›Mächer‹«. Mächers von Bildhauer Hans Fries in Stein gemeißelter Kopf ist an der Außenwand der Stadthalle zu sehen.

Eisenhardt übergibt den »Schwan« 1877 an seinen Stiefsohn Anton Hirschel. Er ist aber weiterhin im Lokal präsent. Auf der Rückseite des Schildes, das der Mächer 1883 an den Bierbrauerpokal hängt, lässt er zuvor eingravieren: »Wann ich geboren bin wollt ihr ergründen? 1827 lag ich in den Windeln. Und gestorben? Fragt in 100 Jahren. Bis dahin bin ich wohl abgefahren. Jetzt gibt's awwer keen Drobbe mehr. Macht mehr nor keen Krom doher.« »Abgefahren« ist er 1906, von vielen Bürgern und Studenten betrauert. Schon wenige Jahre später ebnet die Stadt das Grab ihres berühmten Bürgers auf dem Bergfriedhof pietätlos ein.[39]

Den Braubetrieb im »Weißen Schwan« stellt Anton Hirschel bereits 1883 endgültig ein. Das Gasthaus bleibt bis in die 1960er-Jahre hinein Treffpunkt sowohl für Studenten als auch für bürgerliche Stammtische. Die einzelnen Gruppen haben eine genaue Tischordnung, markiert mit Fähnchen. Man weiß, wo die Arminen oder Zähringer sitzen, wo sich der Stammtisch der Handwerker und Kaufleute trifft. Die Marotten der Gäste sind vertraut, so kommt eine Studentenverbindung immer durchs Fenster von der Hauptstraße aus hereingestiegen. Links vom Eingang ist der Stammplatz für einen armen Schlucker aus der Unteren Straße, der auf kostenloses »Tropfbier« wartet. Heute noch sichtbar zeugt der Schlussstein des Türsturzes von der Brauereivergangenheit des »Weißen Schwanen«. Dort ist die Jahreszahl 1778 eingehauen, ferner ein Fasshaken und ein Malzrechen, schräg gekreuzt, typische Symbole des Bierbrauens. Noch heute kann man im »Weißen Schwan« ein Bier trinken und den Abguss vom Kopf des Mächers betrachten, der an der Wand der vorderen Gaststube hängt.

4.10 Der »Rote Ochse«

Im Gasthaus »Zum roten Ochsen« befindet sich zwar nie eine Brauerei, doch zählt das Lokal zu den berühmten Stätten Heidelberger studentischer Bierkultur. Der Wirt und Metzger Albrecht Spengel kauft das 1703 erbaute Haus im Jahr 1839 für 11.300 Gulden. Seit damals gehört das Gasthaus zum Besitz der Familie Spengel. Zur vereinfachten Abrechnung mit den Studenten führen die Spengels im 19. Jh. Biermünzen ein, die die Jungakademiker, wenn ihr Monatswechsel kommt, kaufen und dann nach und nach einlösen. Die Biermünzen werden bis 1965 benutzt. Um 1900 verfügt das Lokal auf der gegenüberliegenden Seite der Hauptstraße über eine große Gartenwirtschaft mit Bäumen und Lauben. Unter Albrecht Spengels Sohn Karl, genannt »Papa Spengel«, wird der »Rote Ochse« zu einem international bekannten Lokal, gefeiert in Gedichten:

»Im roten Ochsen zu Heidelberg
Sagt Papa Spengel dir:
Mein Sohn, mehr als die Philosophie
Gibt dir bestimmt mein Bier.

Im roten Ochsen zu Heidelberg
Da geht es allen gut.
Die Medizin hats schon gemerkt
Und macht aus Bier dort Blut.

Im roten Ochsen zu Heidelberg
Trinkt auch der Theolog
Weil er schon oft den Weisheitsschluss
Dort aus dem Bierdunst zog.

Im roten Ochsen zu Heidelberg
Ist's Bier bestimmt nicht schlecht
Drum säuft sich der Jurist dort voll
Bis er vergisst sein Recht.

Der rote Ochsen zu Heidelberg
Und dann der Schurmannbau;
Zum zweiten kommt man leider nicht
Weil man im ersten blau.«

Ochsenwirt Friedrich Sprengel (Mitte unten) im Kreis von Stammgästen (STAHD)

Der »Rote Ochse«, bekanntes Studentenlokal in der Hauptstraße (STAHD)

Gemütlich und bis heute fast unverändert: Innenansicht des »Roten Ochsen« (STAHD)

Mit dem benachbarten »Seppl« – als Treffpunkt der Korps – konkurriert der »Ochse« um den Ruf als beliebtestes Studentenlokal. Zeitweise soll sich der erbeutete Ochsenkopf im »Seppl« befinden, wo man vor dem Ersten Weltkrieg erzählt, der Wirt des »Ochsen« habe, da zeitweise die Touristen in seinem Lokal Farben tragende Studenten vermissten, Handwerksburschen als Statisten angeheuert, in bunte Phantasie-Uniformen gesteckt und Studentenlieder singen lassen, um die Neugier der Fremden zu befriedigen und das Touristenherz zu erfreuen. Danach war der »Ochse« für Korpsstudenten endgültig gestorben.[40] Bei Burschenschaftern und den »Wilden«, also unorganisierten Studenten, ist der »Ochse« besonders beliebt. Musik und Liedergesang gehören seit je zum Charakter dieses Gasthauses. 35 Jahre lang spielt das Heidelberger Original Emil Otto hier mehrmals in der Woche Klavier und animiert die Gäste zum Mitsingen von Liedern wie »Ich hab mein Herz in Heidelberg verloren ...« Auch heute schallen in warmen Sommernächten Musik und Gesang durch die geöffneten Fenster zur Hauptstraße hinaus.

4.11 Universitätsjubiläum 1886

Im Jahr 1886 feiert die Universität Heidelberg ihr 500-jähriges Bestehen. Ein Ereignis, dessen Bedeutung weit über Heidelberg hinausgeht. Für das 1871 gegründete neue Reich bietet das Jubiläum der ältesten Universität auf seinem Boden die Möglichkeit zugleich »Dem Vaterlande und den Wissenschaften« zu huldigen. Die Feierlichkeiten erzielen reichsweite Aufmerksamkeit. Der greise Kaiser Wilhelm I. schickt seinen »edlen Heldensohn« nach Heidelberg. Neben dem kaiserlichen Kronprinzen und dem Großherzog versammeln sich weitere Fürstlichkeiten sowie wissenschaftliche Koryphäen in der neu hergerichteten Aula und der Heiliggeistkirche. Es sind »die Augen der civilisierten Welt« auf die Stadt gerichtet, »wo eine Woche lang das Herz Deutschlands schlug«, berichtet die populäre Zeitschrift Gartenlaube.[41]

Das Universitätsjubiläum von 1886 gibt dem hiesigen Gewerbe einen großen Schub. Öffentliche und private Gebäude werden renoviert. Allein für den Festzug werden über 170.000 Mark ausgegeben. Im sechsköpfigen Vorbereitungskomitee für die Jubiläumsfeiern sitzen die beiden Brauereibesitzer Friedrich Olinger von Schroedl-Bräu und G. Hesselbacher.[42]

Zum 500-jährigen Jubiläum der Ruperto Carola sagen sich Gäste aus dem In- und Ausland an, auf dem Zimmerplatz am Neckarvorland, wo sonst Flöße anlegen, wird eigens eine provisorische Festhalle mit 5.000 Sitzplätzen errichtet. Die verzierte Holzfassade trägt in ihrem Giebel Viktor von Scheffels Verse »Alt Heidelberg, du feine ...«. Die Begeisterung für die Halle ist so gewaltig, dass daraus die Pläne für die später an derselben Stelle gebaute Stadthalle erwachsen. Der festliche Umzug durch Heidelberg zieht Zehntausende Menschen an. In der ganzen Stadt wird ausgelassen gefeiert.

Den Höhepunkt der Feierlichkeiten markiert der 6. August mit dem großen historischen Festzug und der Illumination des Schlosses. »Heidelberg übertraf Wien und auch die andern Jahrhundert-Universitäten jener Zeit durch die Länge und das Gepränge des Festes ...«, stellt Werner Conze fest, der den Charakter des Jubelfestes als »sowohl akademisch wie volkstümlich« einschätzt und fortgeschrittene »Bier- und Weinseligkeit« attestiert.[43]

Der Festzug, der gleichermaßen die Geschichte der Universität und der Region darstellt, ist von bekannten Künstlern entworfen. Historische und allegorische Szenen werden auf Festwagen dargestellt. Nicht weniger als 930 Personen, über 300 Pferde, Ochsen und Esel sind beteiligt. Der Straßenrand ist gesäumt von dicht gedrängten Menschenmassen. Aus Fenstern und Dachluken betrachten die Anwohner das Spektakel. Rund 120.000 Gäste kommen aus diesem Anlass in die knapp 27.000 Einwohner und 1.000 Studenten zählende Stadt. Die großteils mit der Eisenbahn anreisenden Besucher finden gegenüber dem alten Hauptbahnhof ein Empfangsbüro, das Quartiere vermittelt und 10.000 Orientierungspläne mit dem Weg des Umzugs verteilt.

Die üppigen Feierlichkeiten schlagen sich auch bei den Wirten und Brauern nieder. Die zwei Jahre zuvor gegründete Heidelberger Aktienbrauerei vormals Kleinlein und Schroedlbräu setzen ein spezielles »Jubiläums-Bier« an. Die Zeitungen sind übersät mit Annoncen der Gasthausbrauereien. Die Heidelberger Aktienbrauerei steigert ihren Hektoliterausstoß in diesem Geschäftsjahr beträchtlich auf 30.000 hl. Die Biergroßhandlung Schaaff – wenige Jahre zuvor noch selbst Brauerei – lässt eigens für das Jubiläum mehrere Waggons Bier aus München liefern, die am Karlstorbahnhof ankommen, dort auf Fuhrwerke verladen und zu Schaaff in den »Weißen Bock« gebracht werden.

4.12 Alt Heidelberg

Die Universitäts-Feierlichkeiten von 1886 geben der reichsweiten Heidelberg-Begeisterung neuen Schub. Um die Jahrhundertwende häufen sich die Kongresse und Jahrestagungen von Verbänden aus Wissenschaft, Kultur und Wirtschaft, die in der 1903 erbauten Stadthalle am Neckar abgehalten werden. Ob Mediziner, Deutscher Industrie- und Handelstag oder der Deutsche Gastwirteverein: Sie alle treffen sich in Heidelberg und laben ihre durstigen Kehlen.

Zu Heidelbergs Lokalkolorit gehört neben dem Schloss und der Alten Brücke die gemütliche Atmosphäre der Altstadt. Hier treffen sich Studenten, Bürger und Touristen in traditionsreichen Wirtschaften. Originelle Wirte, Stammgäste und stadtbekannte Originale prägen das Bild. Auch wenn nach 1900 die Zeit der berühmten Wirte und Bierbrauer wie des »Seppl« Ditteney und des »Mächers« Eisenhardt vom »Weißen Schwan« vorbei ist, sind die von ihnen geprägten Lokale noch immer gut besuchte Treffpunkte. Gute Zeiten auch für die Dienstmänner, eine Heidelberger Institution. Im Zuge der wachsenden Zahl von Studenten und Fremden bietet sich ihnen die Möglichkeit, durch Botengänge, Lastentragen und sonstige kleinere Dienstleistungen Geld zu verdienen. Ein spezielles Angebot ist das Zustellen von Liebesbriefen. Die Dienstmänner tragen Uniform mit Mütze und Nummer. Ihre Stammplätze sind beim Hauptbahnhof und am Universitätsplatz. Dort, bei Kochenburger an der Ecke zur Marstallstraße ist auch der Stammplatz des berühmten Dienstmanns Muck. Er trägt die Nr. 73 und wird 1837 als Fischersohn Johann Fries in Neuenheim geboren. Muck – keiner weiß genau wie er zu seinem Spitznamen kommt – wird als »bierehrlicher, biederer, treuer Kerl« mit großer »Bierruhe« beschrieben. Zahlreich sind die Porträts, die von ihm angefertigt werden, darunter ein farbenfrohes Gemälde von Franz Huth. Die Bilder zeigen einen kräftigen Mann mit großer roter Knollennase und seiner berühmten »Dienstmann«-Mütze. Steht Muck nicht an seinem Stammplatz, ist er im »Goldenen Engel« oder »Weißen Schwan« zu finden. Muck ist dem Korps Suevia besonders verbunden und wischt im Mensurlokal »Hirschgasse« das Blut auf. Bei allen größeren Kneipsitzungen und Feiern der Studenten ist Muck dabei, hilft und trinkt mit, wird in seiner Naivität wohl auch manchmal Opfer fragwürdiger Späße. Am 9. Mai 1905 stirbt Muck. Der Tonwarenfabrikant Kerzinger aus der Leyergasse fertigt eine Totenmaske von ihm an. Mucks Mütze ist erhalten und wird im Jahr 2000 dem ehemaligen Chef der Heidelberger Druckmaschinen Hartmut Mehdorn als Abschiedsgeschenk überreicht, als dieser an die Spitze der Deutschen Bahn wechselt. 2001 wird Muck durch ein Bronze-Standbild am Hauptbahnhof geehrt. Anlässlich der Aufstellung der Statue zeigt sich, dass die Meinungen über Muck in der Stadt weit auseinander gehen. Während ihn die einen als komisches Original feiern, sehen ihn andere als Ausgeburt der traurigen sozialen Zustände jener Zeit.

Der Studentendiener August, dessen Stammplatz in der Hauptstraße schräg gegenüber von dem Mucks liegt, und Philipp Wahl, der »Pandektenlump«, gehören ebenfalls in diese Szenerie. Bekannt ist der Binsebub, der den Pfeife rauchenden Studenten das Putzmaterial liefert (»schöne Binse, fürs Pfeifche zu butze, billig sinn se«). Die Firma Landfried verewigt ihn auf Tabakdosen der Sorte »Binsebub – Alt Heidelberg«; Edmund von König lässt vom Binsebub und von Dienstmann Muck Ansichtskarten drucken.

Typisches Heidelberg-Image, massenhaft auf Ansichtskarten verbreitet, um 1900 (STAHD)

Neben den Dienstmännern sind unter den Stammgästen der Altstadtlokale die Droschkenkutscher (mit Spitznamen wie »d'r Lummerich« oder »d'r Biertrinker«) ebenso zu finden wie die Hotelportiers, Fremdenführer oder Eselstreiber, die ab Kornmarkt oder Klingenteich für 1 Mark Fremde auf Eseln zum Schloss befördern. Sie alle sind Nutznießer des Heidelberg-Booms.

Wilhelm Meyer-Försters Schauspiel »Alt Heidelberg« erscheint 1902 und erreicht innerhalb weniger Jahre eine Auflage von einer Viertelmillion. Kaum einem Stück sei solch ein »Siegeslauf über die ganze Welt« mit Übersetzungen »in alle Kultursprachen« beschieden gewesen, schreibt der Berliner Lokal-Anzeiger und rühmt die Verkörperung des Nationalcharakters: »... deutsch die Menschen, deutsch die Landschaft ... deutsch nicht zuletzt die Studenten mit ihren Gebräuchen und Zechgelagen ... wundervolle Bilder von der alten Musenstadt, das glückliche, sorglose Studentenleben und die vertrauten Studentenlieder versetzen in eine fast vergessene Zeit.«[44]

Postkarten, die in Leipzig oder Berlin gedruckt und reichsweit vertrieben werden, zeigen zechende Studenten mit charmanten Kellnerinnen vor dem Schloss oder dem Großen Fass. Ansichtskarten werden hergestellt, bei denen der Text bereits vorgedruckt ist und nur noch die Zahl der vertilgten Biere einzutragen ist: »Urkunde – mit welcher Euer Liebden bekundet wird, dass ich in der feuchtfröhlichen Universitätsstadt Heidelberg .... Krügel Bier auf Euer Wohl geleeret habe. Prosit!« Eine »Jung Heidelberg« genannte Serie von Karten zeigt Kinder, die in Studentenkleidung unter dem Brauerstern vor nostalgischer Kulisse posieren. Heidelbergs Abbild prangt auf Leipziger Keksdosen, Nürnberger Tabakschachteln und ist auf Polyphone geklebt, die populäre Heidelberg-Schlager abspielen.

Berühmte Persönlichkeiten wie der Schah von Persien besuchen Heidelberg, die Reiseberichte von Mark Twain und anderen steigern die Popularität der Stadt weiter. In den Jahren vor dem Ersten Weltkrieg kommen neben den zahlreichen Tagestouristen rund 170.000 Übernachtungsgäste pro Jahr – sehr zur Freude der Hoteliers, Wirte und Bierbrauer. Die Stadt stellt sich auf den Touristen-Boom ein und fördert die diesbezügliche Infrastruktur. Um 1900 werden die Spazierwege im Stadtwald ausgebaut, neue Wegmarkierungen und Hinweissteine aufgestellt, Ausflugsziele wie die Rhododendron-Anlage entstehen.

Kofferträger und Studentendiener: Altstadtoriginal »Dienstmann Muck« (STAHD)

Traum aller Studenten, Professoren und Touristen: junge Kellnerin mit Bierkrügen, Ansichtskarte um 1900 (STAHD)

Vielleicht wirkt Heidelberg auch deswegen so magnetisch, weil in einer Zeit, in der der technische Wandel sich beschleunigt und die »Moderne« mit Macht hereinbricht, die Altstadt den Eindruck der »guten alten Zeit« erweckt und liebenswert anachronistisch wirkt. Jedenfalls wird um die Jahrhundertwende die Stadt, die zu Beginn des 19. Jh.s Ziel gebildeter Einzelreisender war, nun überrannt von einem Massentourismus, der auf der Suche ist nach altdeutschen Zeiten, nach Romantik und Burschenherrlichkeit.

Zur Atmosphäre der Altstadt gehören auch die Blumenfrauen, die durch die Gassen und Wirtschaften streifen, um ihre Sträuße zu verkaufen. Als »kleines, einfaches und freundliches Weiblein« wird das »Sträußele Hannele« beschrieben, deren größter Tag ist, als der Großherzog ihr auf dem Hauptbahnhof ein Sträußchen abkauft. Ihre schönsten Veilchen und Rosen liegen unter einem Tuch versteckt am Boden des Korbes. »Die sinn für mei Herre«, erklärt sie und meint die Korpsstudenten im »Seppl«. Zu ihren Nachfolgerinnen gehören die »Blumenkarline«, »ein bildhäßliches zwerghaftes Frauenzimmerchen«, das sich ebenfalls im Kreise der Studenten besonders wohl fühlt, ferner »Fräulein Blümchen«, »Frau Blume« oder die »Blumemarie«.[45]

In einigen Stammtischen treffen sich Studenten, aber auch Handwerker und andere Heidelberger Bürger wie in der bereits erwähnten »Acht-Uhr-Gesellschaft« im »Seppl«.[46] Eine gesellige Vereinigung ist auch die »Arminia«.[47] Sie wird 1884 in der Brauerei »Zum Neuen Essighaus«, Plöck 97, von Junggesellen gegründet, die ihre Freizeit zusammen verbringen wollen. Zeitweise residiert die Arminia im Nebenzimmer der »Alten Gundtei«, welches durch eine Figur des Bierpatrons Gambrinus und eine gemalte »Biertafel« ausgeschmückt ist. Biergelage, Ausflüge und feucht-fröhliche »Junggesellen-Abschiedsfeiern« werden begangen. Anlässe zum Feiern gibt es in der Stadt genug. Sei es die Einweihung der neuen Neckarbrücke, Geburtstage des Kaisers; auch Jubiläen oder Besuche des Karlsruher Herrscherpaares geben Gelegenheit zu feucht-fröhlichen Feiern. Zu besonderen Anlässen, wie zur Einweihung des neuen Neckarstadens 1897, wird die Polizeistunde verlängert. Sogar im Winter wird draußen gefeiert: Ist der Neckar zugefroren, finden auf der dicken Eisdecke Feste mit Bier und Wein statt. Im Sommer werden von der Stadt und von Privatseite Feste organisiert, so die »italienischen Nächte« mit bunten Lampionketten, Laternen, Musik und Tanz. Studenten feiern mit Fackelzügen. Korporierte sind in Fest-Uniformen zu sehen. Solche Feste sind auch Anlässe für einen glanzvollen Auftritt der Brauereien. Vor allem die drei großen Brauereien Kleinlein, Schroedl und Engel setzen ihre prächtigen Pferdegespanne ein, die mit blinkendem und rasselndem Messinggeschirr geschmückt sind. Fassanstiche und Schlachtfeste in den Stammhäusern und Ausschanklokalen der Brauereien sind Ereignisse, für die in der Lokalpresse geworben wird.

Auch die zahlreichen Heidelberger Vereine tragen zur Vielzahl der Jubiläen und Feste bei. So organisiert der 1839 gegründete »Heidelberger Liederkranz«, zu dessen Ehrenmitgliedern schon Viktor von Scheffel gehört, sonntägliche »Bierproben« mit Gesang, ebenso Schlosskonzerte, Maskenbälle und Sangestreffen mit auswärtigen Gästen. Nicht zufällig sind die Geschenke der an den Sängerfahrten beteiligten Chöre

Heidelberger Gemütlichkeit: Innenansicht der Restauration »Zum Stall« beim alten Hauptbahnhof, frühes 20. Jh. (STAHD)

zumeist Trinkhörner und Becher. Im Jahr 1900 bringt es der Verein immerhin auf über 600 Mitglieder.[48]

Doch die Heidelberger Gemütlichkeit, die Sphäre romantischer Entrückung, das Idyll für Reisende aus nah und fern, das gesellige Vereinsleben und die feuchtfröhliche Studentenzeit – das alles findet 1914 mit dem Beginn des Ersten Weltkriegs sein vorläufiges Ende.

4.13 Studentenleben im 20. Jahrhundert

Das Jahr 1918 markiert mit dem Ende des Ersten Weltkriegs und dem Verfassungswechsel von der Monarchie zur Republik einen tiefen Einschnitt. Die traditionellen Gepflogenheiten der Verbindungen und die Alt-Heidelberg-Idylle drohen erschüttert zu werden. Kritische Zeitgenossen mokieren sich über den »Alt Heidelberg«-Kult, wie etwa Kurt Tucholsky, der zu den Touristen-Klischees ironisch anmerkt: »Die schönste Stadt, die hier auf Erden mein, ist Heidelberg bei Wien am Rhein ...« Der Maler Georg Scholz – Trübner-Schüler und Vertreter eines satirischen Realismus – karikiert in seinem Gemälde »Alt-Heidelberg, du feine« 1923 das Studentenleben: Vor der nächtlichen Kulisse einer Schlossbeleuchtung stehen zwei Farben tragende Korpsstudenten. Einer hager und knochig, der andere dick aufgedunsen mit Hakenkreuzabzeichen. Die Gesichter der beiden sind von Schmissen und frischen Mensurwunden entstellt. Hinter den Studenten ist ein illuminiertes Vergnügungsboot zu sehen, auf dem sich ein Mann übergibt. Doch derart kritische Stimmen bleiben in der Minderheit.

Gleichwohl treten die Verbindungsstudenten in der Öffentlichkeit nun dezenter auf. Da Mensuren inzwischen in Baden verboten sind, finden diese heimlich statt. Oder die Korpsstudenten weichen zum Fechten ins nahe Hessen aus. Beim Kneipen wird nach wie vor über das »Bierkonto« in einem »Bierehrlichkeitsprotokoll« exakt Buch geführt. Über elf Liter pro Person an einem Abend sind dokumentiert. Die Mitglieder der fünf Heidelberger Korps besuchen immer noch den »Seppl« oder kegeln in der »Ritterhalle« in der Leyergasse.

Eines Tages in den 1920er-Jahren schleicht sich der Hochstapler Harry Domela als falscher Prinz bei den Heidelberger Saxo-Borussen ein und macht Furore.[49] Immer wieder zieht es, laut Domela, die hoffnungsvollen Jungakademiker in den »Seppl«: »Unter dem First war der Gambrinus mit schäumendem Bierglas in der Art eines Heiligenbildes mit bunten Farben aufgemalt«. Es kehren »einfache Leute« aus dem »wirklichen Volke« ein zum Bier trinken, aber eben auch die »versoffenen« Studenten, die im »Seppl«, im »Perkeo« oder im Korpshaus Riesenstein den Gerstensaft literweise in sich hineinkippen. Als sei das wilhelminische Zeitalter nicht zu Ende, lassen sie sich durch Adelstitel und militärischen Rang beeindrucken. Bei »wilden Zechereien« schleppen die Jungfüchse »aus riesigen Gefäßen Unmengen von Bier« herbei, bis dann alle »zum Kotzen« antreten. Der falsche Prinz, anfangs von Heidelbergs Romantik und Studentenleben begeistert, wendet sich nach kurzer Zeit angewidert von den »geistlosen Gesellen« ab und reist weiter.

Um 1935 lösen sich auf Druck der Nationalsozialisten alle Verbindungen auf. Unmittelbarer Anlass für das Verbot der Heidelberger Korps soll das despektierliche Benehmen zweier Korpsstudenten sein, die im »Seppl« parodieren, wie Hitler wohl Spargel essen würde. Der NS-Studentenbund empört sich, und die Affäre wird als Vorwand für die Durchsuchung der Korpshäuser genutzt. Die Korps sind zwar konservativ, aber nicht unbedingt nationalsozialistisch eingestellt und geraten durch die erzwungene »Arisierung« der Verbindungen in einen Konflikt mit dem Treuegelöbnis ihrer Mitglieder untereinander. Jüdische Mitglieder treten formal aus und bleiben als stille Teilnehmer soweit möglich mit ihrer Verbindung in Kontakt.[50] Die Suspendierung der Korps, die staatliche Gleichschaltung und Vereinnahmung aller Organisationen und der Krieg bringen das traditionelle gesellige Leben der Studenten fast völlig zum Erliegen.

Mühsam versuchen nach 1945 einige von der Front zurückgekehrte Studenten und Alte Herren ihre Verbindungen zu reorganisieren. Da die Verbindungshäuser bis in die fünfziger Jahre hinein von den Amerikanern beschlagnahmt sind, dienen vertraute Lokale wie der »Seppl« oder der »Rote Ochse« als Treffpunkte. Die katholischen Arminen treffen sich im »Goldenen Reichsapfel« oder im »Schwarzen Adler« in Handschuhsheim. Im Juni 1952 stellt die Arminia eine Liste »couleurfähiger Lokale« auf, zu denen die »Reichspost« am Bismarckplatz, »Perkeo«, Cafe Scheu und der »Seppl« gehören; »auf dem Index« steht u.a. der »Rodensteiner«, eine große Bierschwemme Ecke Hauptstraße/Sandgasse, nun etwas berüchtigt und heruntergekommen.[51] Nach dem Kneipen beginnt in den frühen fünfziger Jahren auch wieder das Pauken, wenngleich sehr diskret. Polizei, die die Studenten dabei erwischt, wird mit Bier abgefunden.[52] Nach und nach, vor allem als die Verbindungshäuser wieder freigegeben sind, entfaltet sich das alte Leben, das an die Burschenherrlichkeit erinnert. Neue Organisationen haben ihren Sitz in Heidelberg, so die Leipziger Afrania, die aus dem sowjetischen Einflussgebiet nach Westen flieht.

Die Verbindungen feiern in ihren Häusern am Schlossberg Feste. Metallene Biermarken vereinfachen die Bierausgabe und sind in der Nachkriegszeit zumindest für die Afrania und die Ghibellinia Heidelberg nachweisbar. Studenten treffen sich, wie schon Generationen zuvor, im »Seppl« und im »Roten Ochsen«. Der »Seppl« ist nach wie vor an einer Erweiterung seiner berühmten Schildersammlung interessiert und bietet 25 Liter Bier für ein neu organisiertes Schild.

Allerdings erwachsen den Verbindungsstudenten in den 1960er-Jahren in den linksradikalen Studentengruppen erbitterte Gegner. Vor allem der Sozialistische Deutsche Studentenbund (SDS) betrachtet die als reaktionär eingeschätzten korporierten Kommilitonen als Hauptgegner. Für die linke Szene kommen die klassischen Studentenlokale nicht in Frage. Sie geht ins »Cave 54« in der Krämergasse, den »Tunnel« in der Anlage, und schätzt das »Weinloch« in der Unteren Straße. Kulturrevolutionäre Arbeitsgruppen treffen sich im »Kakao-Bunker«, im »Riviera« oder im »Weißen Bock«. Die studentischen Revolutionäre der späten sechziger und frühen siebziger Jahre trinken gern französischen Rotwein, aber auch Bier. Letzteres passt zu dem proletarischen Image, das sich ein Teil der politisch bewegten Studentenschaft gibt. Die imaginierte Verbrüderung der Intellektuellen mit den Arbeitern wird vom Bier beflügelt. Bier trinken wirkt proletarisch, und der an Lenin orientierte Zweig der Studentenbewegung schneidet sich die langen Haare ab, um sich dem Proletariat im äußeren Habitus anzupassen. Während die selbst ernannte studentische Avantgarde die Nähe zur Arbeiterklasse sucht, versinkt ein anderer Teil der rebellischen Heidelberger Schüler und Studenten im Haschischdunst der Subkultur, der die Untere Straße, die Neckarwiese und die Stufen der »Hihlig-Geist-Kirche« umweht. Das sagenumwobene Café Melanie am Fischmarkt wird für kurze Zeit Treffpunkt einer Hippie-Szene.

Nachdem sich in den Hochphasen der außerparlamentarischen Opposition in Heidelberg kein Student mehr Farben tragend öffentlich sehen lässt, tauchen ab den 1980er-Jahren wieder vermehrt Korpsstudenten in voller Montur auf. Zwar klagen sie über Nachwuchsprobleme, doch die wenigen Aufrechten knüpfen zumindest getränkemäßig an die Leistungen ihrer Vorväter an. So trinkt 1982 bei einer Kneiptour ein Dutzend Korpsstudenten immerhin innerhalb von zwei Stunden stolze 60 Liter Bier. Allerdings wird der Trend beklagt, dass die Aktiven den Bierkonsum nicht mehr im Rahmen disziplinierter Kneip-Comments, sondern als »Bierjunge zu jeder Gelegenheit« vollführen.[53] Immerhin gibt es einen Fechtlehrer, doch müssen zur Paukerei mangels Masse weite Reisen zu überregionalen Treffen in Kauf genommen werden. Dass alte Rituale, auch das Singen von »Sauflliedern« und der Konsum von ca. drei Litern Bier pro Kopf üblich sind, bestätigen heutige Verbindungsstudenten. Die Fachsprache wie »einen Salamander reiben« (einen Krug in einem Zug zu Ehren einer Person oder Sache leeren), »die Blume reichen« (mit frisch gezapftem Bier zuprosten) oder »in die Kanne schicken« (für Fehlverhalten bestrafen) hat sich ebenfalls kaum verändert.[54]

Bis heute ist die Ablehnung zu spüren, die ein Teil der Studentenschaft den Verbindungsstudenten entgegen bringt. Man wirft ihnen politische Rechtslastigkeit vor und amüsiert sich über die steinernen »Kotzbecken«, »Papst« genannt, in den Verbindungshäusern. Seit Jahren kommt es in der Nacht zum 1. Mai in der Altstadt zu Auseinandersetzungen zwischen Autonomen, die das Mai-Ansingen der Burschenschaften verhindern wollen, und der Polizei. Teile der Verbindungen würden »rechtsradikale und national-chauvinistische Meinungen« vertreten und die Alten Herren knüpften »rechte Seilschaften«. Kritik wird geübt an »persönlichkeitserniedrigenden Saufritualen und dem Mensurbetrieb«. In einer Erstsemesterinfo heißt es: »Burschenschaften: waren vor 150 Jahren auf der Höhe der Zeit und sind auch heute noch in Heidelberg zahlreich, wir raten ab ... Besichtigungsmöglichkeit: Abends um neun beim ›Seppl‹ (steht nicht auf unserer Kneipenliste) beim Wettsaufen.«[55]

Heute gibt es in Heidelberg rund 30 studentische Verbindungen, von denen 20 ein eigenes Haus besitzen. In ihrer politischen Einstellung sind sie höchst verschieden, einige gelten als liberal und nehmen sogar Frauen auf. So vor allem die »Hercynia«, deren Vorläufer sich bereits um 1850 in der Brauerei »Zum Schlüssel«, Kettengasse, treffen. Seit im Jahr 2002 das Gasthaus zu seinem früheren Namen zurückgekehrt ist, trifft sich auch die »Hercynia« wieder an alter Stelle. In den Verbindungshäusern spielen Bierrituale immer noch eine Rolle, und gelegentlich sieht man in einigen Gasthäusern der Altstadt Farben tragende Studenten. Die in den fünfziger Jahren noch üblichen Biermarken aus Messing oder Aluminium werden allerdings im Lauf der Zeit durch Papierbons ersetzt.

Neben den Traditionswirtschaften entwickeln sich die Gasthausbrauereien »Vetter« und »Scheffels Kulturbrauerei« zu neuen Treffpunkten, an denen Einheimische, Touristen und Studenten, manchmal Farben tragend, zusammen kommen.

5 Konzentration im Brauwesen (um 1900)

5.1 Vom Handwerk zur Brauindustrie

Seit dem Mittelalter und bis weit ins 19. Jh. hinein bleiben Ablauf und Technik des Bierbrauens im Wesentlichen unverändert. Erst im letzten Drittel des 19. Jh.s vollzieht sich der Übergang vom Brauhandwerk zur industriellen Produktionsweise – mit weit reichenden technischen, wirtschaftlichen und sozialen Folgen für das Gewerbe.

Auch in Heidelberg machen sich die Strukturveränderungen im Braugewerbe bemerkbar. Die Phase der kleinen Gasthausbrauereien, betrieben von einer Familie und innerhalb dieser vererbt, geht ihrem Ende entgegen. Noch ist es der Wirt und Bierbrauer, der mit seiner Persönlichkeit den Betrieb prägt und ihm oft den Namen gibt, der sogar über die Nachfolger hinweg erhalten bleibt. Man spricht in Heidelberg von der »Majerei« und der »Hormuthei« in der Hauptstraße, der »Diemerei« am Schlossberg oder der »Gundtei« in der Zwingerstraße. Doch die Zahl der Brauereien, die in den 1840er-Jahren noch bei rund 35 liegt, verringert sich nach der Jahrhundertmitte um rund ein Drittel. Sei es in Folge der missglückten Revolution, von Flucht und Auswanderung, sei es, weil die Söhne nicht mehr das väterliche Gewerbe fortführen wollen, sei es als Ergebnis verschärfter Konkurrenz nach Aufhebung aller Zunftzwänge und Einführung der Gewerbefreiheit. Für Wirte und Bierbrauer bricht eine neue Zeit herauf: Sie müssen nicht mehr wie früher eine – eventuell auf einem anderen Haus ruhende – Realgewerbegerechtigkeit abkaufen oder eine Gastwirtswitwe ehelichen, um ihr Handwerk auszuüben, sondern theoretisch kann der Gewerbebetrieb ohne Vorbedingungen eröffnet werden.

Die 1862 im Großherzogtum Baden eingeführte Gewerbefreiheit bietet Chance und Risiko zugleich. Einerseits setzt die Befreiung aus Zunftschranken und strengen Gewerbeordnungen neue Kräfte frei. Andererseits halten nicht alle Brauer dem wachsenden Konkurrenzdruck stand. Vermehrt muss nun die Kundschaft umworben werden, was sich auch im Anzeigenteil der Lokalpresse niederschlägt. Verstärkt wird nun für Sonderveranstaltungen geworben: Im Frühjahr versichern die Braumeister, ihre Bierkeller oder Gartenwirtschaften seien nun wieder geöffnet. Zudem wird für spezielle Saisonbiere geworben, für »Bierkonzerte« und Tanzveranstaltungen etc.[1]

Die Konkurrenz wächst. Im Gebiet des heutigen Baden-Württemberg existieren 1861 etwa 4.000 handwerklich betriebene Bierbrauereien. Gleichzeitig nimmt der Bierkonsum zu. Der Durchschnittsverbrauch klettert von 45 Liter Bier pro Kopf und Jahr (1828) auf 197 Liter im Jahr 1897.

Die Braurevolution beginnt mit naturwissenschaftlichen Erkenntnissen und technischen Erfindungen. Pasteur erkennt 1876 die genauen Zusammenhänge der alkoholischen Gärung und die Bedeutung der Hefeorganismen. Diese Entdeckungen liefern die Basis für Hansens Entwicklung der Hefezucht 1883. Die Zeit wilder Hefen mit unkalkulierbaren Folgen ist vorbei. Reine Hefestämme werden kultiviert und in alle Welt verkauft. Die neuen hygienischen Erkenntnisse beenden die Ära offener Holzbottiche. Sie werden ersetzt durch glattwandige geschlossene Kupferkessel, vom Pfannenknecht auf Hochglanz poliert. Als neue Energieform setzt sich die Dampfkraft durch. Manche Brauerei nennt sich nun stolz »Dampfbrauerei«. Bald kommt die elektrische Energie hinzu.

Um 1870 erfindet Carl von Linde die Kältemaschine, was die Produktion und Lagerung des Bieres geradezu revolutioniert. Wer sich Kühlmaschinen leisten kann, produziert nun auch im Sommer untergäriges Bier und steigert seinen Umsatz. Bierbrauen wird saisonunabhängig. Vereiste Gewässer und kühle Felsenkeller verlieren an Bedeutung. Somit schwindet auch der natürliche Standortvorteil der Heidelberger Altstadt. Eine weitere Innovation bildet die Einführung der Flaschenabfüllung. Zwar holen nach wie vor zahlreiche Kunden ihr Bier im Krug aus der Wirtschaft um die Ecke. Doch gewinnt Flaschenbier immer mehr an Bedeutung. Es lässt sich besser lagern und hält die Kohlensäure gut; anders als Fassbier, das bald schal wird.

Bier in firmeneigenen Prägeflaschen bieten seit den frühen 1880er-Jahren die größeren Heidelberger Brauereien wie z.B. Krone, Kleinlein, Engel und Schrödl, v.l.n.r. (Privatsammlung)

Anzeigenwerbung für das einheimische Bier, Anzeige im Heidelberger Anzeiger vom 20. Juni 1883 (STAHD)

Auch der Ausbau der Eisenbahn hat Konsequenzen für das Braugewerbe. Die erste deutsche Eisenbahn, die 1835 von Nürnberg nach Fürth fährt, hat bezeichnenderweise als einziges Frachtgut Bierfässer für die anschließende Feier dabei! Rohstoffe, aber auch gefüllte Bierfässer können mit dem neuen Verkehrsmittel schnell und in großen Mengen transportiert werden. Der Absatzradius »rund um den Kirchturm« erweitert sich dadurch beträchtlich. Das wiederum macht kostspielige Werbung mit Zeitungsanzeigen, Plakaten, Emailschildern und bedruckten Bierdeckeln notwendig. Lager- und transportfähige Sorten sind gefragt, und die »Hektoliterschlacht« der Brauereien tobt, um die Nachfrage der Konsumenten – hauptsächlich der Soldaten und Arbeitermassen – zu befriedigen.

Zeigen sich die Werbeanzeigen für Bier und Bierlokale früher standardisiert, so werden um 1900 typische Schriftzüge und Symbole entwickelt, um durch ein spezielles Design die Einmaligkeit und Wiedererkennbarkeit einer Biermarke auszudrücken. Markenzeichen werden eingeführt. Steinkrüge mit zunächst geritzter, dann blau emaillierter Schablonenschrift zeigen den Namen der Brauerei und sind zumindest für die fünf größten Heidelberger Brauereien um 1900 nachweisbar. Ansichtskarten und Briefköpfe mit imposant dargestellten Brauereigebäuden aus eindrucksvoller Perspektive sollen Größe und Bedeutung des Betriebes demonstrieren.

Mit dem Schloss, dem Großen Fass und der Alten Brücke verfügt Heidelberg über Objekte, die allgemein bekannt sind und von den Firmen benutzt werden können. Gleichzeitig aber kann sich hier, gerade weil die Zeichen so bekannt sind, auch ein Abnutzungseffekt einstellen. Heidelberger und auswärtige Firmen werben mit dem Schloss für Süßwaren, Tabakprodukte oder Nudeln. Seit 1874 gibt es ein reichseinheitliches Markenschutzgesetz, das 1894 novelliert wird. Dort finden sich Listen mit geschützten Namen und Sprüchen wie »Ein Deutschfühler trinkt nur Wicküler«. Heidelberg ist in der Liste nur dürftig vertreten. »Gaudeamus« ist schon anderwärts vergeben, »Schloßquell« als Markenname bereits von der Schloßbrauerei Kiel besetzt.[2] Erst nach 1935 verwendet die Brauerei Kleinlein den Sortennamen Schloßquell, nachdem sie ihr Bier mit Wasser aus den neu erworbenen Quellen am Königstuhl braut.

Die genannten Innovationen sind von den meisten traditionellen Kleinbrauereien nicht umzusetzen. Die neuen Geräte und Verfahren erfordern neben der Einsicht, dass die hergebrachte Form der Brauerei kaum zukunftsfähig ist, vor allem Investitionskapital. Der Bierbrauer und Landwirt, der saisonal für seinen Wirtshausbetrieb gebraut hat, ist nicht konkurrenzfähig gegen die neuen industriell arbeitenden Brauereien. So weicht der Brauerei-Handwerksbetrieb den kapitalkräftigen neuen Betriebsformen.

So setzt um 1880 das große Brauereisterben ein. Der Konzentrationsprozess findet um 1900 einen vorläufigen Abschluss, bevor der Erste Weltkrieg eine zweite Konzentrationswelle auslöst. Von den um 1880 rund 22.000 Braureien im Deutschen Reich existieren 1909 nur noch 13.000. Im gleichen Zeitraum verdoppelt sich allerdings der Bierausstoß auf

Krüge der drei größten Heidelberger Brauereien, Steingut, Schrift geritzt und farbig emailliert, um 1900 (Privatsammlung)

70.805.000 hl. Existieren in Baden 1881 noch 1.688 Betriebe, so sind es 1909 nur noch 525. Im selben Zeitraum steigt der badische Bierausstoß von 1.190.000 auf 3.190.000 hl. Immer weniger Brauereien brauen also immer mehr Bier.[3] Die Zahl der badischen Aktienbrauereien steigt zwischen 1890 und 1905 von 18 auf 37. Diese 37 erzeugen weit mehr Bier als die über 600 badischen Brauereien, die nicht die Rechtsform der AG gewählt haben.[4]

Die Situation in Heidelberg spiegelt diese Entwicklungen ebenfalls wider: 1885 sind von den 35 um 1840 existierenden Brauereien nur noch 25 übrig geblieben. Und deren Zahl halbiert sich abermals bis zum Jahr 1900. Parallel hierzu werden zwischen 1884 und 1900 insgesamt fünf Brauereien neu gegründet bzw. von personengebundenen Betrieben in Aktiengesellschaften (Kleinlein, Schroedl, Engel) oder GmbH's (Krone, Goldenes Fässchen) umgewandelt.

Ob das rasche Wachstum der Aktienbrauereien, die vor allem auf Ausstoßsteigerung und hohe Dividende (bis 16%) ach-

97

ten, die Qualität des Gebräus verbessert, ist eine andere Frage. In Berlin spricht man verächtlich von »Dividendenjauche«.

5.2 Stadtentwicklung westwärts

Heidelberg ist um 1900 eine Stadt mit über 40.000 Einwohnern. Neuenheim ist bereits, Handschuhsheim wird gerade eingemeindet. Studierende der Ruperto Carola prägen das Stadtbild. Ebenso die vielen Touristen, die auf den Spuren der Romantik wandeln. Fabrikanten und wohlhabende Rentiers, die der Stadt den Beinamen »Pensionopolis« eintragen, leben gerne in Heidelberg. Die Infrastruktur der Stadt verbessert sich deutlich. Seit 1885 fährt eine Pferdebahn durch die Hauptstraße; bald danach eine zweite Linie durch die Bergheimer Straße. Später wird die Pferdebahn in eine elektrische umgewandelt. Telefonanlagen werden eingerichtet. Zu den ersten Kunden zählen die Heidelberger Aktienbrauerei und die Tabakfirma Landfried. Die meisten Häuser sind an die städtische Wasserleitung angeschlossen; ansonsten stehen noch 25 Brunnen zur Verfügung. Am südlichen Neckarufer, das bislang Lagerplatz für Holz, Steine, Kohle und andere Güter ist, baut man als befestigte Uferstraße den Neckarstaden, auf dem Zimmerplatz entsteht die Stadthalle ...

Angesichts der natürlichen Gegebenheiten liegen die Expansionsmöglichkeiten der Stadt vor allem im Westen, also in Bergheim und der Weststadt. Hier ist der Hauptbahnhof. Hier kreuzen sich die Fernstraßen und hier ist unbebautes Gelände für die neuen repräsentativen Bürgerbauten sowie für Firmengründungen vorhanden. Manche Betriebe haben direkten Gleisanschluss. Die Waggonfabrik Fuchs, die Portland Cementwerke und Tabakfabriken entstehen. Das neue Akademische Klinikum, das Elektrizitätswerk und das Schlachthaus werden im Westen der Stadt errichtet.

»Zur Neuen Pfalz« in Handschuhsheim, eines der vielen Opfer der Brauereikonzentration, Foto 1952 (STAHD)

Die Konzentration im Brauwesen findet 1900 ihren Abschluss. Brauereistandorte: 1 Schroedl'sche Brauereigesellschaft AG, 2 Zum Goldenen Fässchen vorm. Rapp GmbH, 3 Heidelberger Actienbrauerei (vorm. Kleinlein), 4 Bierbrauerei Ziegler, 5 Bierbrauerei Denner, 6 Brauereigesellschaft Zum Engel vorm. Chr. Hoffmann, 7 Kronenbrauerei GmbH. Stadtplan um 1900 (STAHD)

Die Altstadt befindet sich im ausgehenden 19. Jh. in einer Umstrukturierungsphase. Während im Westen ständig neue Betriebe eröffnet werden, geraten Brauereien und Wirtschaften in der Altstadt zusehends in die Krise. Symptomatisch sind die Veränderungen am Schlossberg. Die einst privilegierte Bergstadt, seit 1743 der Stadt einverleibt, gilt als weniger gutes Viertel, in dem nur mehr arme Leute in engen kleinen Häusern wohnen und Studenten preisgünstige Zimmer finden. Das ändert sich nun. Der aufkommende Tourismus, der Bau der Odenwaldbahn (ab 1862) und der Bau der Bergbahn (1890) usw. wandeln das Bild. Viele alte Häuser werden abgerissen, das Rathaus der Burggemeinde, das Keltertor und auch die alten Bierwirtschaften und Brauereien »Zur Diemerei« und »Zur Steigleiterei« bzw. »Falknerei« müssen dem Bau von Straßen oder Villen weichen. Aus der Armeleutegegend wird eine gehobene Wohnlage mit prächtigen Häusern für wohlhabende Bürger und zahlungskräftige studentische Verbindungen.

Heidelbergs Brauereien zieht es hingegen nach Westen, sie gehören zu den Vorreitern der Westerweiterung der Stadt und setzen städtebauliche Akzente. Bis etwa 1870 sind alle Heidelberger Brauereien noch in der Altstadt bzw. Vorstadt beheimatet, also östlich des heutigen Bismarckplatzes. Im Jahr 1900 existiert nur noch die Engel-Brauerei im alten Teil der Stadt. Alle anderen Brauereien sind den beengten Verhältnissen entflohen und nun westlich der Sophienstraße angesiedelt. Zeitgenosse Karl Pfaff beschreibt den Bergheimer Stadtteil »als das Industrieviertel Heidelbergs« und zählt die dortigen Bierbrauereien zu den »Hauptzweigen der Industrie« mit gutem Ruf weit über die Stadtgrenzen hinaus.[5] Die Brauereien versprechen sich große Vorteile vom neuen Standort. Hier im Westen liegen bereits Grundstücke mit Lagerkellern der Brauereien Kleinlein, Schroedl und Goldenes Fässchen. Die alten, oft schwer zugänglichen Eiskeller am Nordhang des Königstuhls sind angesichts der neuen Eismaschinen nicht mehr nötig. In Bergheim haben die Brauereien Platz für Ställe, Garagen, Lagerhallen und für neue Brauanlagen, um im Konkurrenzkampf mithalten zu können.

Als erste zieht die Brauerei Kleinlein vom »Güldenen Schaf« in der Hauptstraße in die Bergheimer Straße (heutige Nummer 91), wo sie im Gewann »Paradies« bereits über Lagerkeller verfügt. Ab 1870 wird nach und nach der Braubetrieb dorthin verlegt. 1878 ist der Umzug abgeschlossen. Umzug und Neubau belasten die Finanzsituation der Brauerei allerdings derart, dass sie versteigert werden muss, was 1884 zur Umwandlung in die Heidelberger Aktienbrauerei ehem. Kleinlein führt.

»Weißer Bock«: Wandel vom Brauhaus zum Gasthaus mit Depot auswärtiger Biere (STAHD)

Nur rund 100 Meter weiter befindet sich seit 1876 in der Bergheimer Str. 111, Ecke Kirchstraße, die Brauerei von Friedrich Schroedl, vormals im Faulen Pelz, Zwingerstraße, ansässig. 1887 wird auch Schroedlbräu in eine AG umgewandelt. Ihre Brauereigebäude mit Kesselhaus und riesigem Schornstein stehen bis lange nach dem Zweiten Weltkrieg.

Am Anfang der Bergheimer Straße etabliert sich 1901 die Brauerei Ziegler, deren Fassade noch heute fast unverändert zu sehen ist. Ziegler übt das Braugewerbe vorher am Fischmarkt bei der Heiliggeistkirche aus. Schräg gegenüber braut Heinrich Denner in der Bergheimer Str. 8. 1900 zieht das in eine GmbH umgewandelte Goldene Fässchen in seine neue Dampfbrauerei am Güterbahnhof, in der Nähe des heutigen Römerkreises, wo die Familie Rapp schon vorher Grundstücke und Lagerkeller besitzt.

Doch nicht nur die Brauereien zieht es in das Areal Bergheimer Straße, Hauptbahnhof, Güterbahnhof, sondern auch Zulieferbetriebe wie die Firma Gallus Mahler, Alte Bergheimer Straße 3, die Brauerei-Fassbürsten herstellt. Ebenso die Bierkühlerfabrik Klotz oder die Firma Wolf, die sich auf Bierpressions- und Schankanlagen spezialisiert.

5.3 Krise der Kleinbrauerei

Dass die kleinen, noch handwerklich strukturierten Brauereien bei den skizzierten Entwicklungen nicht mithalten können, liegt auf der Hand. Besitzerwechsel und Verkäufe häufen sich. Ab etwa 1860 ist das zunächst noch verhaltene Brauereisterben in Heidelberg zu beobachten. 1863 endet die Brautätigkeit im »Bremeneck«, 1867 folgt der »Schwarze Bär« beim Rathaus. Ab etwa 1870 nimmt die Krise der Kleinbrauereien deutlich zu. Nun beenden reihenweise traditionsreiche Brauereien ihre Tätigkeit. 1873 kommt das Ende von Johann Schaaffs Brauerei »Zum Weißen Bock« am Heumarkt, Große Mantelgasse 24, wo seit Generationen ein Zweig der Familie Schaaff braut. Die Familie betreibt das Lokal weiter, zapft aber jetzt Münchner Bier und richtet ein Depot auswärtiger Brauereien ein. Ebenfalls 1873 gibt die Brauerei von Jakob Hormuth, Östliche Hauptstraße 18, zuletzt von seiner Witwe betrieben, auf. Die Gaststätte wird als »Hormuthei« weitergeführt und existiert unter anderem Namen noch heute. 1875 macht am Fischmarkt Jakob Eisingers Brauerei »Zum Essighaus« zu. Sein Vorgänger Friedrich Ziegler hat mittlerweile in der Bergheimer Straße eine neue Brauerei gegründet, das Zieglerbräu. Das Lokal am Fischmarkt bleibt erhalten und bietet Kümmelbacher Hofbräu der Familie Hochschwender an.

1879 gibt mit der Brauerei »Zum Faulen Pelz« in der Zwingerstraße 18 eine der traditionsreichsten und ehemals größten Heidelberger Brauereien auf. Hier hatten die Landfried, Gundt und Schroedl gebraut, zuletzt die Familie Eisinger. Das ausgedehnte Areal mit großem Biergarten bleibt als Wirtschaft zunächst noch erhalten. Die stattlichen Gebäude der ehemaligen Mälzerei und Brauerei werden häufig umgebaut, beherbergen Fabriken und nach dem Zweiten Weltkrieg ein Filmkunstkino. Heute ist hier das Dokumentationszentrum deutscher Sinti und Roma untergebracht. Einst führte ein Zweig der Familie Schaaff seit ca. 1800 in der Leyergasse 6 eine kleine Brauerei. Doch die Witwe von Friedrich Schaaff beendet in den 1870er-Jahren den ohnehin nicht bedeutenden Braubetrieb.

Das Brauereisterben beschleunigt sich in den 1880er-Jahren. Typisch ist eine Anzeige wie die der »Geschäftsagentur« Karl Welde, Bergheimer Straße 17, die eine Bierbrauerei zur Vermietung und zwei weitere zum Kauf anbietet: eine kleine zum Preis von 34.000 und eine größere für 70.000 Mark.[6] 1883 kommt das Aus für die Brauerei »Zum Weißen Schwanen« in der Hauptstraße 143, eine der ältesten Heidelberger Wirtschaften, in der die Familien Landfried und Hirschel gebraut hatten. Der Schlussstein von 1778 über dem Eingang

»Alte Brauerei Höckel«, Haspelgasse - der Name bleibt, auch wenn nicht mehr gebraut wird (STAHD)

mit Fasshaken und Malzrechen weist noch heute sichtbar auf die Brautradition des Hauses hin. Heinrich Bartholomä, Mitglied einer traditionsreichen Heidelberger Brauerfamilie, legt 1884 die Brautätigkeit in seinem Haus »Zur Goldenen Rose«, Hauptstraße 2, nieder. Etwa zur selben Zeit schließt die Brauerei Christian Höckel in der Haspelgasse 4. Das Gasthaus behält auch nach Ende der Brautätigkeit noch lange den Namen »Alte Brauerei Höckel«. Später fungiert die Wirtschaft als Depot für Printz-Bier, Karlsruhe.

Die beiden Braubetriebe in der Kettengasse schließen kurz nacheinander. Die Brauerei »Zur Stadt Düsseldorf«, Kettengasse 11, ist 1884 am Ende. Als Wirtschaft wird sie schon 1702 erwähnt. Einst in Händen der Familie Kießel führt die Familie Gulden die Tradition fort. Aber 1884 verkündet Karl Gulden: »Von jetzt an verzapfe ich ausschließlich Heidelberger Actien-Bier.« Zwei Jahre später schließt einige Häuser weiter in der Kettengasse 21 die Brauerei »Zum Schlüssel«, im 19. Jh. noch von den Familien Ehrmann und Ammann betrieben. 1889 dreht Friedrich Hochschwender die Bierhähne der einst bedeutenden Brauerei »Zur Diemerei« am Schlossberg zu. Das Haus wird im Zuge der Neubebauung des Schlossbergs abgerissen. Im repräsentativen Neubau mit Aussichtsterrasse führt eine Wirtschaft den alten Namen »Diemerei« fort. Heute gehört das Haus einer studentischen Verbindung. Auch für die traditionsreiche Brauerei »Zum Neuen Essighaus«, Plöck 97, ist 1889 Schluss. Das Wappenschild über der Tür zeigt noch heute die Inschrift »seit 1800«, Getreideähren und Hopfendolden. Der letzte Bierbrauer ist Heinrich Hochschwender, der von 1884–89 ebenfalls den Kümmelbacher Hof betreibt.

Die bekannten großen Brauereien im vorderen Teil der Hauptstraße geben alle auf. So die Brauerei »Zur Majerei« in der Hauptstraße 45. Seit 1795 im Besitz der Familie Majer braut hier zuletzt bis 1886 Friedrich Mutschler. Nun residiert hier das Heidelberger Tageblatt.

1890 beendet der »Goldene Löwe« am Heumarkt seine Brautätigkeit. In der Folge wird hier von dem Altstadt-Original Karl Zolk Schroedl-Bier verzapft – nach dem Motto: »Der fidelschte Wert uf jeden Fall, ist in Heidelberch der Zolke Kaal«. Nur wenige Häuser weiter, in der Unteren Straße 35, macht 1894 die Brauerei »Zum Goldenen Reichsapfel« zu, endet die Brautradition der Familien Ehrmann, Kolb und Mayer. Valentin Mayer verkauft den »Reichsapfel« an die Karlsruher Brauerei Hoepfner, die hier eine Niederlassung einrichtet und die großen Lagerkapazitäten nutzt. Die Einfahrt und die Rückgebäude im Hof erinnern bis in die Gegenwart an die einstige Brautradition.

Ebenfalls 1894 setzt das »Schwarze Schiff«, Schiffgasse 11, seinen letzten Sud an. Nach den bekannten Bierbrauer-Familien Helwerth und Gulden muss der hier seit 1864 aktive Theodor Rapp aufgeben, Bruder von Karl Rapp, der das »Goldene Fässchen« betreibt. Das Anwesen wird danach von der Bäckergenossenschaft genutzt und beherbergt heute das Gasthaus »Backmulde«.

1899 endet die Geschichte der Brauerei »Zum Kümmelbacher Hof«, ein zwischen Heidelberg und Neckargemünd gelegenes beliebtes Ausflugslokal mit eigener Bahnstation. Kümmelbacher Hofbräu wird auch in einigen Heidelberger Wirtschaften ausgeschenkt. Zunächst von der Familie Heckmann, dann von Heinrich Hochschwender betrieben, ver-

Ehemalige Brauerei »Zum Reichsapfel« wird nun Bier-Depot für Hoepfner, Karlsruhe (Repro Foto Gärtner)

mag auch Georg Heinz die Brautradition zuletzt nicht fortzuführen.

Auch die Inselbrauerei fällt 1898 dem Brauereisterben zum Opfer. Sie hatte sich im 1877 errichteten Haus Plöck 51 mit Brauerei und Gaststätte einen Namen gemacht. Zunächst von Jakob Eisinger betrieben, kommt die Brauerei nach einigen Besitzerwechseln 1893 an Spinner & Jakob, die sie bis 1893 führen. Inzwischen sind riesige Kellergewölbe unter dem gegenüberliegenden Reformierten Spital angemietet und unter der Plöck ein Tunnel zum Spitalkeller vorangetrieben. Die Brauerei nutzt das Spitalgewölbe als Lagerkeller für Bierfässer. Karl Hölzer wird zum letzten Bierbrauer der Inselbrauerei. Noch im Fasching 1898 macht er sich mit einer witzigen Annonce der nicht existierenden »Insel-Aktien-Brauerei« über das Gründungsfieber der Aktienbrauereien lustig[7] – doch wenige Monate darauf ist die Inselbrauerei selbst am Ende. Im Dezember 1898 erklärt Hölzer, er werde »aus Gesundheitsgründen auf einige Zeit« den Braubetrieb einstellen. Doch wird er die Brautätigkeit nie mehr aufnehmen. Das Lokal behält seinen Namen »Zur Inselbrauerei« und wird nun »Bier-Ausschank der Brauereigesellschaft zum Engel«. Jahrzehntelang wird die Gaststätte von der Wirtsfamilie Fehmann geführt, bis 1983 das Gebäude von einer Bank gekauft und die Wirtschaft geschlossen wird. Nach gründlicher Sanierung hat das Gebäude alle Spuren seiner Geschichte verloren.

1898 gibt die Brauerei Kraus, in der Hauptstraße 37 über mehrere Generationen hinweg von der Familie Kraus betrieben, auf. Zuletzt braut hier Justus Kußel. Der in der Stadt geläufige Name Brauerei Kraus bleibt zunächst dem nun von der Heidelberger Aktienbrauerei belieferten Lokal erhalten. Um die Jahrhundertwende finden hier sozialdemokratische Veranstaltungen und Maifeiern der Arbeiterbewegung statt. Wenige Jahre später wird das Haus abgerissen und das Odeon mit Wirtschaft, Cafe und Kinosaal an dieser Stelle gebaut. Die alten Brauereigewölbekeller bleiben bestehen und werden bis in die jüngste Zeit als Jazzkeller oder Diskothek genutzt.

Die Brauerei Spinner, Hauptstr. 17, einst eine der großen Brauereien, schließt 1899. Nach den Familien Helwerth, Kolb und Hölzer übernimmt Andreas Spinner 1881 die Brauerei, die am Ende von Heinz Schenck als »Brauerei Spinner Nachf. Schenck« geführt wird. Mit nicht eben gering dimensionierten Kapazitäten: »... habe einige Tausend Centner crystallhelles Natureis sehr billig abzugeben«. Als »Fuchsbau« existiert die Brauereiwirtschaft noch weiter.

Einst Brauerei Walther »Zum Goldenen Löwen«, später wird hier Bier der Schroedlbrauerei gezapft, Heumarkt um 1910 (STAHD)

Mit der Brauerei Ditteney »Zum Seppl« in der Hauptstraße 213 gibt 1899 ein weiteres Traditionslokal die Brauerei auf. Bierbrauer Joseph Ditteney braut selbst bis 1884. Seine Nachfolger sind die Bierbrauer Karl Heinz und August Gugel, der nach dem Ende der Brauerei die rückwärtig an der Hirschstraße, heute Heiliggeiststraße, gelegene Mälzerei weiter betreibt. Auch die Brauerei Schuh und Denner, Bergheimer Str. 8, braut spätestens ab 1900 nicht mehr, wird allerdings noch länger als »Brauerei Denner« bezeichnet.

Auch in den neu oder noch nicht eingemeindeten späteren Stadtteilen ist das Brauereisterben zu beobachten. Die Neuenheimer Brauerei Grün im Wirtshaus »Zum Goldenen Adler«, Ecke Schröderstraße/Lutherstraße, 1874 von Philipp Grün gegründet, gibt 1893 den Braubetrieb auf. Als Gasthaus mit Tanzsaal besteht der »Goldene Adler« weiter. Der Namensvetter dieses Lokals in Handschuhsheim braut bis 1902, dem Jahr der Eingemeindung Handschuhsheims. Peter Gilbert, der das Bierbrauen in der Neuenheimer »Krone« gelernt hatte, betreibt seit 1875 auch die Wirtschaft »Zur Bierquelle« in der Dossenheimer Landstr. 42 und versorgt sein Zweiglokal, das über einen geräumigen Eiskeller verfügt, mit seinem Gilbert-Bier. Das Stammhaus in der Handschuhsheimer Landstr. 96 ist als »Gilberts Goldener Adler« noch immer bekannt. Bis 1896 braut die an der Dossenheimer Landstr. 40 gelegene Gasthausbrauerei »Zur Neuen Pfalz«, deren Bier »so viel Malz enthielt, daß vom ablaufenden Schaum glänzende Ringe auf dem Tisch entstanden, woran die Gläser nach kurzer Zeit festklebten.«[8] Bierbrauer Rudolf Brauer verkauft das Anwesen im selben Jahr an die Schroedl'sche Brauereigesellschaft in Heidelberg. Von der geht es später an die Heidelberger Aktienbrauerei Kleinlein über. Das Gasthaus wird 1959 geschlossen. Heute befindet sich auf dem Areal ein Wohn- und Geschäftshaus.

In Rohrbach können sich am Ende des 19. Jh.s die Brauereien Förster und »Zum Goldenen Hirsch«, beide an der Hauptstraße, der heutigen Rathausstraße, gelegen, nicht länger gegenüber der Konkurrenz behaupten. Nach dem Ende der Brauerei im »Goldenen Hirschen« existiert die Mälzerei von Albert Hoffman bis nach dem Ersten Weltkrieg. In Ziegelhausen geben die Brauereien von Bernhard Brunner 1872, die von Ed. Walter etwa 1886 ihre Tätigkeit auf. Die Brauerei »Zum Badischen Hof« in Wieblingen, zuletzt betrieben von den Familien Treiber und Delphendahl, lässt etwa ab der Jahrhundertwende ihr Braurecht ruhen.

An drei von der Quellenlage begünstigten Beispielen werden nachfolgend die Probleme gerade kleinerer bis mittlerer Brauereien im Detail aufgezeigt:

5.3.1 »Zur Stadt Straßburg«

Die Brauerei »Zur Stadt Straßburg« befindet sich am Neckarstaden an der Stelle des heutigen Kurfürst-Friedrich-Gymnasiums. Gegründet wird das Lokal mit Brauerei von Heinrich Bootz 1868. Der Familie Bootz gehören einige Grundstücke im Bereich südliches Neckarufer/Fahrtgasse, einer strategisch wichtigen Stelle, da hier, bevor 1877 die zweite Heidelberger Neckarbrücke gebaut wurde, eine viel benutzte Fähre verkehrt. 1873 übergibt Heinrich Bootz die Brauerei an Adam Hörner, der sie 1877 an Eduard Kunz weiterverkauft. Dieser betreibt sie bis zu ihrem Ende 1888. Der Betrieb arbeitet zunächst erfolgreich. Das hier produzierte Flaschenbier wird um 1883 sogar an mehreren Verkaufsstellen der Stadt für 20 Pf. pro Flasche verkauft. Die Brauerei »Stadt Straßburg« verfügt über zwei zweistöckige Gasthaus- und Brauereigebäude. Und auf insgesamt fast 10 a Grundfläche befinden sich Gewölbekeller, Malzdarre, Gerstenspeicher, Fasshalle, Schuppen und Wohnungen.[9] Doch angesichts der allgemein sich verschärfenden Konkurrenzsituation, vielleicht auch wegen der neu erbauten Brücke, die den Verkehrsstrom anders und schneller leitet, muss Kunz 1888 aufgeben. Der Betrieb wird versteigert. Die Liste der Versteigerungsobjekte ist recht umfassend: 80 Lagerfässer, 150 Transportfässer, 13 Gärbottiche, diverse Schläuche, Bierpumpen, Vorräte an Hopfen, Malz und Kohle sind im Bestand. Der Konkursverwalter will mindestens 125.000 Mark erzielen. Der erste Versteigerungstermin verläuft ergebnislos. Beim zweiten, am 23. Juli 1888, bietet ein Bürger 80.000 Mark. Schließlich kauft die Stadt das Anwesen für 85.000 und das

Bootz'sche Nachbargrundstück für 45.000 Mark noch dazu. Gewerbliches und privates Inventar von Eduard Kunz wird separat versteigert und erlöst ganze 900 Mark, wovon allein der Kupferkessel 350 und das Kühlschiff 100 Mark bringen. Der um 1/3 unter dem Ansatz des Konkursverwalters erzielte Verkaufserlös ist ein deutliches Indiz für die schwierige Situation des Braugewerbes. Später wird nur mehr der Name »Stadt Straßburg« an anderer Stelle weiter leben, nämlich in dem um 1900 errichteten Gasthaus in der Bergheimer Str. 101a, das sozialdemokratisch orientierten Organisationen als Vereinslokal dient. Die Stadt aber kündigt die »Beseitigung« der Gebäude der alten »Stadt Straßburg« an, da diese einer geplanten breiten Promenade im Wege stünden, welche zukünftig der »Hebung und Verschönerung« der Stadt dienen soll. Schließlich wird auf dem Gelände das Kurfürst-Friedrich-Gymnasium gebaut.

5.3.2 *»Zum Bachlenz«*

Die Geschichte der Brauerei und Mälzerei »Zum Bachlenz« in der Handschuhsheimer Mühltalstraße 38 reicht zurück bis ins Jahr 1854 als die Gaststätte vom Küfermeister, Gastwirt und Bierbrauer Johann Lenz I gegründet wird. Schon im Folgejahr geht das Anwesen für 1.200 Gulden an seinen Bruder, den Bierbrauer und Wirt Johann Georg Lenz (1822–96), über. Dieser baut weiter aus und erhält 1865 vom Bezirksamt Heidelberg die Erlaubnis zum »Ausschank selbst gebrauten Bieres«. Nach Erbteilungen und familieninternen Verkäufen gelangt das »Bachlenz« samt Brauereieinrichtung und zweistöckigem Brauhaus schließlich für 85.000 Mark an den Bierbrauer, Küfer, Mälzer und Wirt Philipp Friedrich Lenz (1872–1952). Dieser hatte 1897 die Wormser Brauerschule besucht und einen »sehr guten« Probesud in der Prüfung gebraut: »Das Bockbier ist im Geschmack vorzüglich«. Friedrich Lenz führt Brauerei und Lokal mit glücklicher Hand. Das »Bachlenz« entwickelt sich zum beliebten Treff auswärtiger Obsthändler und Heidelberger Studenten.[10] Zahlreiche Anekdoten werden über das »Bachlenz« erzählt. Als einmal das Restbier, das die Studenten übrig gelassen hatten,

Der Konkurrenz erlegen: Versteigerung des Inventars der Brauerei »Stadt Straßburg« 1888 (STAHD)

zusammengeschüttet und den Schweinen der näheren Umgebung gegeben wird, vermutet man, die Schweine seien krank. Als der Viehdoktor kommt, wird klar, dass die Tiere nur einen Bierrausch haben. Überliefert ist auch der Handschuhsheimer Spruch: »Es wird bekannt gemacht, dass keiner in die Bach macht, weil der Bachlenz draus Bier macht.«

Die Familie Lenz baut kurz vor der Jahrhundertwende Ecke Dossenheimer Landstr. 36/Kriegsstraße das Gasthaus »Zum Badischen Hof«, wo zunächst vermutlich Bier aus dem »Bachlenz« ausgeschenkt wird. Im »Bachlenz« selbst wird viel getrunken, Vereine wie der Militärverein Germania, der Kegelklub Amicitia oder der Liederkranz konsumieren, wie die Rechnungen zeigen, bei ihren Treffen leicht 70 bis 100 Liter Bier. Die Burschenschaft Frankonia zahlt am 19. Dezember 1901 für Speisen und Getränke die stolze Summe von 455,75 Mark.

Georg Lenz gibt die Bierbrauerei im »Bachlenz« 1903 auf. Bald darauf verkauft Lenz den Großteil seiner Brauereieinrichtung an die Brauereibesitzer Pfeiffer und Lang, Dossenheim. Für den »kupfernen Bierkessel«, das Rührwerk, Eisenketten und andere Metallteile gibt es 1.100 Mark.[11] Auch Lenz ist Opfer des Konzentrationsprozesses im Braugewerbe und vielleicht auch der Eingemeindung Handschuhsheims. Er sieht klar die Notwendigkeit der Beschränkung und zukunftsorientierten Spezialisierung. So führt er seine Mälzerei fort und nutzt die Lagerkapazitäten im Gewölbekeller für den Weinhandel. Fortan zapft Lenz Mannheimer Bier, später Bier der Schroedl-Brauerei.

Ungeachtet des Niedergangs des »Bachlenz« gehört Lenz zu den innovativen Brauern und Gastwirten. Schon früh kauft er moderne Eisschränke, setzt auf Werbung und lässt Ansichtskarten drucken. Er baut 1902 eine Kegelbahn, tätigt 1911 den großen Umbau mit neuem Saal und erzeugt mit Gasmotoren eigene Elektrizität, deren Überschuss er an Nachbarhäuser abgibt.

Seine Mälzerei betreibt Lenz noch bis zum Ende des Ersten Weltkriegs weiter. Abnehmer ist bis 1905 die hiesige Engel-Brauerei, dann die Mannheimer Badische Brauerei und schließlich von 1913 bis 1918 Schroedlbräu. In den Vorkriegsjahren liefert Lenz in guten Monaten rund 250 Sack Malz à 80 kg. Dabei fällt der Malzpreis von 35 Mark pro 100 kg um 1910 auf 26,50 Mark 1915. Die Jahresverträge werden meist im Mai ausgehandelt und gelten von Oktober bis Oktober. Quantum und ein Preisrahmen werden dabei festgelegt. Doch die Geschäftsbeziehungen zu allen drei Brauereien zeigen, wie diese mit den kleinen Malz-Lieferanten umspringen. Immer wieder kommt es – wie aus den Unterlagen zu schließen – zu Ärger. Oft reagieren die Brauereien nicht einmal auf wiederholte telefonische oder schriftliche Anfragen. Die Brauereien beanstanden angeblich unkorrekte Liefermengen, drücken die Preise, verzögern die Zahlung, »vergessen« eine Fuhre bei der Abrechnung oder geben die leeren Malzsäcke nicht zurück. In seiner Wut schreibt Lenz an Schroedl, nachdem angeblich bei einer Riesenlieferung einige Pfund gefehlt hätten, es sei »vollkommen ausgeschlossen und unmöglich, daß 46 Pfund Malz bei der gestrigen Malzlieferung fehlen«. Er habe die Ladung selbst überwacht und Augenzeugen hierfür. Bei seiner nächsten Lieferung legt Lenz demonstrativ »Anbei 46 Pf. für angeblich fehlendes Malz« dazu.[12] Empört betont Lenz in einem Schreiben an die Badische Brauerei, er habe immer korrekt bestes Malz geliefert, wolle aber sein Malz nicht aufdrängen, nachdem er kürzlich vom Braumeister der Badischen Brauerei habe hören müssen, man sei der »kleinen Mälzereien überdrüssig«. Der Vertrag könne im Übrigen jedes Jahr gelöst werden.[13] Außer der Drohung, das Bier der belieferten Brauerei nicht mehr abzunehmen, haben die kleinen Mälzereien jedoch keine Druckmittel in der Hand. Zu dieser Maßnahme greift der erboste Lenz. Die Gerste bleibt bei ihm bis die Angelegenheit geklärt ist, ein Bier-Boykott beider Lenz-Wirtschaften wird ausgerufen. Der Bierkutscher der Badischen Brauerei darf nicht abladen.[14]

Im Ersten Weltkrieg lassen die Lieferungen aufgrund der staatlich streng begrenzten Malz- und Braukontingentierung nach, bis sie im April 1918 ganz enden. Wie andere auch wird Lenz im ersten Kriegsjahr eingezogen, ein Umstand, der viele Kleinbetriebe in die Existenzkrise treibt. In der Mälzerei werden in den letzten beiden Kriegsjahren fast nur noch Obst und Gemüse getrocknet sowie Laub als Tabakersatz für die Front. Heute noch gut erhalten ist das mehrstöckige Mälzereigebäude mit zwei Schornsteinen. Die Kühlschiffe der Brauerei sind ebenfalls noch vorhanden. Die eindrucksvollen Gewölbekeller werden in den 1960er-Jahren als Diskothek genutzt.

5.3.3 »Zum Badischen Hof«

Die Gründung der Brauerei »Zum Badischen Hof« in Kirchheim fällt in die Phase euphorischer Hoffnungen nach der Reichsgründung 1871. In der Schwetzinger Str. 27 eröffnet der 1848 geborene Philipp Körner I im Januar 1872 den »Badischen Hof«. Er hat das Bierbrauerhandwerk gelernt und sich auf Wanderschaft begeben, arbeitet in Ulm und in Frankreich. Der Ausbruch des deutsch-französischen Krieges beendet Körners dortige Arbeit. Nun muss er auf deutscher Seite gegen die Menschen kämpfen, mit denen er eben noch zusammengearbeitet hat. Über seine Kriegseindrücke verfasst Körner später einen ausführlichen Bericht. Sein nach der Rückkehr gegründeter »Badischer Hof« mit »Personalrecht und Bierbrauerei« wird schon 1873 erweitert, der hintere Flügel mit einem größeren Saal entsteht, ebenso ein neues Brauhaus. Von dessen Einrichtung ist ein Inventar erhalten. Es verzeichnet einen Kessel, eine Maischbütte, ein Kühlschiff, eine Malzdarre, eine Schrotmühle, einen Buttzylinder, fünf Gärbütten, einen Faßzug, 48 Fässer in drei verschiedenen Größen sowie 54 »Bräßionsfässer«.

Doch 1896 gibt Körner die Gastwirtschaft und auch die Brauerei auf. Letztere »scheint sich nicht mehr gelohnt zu haben, zumal es in jener Zeit in Heidelberg und der Umgebung 38 Brauereien gab«, wie es in der Familien-Chronik heißt.[15] Ein Teil der Brauereieinrichtung wird verkauft, ein kleiner Teil bleibt zurück und wird anderweitig genutzt. Körner konzentriert sich wieder mehr auf die Landwirtschaft, die Gastwirtschaft bleibt in Familienhand und wird weiter betrieben bis in die 1960er-Jahre. Zu dieser Zeit erinnern noch Überbleibsel an den schon lange eingestellten Braubetrieb, etwa ein nun als Schlachthaus genutzter Raum. Hier wird als Viehfutter Treber von der Schloßquell-Brauerei, die jetzt die Wirtschaft beliefert, gelagert. Im Garten steht noch eine Metallwanne unterm Birnbaum, von den Kindern im Sommer als Badewanne benutzt, vermutlich die ehemalige Maischbütte.

5.4 Der große Bierpanschereiprozess 1885

Die Auflösung der alten Zünfte, die eine strenge Qualitätskontrolle garantierten, und der verschärfte Konkurrenzkampf veranlassen manche Bierbrauer, die altehrwürdigen Reinheitsgebote nicht mehr ganz so ernst zu nehmen. Jedenfalls sieht sich die Stadt Heidelberg genötigt, einen Prüfer für die Qualität des einheimischen wie des importierten Bieres einzustellen.[16] 1883 muss Dr. Th. Sachs in seinem ersten Bericht feststellen, dass eine vom Gericht zur Prüfung gegebene Bierprobe »Moussirpulver«, »Sacharrin« sowie mit Weingeist versetztes Glycerin in »abnorm hoher« Konzentration enthält. Beanstandet wird, dass das »angeblich Münchener Bier«, das in Heidelberg angeboten wird, »von widerlich süssem Geschmack« sei.[17]

Immer wieder werden vereinzelte Verstöße gegen die Reinheitsgesetze notiert. Doch der Höhepunkt ist mit dem großen Bierpanscherprozess von 1885 erreicht. 18 Bierbrauer aus Heidelberg und der näheren Umgebung sowie ein Heidelberger Kaufmann werden vor dem Landgericht wegen Verstoßes gegen das Nahrungsmittelgesetz angeklagt. Die Öffentlichkeit nimmt regen Anteil am »Monstreprocess«. In der Lokalpresse wird für Broschüren über den »sensationellen Bierproceß« geworben. Die Namen der Angeklagten lesen sich wie ein Who's who der Heidelberger Bierbrauerszene. Über 40 Zeugen und acht Sachverständige sind vorgeladen.[18] Angeklagt werden der Heidelberger Kaufmann Karl Weißgerber, die aus Geißlingen stammenden Bierbrauer Theodor Rapp (Schwarzes Schiff) und sein Bruder Karl Rapp (Goldenes Fässchen), Valentin Maier (Goldener Reichsapfel), Friedrich Hochschwender (Diemerei), Heinrich Hochschwender (Neues Essighaus und Kümmelbacher Hof), Karl Gulden (Stadt Düsseldorf), Eduard Kunz (Stadt Straßburg), Stephan Hofmann (Engelbräu), Friedrich Olinger (Schroedlbräu), der aus Schwetzingen stammende Jakob Siegel, Bergheimer Str. 8, der Neuenheimer Johann Leibert (Krone) und Georg Frey aus Rohrbach. Ferner der Eppelheimer Georg Stephan, Ernst Arnold aus Schönau, Konrad Mühlbauer und Valentin Metz aus Weinheim, Adolf Burkhardt (von Eberstadt/Buchen in Dossenheim) und Jakob Fridolin Mall aus Meckesheim.

Den Genannten wird vorgeworfen, mit unerlaubten Mitteln Bier verfälscht und Kunden getäuscht zu haben. Der Kaufmann Weißgerber hat in Heidelberg »Biercouleur« aus Stärkezucker angeboten. Die angeklagten Brauer färben damit zumindest in den Jahren 1883 und 1884 ihr Bier und schenken selbiges in ihren Wirtschaften aus. Darüber hinaus wird Jakob Siegel, der bereits früher wegen Bierpanscherei vor Gericht gestanden hatte, vorgehalten, wiederholt saueres oder abgestandenes Bier durch »Moussirpulver« aus doppelkohlensaurem Natron und Weinsäure in gesundheitsschädigender Weise verfälscht zu haben. Mehrere Kunden hätten daraufhin über Übelkeit und Verdauungsprobleme geklagt. Siegel'sches Bier stinke sogar widerlich. Verdächtigerweise habe Siegel auch nie sein eigenes Bier, sondern stets Äpfelwein getrunken. Auf

Der große »Heidelberger Bierpanscherprozess«, Heidelberger Tageblatt, 1885 (STAHD)

Beschwerden eines Zäpflers wegen sauren Biers habe Siegel geantwortet, »bei mir saufen sie es doch.« Als die Behörden die Sache untersuchen, verpfeift Siegel die anderen Bierbrauer, die ebenfalls mit Pulver oder Glycerin ihre Biere aufzupeppen versuchen. Entschuldigend erklären die Angeklagten, ihr Bier dunkel färben zu müssen, weil die Kundschaft, besonders die elsässische, kräftig gefärbtes Bier wünsche. Sowohl Weisgerber als auch die Brauer wüssten nichts von etwaigen gesundheitsschädlichen Wirkungen des Färbemittels. Daraufhin werden alle Angeklagten wegen Kundentäuschung und Vergehens gegen das Nahrungsmittelgesetz zu erheblichen Geldstrafen verurteilt, Jakob Siegel zusätzlich zu vier Wochen Gefängnis. In Heidelberger, Karlsruher und Mannheimer Zeitungen müssen die 19 Verurteilten das Urteil auf ihre Kosten veröffentlichen.

Doch zeigen die Berichte des städtischen Chemischen Laboratoriums zu Heidelberg, dass es auch in der Folgezeit immer wieder zu Verstößen gegen die Reinheit des Bieres kommt. So werden in den Jahren 1886 bis 1890 jährlich bis zu sieben Bierproben im Auftrag der Stadt von Dr. A. Buecher untersucht, die pro Jahr bis zu drei Beanstandungen auslösen.[19] Das Urteil fällt insgesamt so aus: »Das in Heidelberg gebraute Bier grösserer, gut eingerichteter Brauereien liess vom chemischen Standpunkte aus bisher nichts zu wünschen übrig. Dagegen gab das Bier kleinerer Brauereien manchmal zu Klagen Veranlassung.« Insbesondere gegenüber den noch handwerklich Brauenden wird bemängelt: Das Bier sei sauer und von Hefe getrübt, zum Teil gesundheitsschädigend. Der durchschnittliche Alkoholgehalt Heidelberger Biere liege zwischen 3,6 und 3,9%.

Die Stadt Heidelberg verlangt aufgrund der Gebührenordnung vom 22. Mai 1890 für die Untersuchung im Chemischen Laboratorium der Stadt 8 Mark; die vollständige Analyse, für die fünf Liter einzuliefern sind, kostet 20 Mark.[20] Die ortspolizeiliche Vorschrift vom 14. September 1888 regelt in zahlreichen Paragraphen die »Reinhaltung der Bierpressionen« und droht bei Zuwiderhandeln Geldstrafen bis 60 Mark oder Haft bis zu 14 Tagen an. Um Verunreinigungen und der Brandgefahr vorzubeugen, ist das Auspichen der Bierfässer auf Straßen und öffentlichen Plätzen verboten; dies darf »nur in den eingefriedigten Hof- und Bierkellerräumen der Brauer stattfinden«.[21]

Vermutlich liegt es am fortschreitenden Konzentrationsprozess, dass die Beanstandungen immer weniger werden, da nur noch die modern eingerichteten Brauereien überleben. Zwischen 1891 und 1895 werden 46 Proben untersucht, davon 23 im Spitzenjahr 1895, aber hiervon nur zwei bemängelt.[22] Früher hätten »kleinere Brauereien« Anlass zur Klage gegeben, nun sei alles chemisch »ganz vorzüglich«, lobt der Bericht. Gelegentlich werden wegen mangelhafter Reinigung der Bierpressionen einzelne Wirtschaften bestraft.

Aus den Berichten geht gleichfalls hervor, welche Arten von Bier in Heidelberg zum Ausschank kommen. Insgesamt werden 1895 in Heidelberg 46 verschiedene Biere angeboten, davon 14 hiesige. Helles und dunkles Bier brauen die Aktienbrauerei Kleinlein, Kronenbräu, Engelbräu, Schroedlbräu und Rapp »Zum Goldenen Fässchen«. Nur eine Sorte brauen Karl Hölzer, Plöck, Hans Schenk (vorm. Spinner), Hauptstraße, Schuh & Denner (früher Siegel) und Georg Friedrich Ziegler Witwe, Bergheimer Straße. Der Alkoholgehalt schwankt zwischen 3,24 und 4,62%. Alle werden für klar und frei von Hefe befunden. Von den auswärtigen Bieren werden Sorten aus Pilsen und Berlin beanstandet.

Der Bericht für die Jahre von 1896 bis 1900 spricht den noch verbliebenen sechs hiesigen Brauereien beste Qualität zu.[23] Die 73 Proben, von denen fünf durch Privatleute beantragt wurden, sind alle klar und frei von Hefe, das »hiesige Bier« sei chemisch »ganz vorzüglich« und könne »mit den besten Bieren auswärtiger Brauereien in reelle Konkurrenz« treten. Helle und dunkle Biere werden gebraut von der Heidelberger Aktienbrauerei, Engelbräu, Kronenbräu, Goldenes Fässchen. Schroedlbräu braut als dritte Sorte ein helles Exportbier. Lediglich die Kleinbrauerei der Witwe Ziegler produziert nur eine Sorte. Leitungswasser und Neckarwasser werden für gut befunden. Ebenso die Glasur der Töpferwaren und Bierkrüge. Bei den 17 auswärtigen Bieren sind nun auch die englischen Sorten Pale Ale und Extra Stout dabei.

5.5 Brauereibesitzer und Brauarbeiter

Durch den Wandel der Betriebsformen vom kleinen Handwerksbetrieb zur mit Maschinen arbeitenden Aktienbrauerei verändern sich auch die Arbeitsverhältnisse. Nicht mehr der Bierbraumeister, der mit Hilfe seiner Familie sowie einiger Gesellen und Lehrlinge braut, bestimmt den Betrieb, sondern ein Brauereibesitzer, der noch nicht einmal selbst das Brauhandwerk gelernt haben muss, aber der AG oder GmbH vorsteht. Nur wenige Bierbrauer, aber viele Brauereiarbeiter arbeiten nun in einer Brauerei. Während früher die Zünfte eher die Einheit aller im Gewerbe Beschäftigten betonten, stehen sich nun Brauereibesitzer und Arbeiter tendenziell antagonistisch gegenüber.

Sowohl für die Brauereibesitzer als auch die Brauarbeiter existieren Berufsorganisationen zur Interessenvertretung. Die Brauereibesitzer schließen sich zusammen, um sowohl ihre Interessen gegenüber den Forderungen der Brauarbeiter als auch gegen die Rohstofflieferanten, Wirte und staatlichen Behörden durchzusetzen. Auch der gemeinsame Kampf gegen die wachsende Anti-Alkoholbewegung bringt die Brauereibesitzer zusammen. In Südwestdeutschland gibt es um die Jahrhundertwende vier Brauereiverbände.[24] Der Badische Brauerbund der Kleinbrauer vertritt 250 kleine Brauereien, während der Verband der oberbadischen Brauereien in Freiburg für 77 südbadische Mittel- u. Großbetriebe zuständig ist. Der Mittelbadische Brauereiverband in Karlsruhe repräsentiert 23 mittlere und große Brauereien und ist besonders straff organisiert. In Mannheim sitzt der Verband der Brauereien des Pfalzgaues, wozu die Heidelberger Brauereien gehören. Er ist für nordbadische, südhessische und pfälzische Brauereien zuständig. Zeitgenossen schätzen diese zersplitterten Organisationen als »recht unzureichend« ein. Die Brauer seien desorganisiert, es sei »gegen die Auswüchse des Konkurrenzkampfes ... so gut wie nichts geschehen«, der Bereich Mannheim habe noch nicht einmal einen Syndikus eingestellt.[25] Um 1910 gründen die südwestdeutschen Brauereibesitzer einen Boykottschutzverband mit Bezirksverbänden in Pfalzgau und Mittelbaden, der offenbar nicht besonders effektiv arbeitet. Neben diesen nur regional tätigen Verbänden verfügt die zentrale Brauerei- und Mälzerei-Berufsgenossenschaft, Sitz in Frankfurt/M., über eine Sektion Karlsruhe II, deren Vertrauensmann der Heidelberger Brauereibesitzer Friedrich Olinger von Schroedlbräu ist.[26] Der Berliner Centralverband der deutschen Brauereien hat offenbar auf die regionalen Verbände wenig Einfluss und dient allenfalls der lockeren Koordinierung. Zwar gibt es einen Heidelberger Ableger des Centralverbands. Dieser macht aber lediglich durch gesellige Anlässe auf sich aufmerksam, wie der Weihnachtsfeier 1901 in der »Kriegskurve«, Speyerer Landstr. 23.

Die Brauereiverbände versuchen eine einheitliche Front aufzubauen: Sie wollen den immer neuen Steuerforderungen des Staates sowie den Forderungen der Arbeiter entgegentreten und die Konkurrenz untereinander in vernünftige Bahnen lenken. Weitere Themen: die strenge Einführung des Flaschenpfandes, Regelung von Nebenleistungen für belieferte Wirte wie Eislieferungen und Freibier bei der Kirchweih, Strafen zugunsten der Verbandskasse, Behandlung »alter« und neuer Kundschaft, die bei Kundenwechsel gewisse Zeit übliche hl-Abgabe an den Verband, das Verbot des Kundenverkehrs mit Abnehmern anderer Brauereien, Preisfestsetzung, Tarifverhandlungen, Steuerfragen, Unterstützung für hilfsbedürftige Betriebe, Schlichtungskommission, Kartelle, Konkurrenzregelungen etc.

1908 wird Heidelberg Ort der 5. Fach-Ausstellung der Kleinbrauer Badens. Vom 18. bis 20. Mai finden im Saal und Garten der Harmonie, Theaterstraße, die Veranstaltungen statt. Der große Saal der Brauerei Ziegler in der Bergheimer Straße bleibt »für die Festlichkeit des Brauertages reserviert«. Die in Familienbesitz betriebene Brauerei Ziegler ist wie überhaupt Heidelberg mit seinen eher kleinen bis mittelgroßen Brauereien als angemessener Austragungsort für ein Treffen der Kleinbrauer besonders passend.[27]

Zur Interessenpolitik der Verbände gehören auch öffentliche Klagen über Bierabsatzprobleme wegen kühlen, nassen Sommerwetters oder zunehmender Arbeitslosigkeit. Diese Kampagnen, die besonders 1903 und 1908 u.a. über die Tageszeitung für Brauerei vorangetrieben werden, sollen wohl auch vor weiteren Steuerbelastungen schützen. Ein langer Streik im Baugewerbe 1910 trifft die Brauereien hart, immerhin gehören die Bauarbeiter zu den Hauptkonsumenten.

Zu den Arbeitsverhältnissen der Arbeiter. 1905 gibt es in Heidelberg 120 Brauereiarbeiter. Hinzu kommen als weitere abhängig in hiesigen Brauereien Beschäftigte Angestellte der Verwaltung, aber auch Handwerker, die z.B. Maurer- und Malerarbeiten in der Brauerei ausführen. 1912 werden bei einer Zählung 153 Beschäftigte in Heidelberger Brauereien gezählt, davon bei der Aktienbrauerei Kleinlein 61, bei Schroedl 40, bei Engelbräu 32, bei der Kronenbrauerei 17, bei Ziegler 3.[28]

Die Arbeitsbedingungen der Brauereiarbeiter um 1900 sind nicht gerade angenehm. Lange Arbeitszeiten, Lärmbelastung und Unfallgefahr stellen ernste Probleme dar. Ein Teil der Unfälle geht dabei auf den Alkoholkonsum der Arbeiter zurück, denen der kostenlose Frei- oder Haustrunk zur Verfügung steht. Der in der Arbeiterschaft verbreitete Alkoholismus stellt unter den Brauereiarbeitern ohnehin ein besonderes Problem dar, wie leicht einsichtig ist. Den Brauereibesitzern dürfte es aber nicht unlieb sein, wenn ihre Arbeiter von Alkoholdunst umnebelt sind und keine sozialen Forderungen stellen. Nicht umsonst versuchen die Arbeiterorganisationen, also Gewerkschaften, die SPD und später auch die KPD, gegen den Alkoholkonsum der Proletarier anzukämpfen.

Wieviele Unfälle in Heidelberger Brauereien geschehen und was ihre Hintergründe sind, bleibt weitgehend im Dunkeln. Gelegentlich werden schwere Arbeitsunfälle gemeldet: »Am 28. Jan. war in der Schroedl'schen Brauerei ein Küfer mit dem Auspichen von Fässern beschäftigt, als er, rückwärtsgehend, über einen Hammer stolperte, zu Boden fiel und sich die Pfanne mit dem heißen Pech über Kopf und Oberleib schüttete, wodurch er sich erhebliche Brandwunden zuzog.«[29]

Im Braugewerbe gilt im Deutschen Reich um 1900 eine Arbeitszeit von 12 bis 16 Stunden pro Tag, im Zeitrahmen zwischen 3 Uhr morgens und 18 Uhr. Sonntagsarbeit ist üblich. Die durchschnittliche Bezahlung liegt bei 70 Mark im Monat.[30] Heidelberger Brauereiarbeiter stehen im Vergleich dazu bei einer Arbeitszeit von täglich 10 bis 14 Stunden und Wochenlöhnen von 21 bis 27 Mark relativ gut da. Allerdings wird die Arbeitszeit in Heidelberg in Einzelfällen bis auf 18 Stunden ausgedehnt.[31] Von größeren Streiks oder sonstigen Aktionen ist nichts bekannt, wahrscheinlich sind dafür die Heidelberger Brauereien einfach zu klein; das Klima ist vermutlich eher familiär-patriarchalisch.

Dennoch nehmen Heidelberger Brauereiarbeiter durchaus an regionalen und reichsweiten Aktionen teil. Als 1896 in Speyer ein Brauereidirektor mit Hundepeitsche und Entlassungen gegen Arbeiter vorgeht, die gewerkschaftliche Forderungen vertreten, kommt es zu einem Boykott der betreffenden Brauerei im Rhein-Neckar-Raum. Gegen diese ebenso in Heidelberg organisierten Solidaritätsaktionen wehrt sich die Speyerer Brauerei mit Zeitungsanzeigen in der regionalen Presse. Doch die Protestmaßnahmen haben Erfolg: Es kommt zur Wiedereinstellung der entlassenen Arbeiter.[32]

Immer wieder umstritten ist die Sonntagsarbeit bzw. die Sonntagsruhe. Da zu dieser Zeit der Samstag als Arbeitstag zählt, ist der Sonntag die einzige Möglichkeit auszuruhen. Die Brauereien allerdings sind daran interessiert, dass am Sonntagvormittag Bier und Roheis an ihre Wirtschaften geliefert werden kann, was angesichts samstäglicher Tanzveranstaltungen und von Kirchweihfesten am Wochenende häufig nötig ist. Schließlich legt das Bezirksamt für den Bereich Heidelberg fest: Brauereilieferungen sind sonntags von 6–9 und 11–1 h gestattet, auch an Weihnachten und Ostern. Wovon der Kirchenbesuch möglichst nicht tangiert werden soll.[33]

Bei der Heidelberger Wohnungsuntersuchung von 1896 fällt auf, dass Bierbrauer, Küfer und deren Familien entweder in den beengten dunklen Gassen der Altstadt oder in Hinterhäusern des Heidelberger Westens wohnen. In der Bergheimer Straße leben z.B. eine vierköpfige Bierbrauerfamilie und ein »Schlafgänger« in einer Zweizimmerwohnung. Dabei wird die Küche als Wohnraum gerechnet.[34] Die Familie eines Braumeisters in der Ingrimstraße wohnt immerhin zu dritt in zwei Zimmern. Hingegen werden Drei-Zimmer-Wohnungen z.T. von sechs Personen bewohnt, wie etwa von einem Braumeister am Anfang der Bergstraße oder einem Küfer in der Bluntschlistraße. Ein Flaschenbierhändler in der Ziegelgasse, vermutlich R. Brauer im Haus 14, bewohnt die sechs Räume, darunter eine Dachmansarde, mit elf Personen, von denen zwei Schlafgänger sind.

In einigen Fällen sind die Arbeiter vom Brauereibesitzer in doppelter Weise abhängig: Als Arbeitnehmer wie auch als Wohnungsmieter. Ein Brauereibesitzer besitzt in der Hauptstraße ein Anwesen mit acht Räumen, wovon einer der gewerblichen Bierproduktion dient, vermutlich die Majerei oder Kraus. In den anderen Räumen, darunter drei Mansardenzimmer, wohnen neun Personen, dabei ein Dienstbote und sechs Gewerbegehilfen.

Von den 120 Brauereiarbeitern ist die Hälfte gewerkschaftlich organisiert. Damit liegt der Organisationsgrad der Brauarbeiter, verglichen mit anderen hiesigen Gewerbezweigen, im guten Mittelfeld. Bei Gipsern oder Dachdeckern liegt er deutlich höher, bei Metallarbeitern, Zigarrensortieren oder den städtischen Arbeitern niedriger.[35] Heidelberg liegt weit über dem durchschnittlichen Organisationsgrad der Brauereiarbeiter in Baden, der nur 28% beträgt, was auch an der meist kleinen Betriebsgröße in Baden, den kleinen Gasthausbrauereien im Schwarzwald, im Kraichgau oder im Odenwald liegt. Der Allgemeine deutsche Brauerverband, gegründet 1884, schließt sich 1891 der sozialdemokratisch orientierten Arbeiterbewegung an; die Hirsch-Duncker'schen und die christlichen Gewerkschaften spielen im hiesigen Braugewerbe dagegen keine erkennbare Rolle.

Wo können sich um die Jahrhundertwende SPD-Anhänger, Gewerkschafter oder Arbeitergesangvereine treffen? Ein Treffpunkt ist, nomen est omen, der »Rote Löwe« in der Steingasse, wo der Centralverband deutscher Brauer, Filiale Heidelberg, ab 1897 unter Mitwirkung des Arbeiter-Sängerbunds auch seine Weihnachtsfeiern abhält. Seit dem 1. Mai 1890 finden in Heidelberg – zunächst mit großer Vorsicht und außerhalb der Arbeitszeit – Maifeiern statt. Arbeiterversammlungen werden in der »Goldenen Glocke« am Fischmarkt, dem »Goldenen Römer« in der Hauptstraße sowie im »Zwinger« abgehalten. 1894 trifft sich der Brauer-Verein Heidelberg in der »Hormuthei«, immerhin auch eine ehemalige Brauerei. Ab 1900 werden die Heidelberger Maifeiern zunehmend von Arbeitsniederlegungen begleitet, und es wird ein Umzug bis zur Klingenteichhalle organisiert. Die Maifeier 1905 findet im »Goldenen Römer« statt, Karten hierfür gibt es auch in den sympathisierenden Wirtschaften »Kronprinz« in der Eppelheimer Straße und im »Goldenen Stern«, Lauerstraße. Den »Goldenen Römer« bezeichnen alte Heidelberger Sozialdemokraten und Gewerkschafter in dieser Zeit als »unser Haus«.[36] 1911 weicht das Traditionslokal einem Neubau. Gesellige Veranstaltungen wie der Heidelberger Bierbrauer- und Küferball werden zwischen 1884 und 1899 im »Zwinger« abgehalten.

Im Bereich Heidelberg kommt es gelegentlich zu Lohnkämpfen: »Die Kollegen der Brauerei Neckarhäuser Hof in Heidelberg streiken ohne jeglichen Erfolg«, teilt die Gewerkschaft mit, kann aber im Folgejahr von einer »erfolgreichen Lohnbewegung« in Heidelberg sprechen. 1905 erreicht eine neuerliche »Lohnbewegung« zufrieden stellende Vertragsabschlüsse in Heidelberg und Leutershausen. Die Brauereiarbeiter protestieren mit Resolutionen gegen Steuererhöhungen und Bierverteuerung, weil sie bei Bierabsatzrückgang Arbeitslosigkeit fürchten. 1906/07 ist von einem »Erfolg« in Heidelberg und Weinheim bei Kämpfen um Sonntagsruhe und Bierausfahren die Rede.[37]

Angesichts der langen Arbeitszeiten und der Tatsache, dass der Samstag – und oft genug der Sonntag – Arbeitstag ist, bleibt kaum Freizeit für die Arbeiter übrig. Geld ist ohnehin knapp. Zum Freizeitvergnügen gehört für den Großteil der Arbeiter jedoch das Bier nach der Schicht oder am Samstag das Tanzvergnügen. Arbeiterlokale sind um die Jahrhundertwende nicht nur Treffpunke geselligen Lebens, sondern auch Kontaktmöglichkeit mit sozialdemokratischen Funktionären bis hin zur Beratung, wie nicht nur das Beispiel des Heidelberger Sozialdemokraten Friedrich Ebert zeigt, der in Bremen Wirt und Berater der Arbeiter ist. Diese Kultur der Eck-Kneipe kann sich im wenig proletarischen Heidelberg nicht so ausprägen wie in Industriestädten. Dennoch, wo es größere Betriebe gibt, zeigt sich diese Kultur auch in Heidelberg, so in den westlichen und südlichen Stadtteilen bzw. in später eingemeindeten Vororten. So besteht seit 1900 gegenüber der Rohrbacher Waggonfabrik Fuchs, die zu dieser Zeit rund 1.000 Arbeiter beschäftigt, das Gasthaus »Zum Schweizer Hof«, das Anlaufpunkt für die Arbeiter von Fuchs und anderen Betrieben ist. Seit 1905 wird das Lokal von der Heidelberger Aktienbrauerei beliefert und zapft jährlich rund 800 hl Bier.[38]

6 Die großen Heidelberger Brauereien (um 1900)

6.1 Heidelberger Aktienbrauerei vorm. Kleinlein (1884)

Bis zum Beginn des 19. Jh.s gehört der seit spätestens 1749 existierende Betrieb »Zum goldenen Schaf«, Hauptstraße 113, zu den vielen kleineren Brauereien. Durch Zukauf, Tausch und Anbau vergrößert sich das bis zum Marstall sich erstreckende Anwesen im Lauf der Jahrzehnte erheblich. Nach häufigem Besitzerwechsel gehen 1820 Brauerei und Gasthof samt Einrichtungen für 9.566 Gulden vom Bierbrauermeister Heinrich Dietz in das Eigentum des Bierbrauers Anton Volkert aus Heidelberg über. Nach Volkerts Tod heiratet die Witwe Katharina Volkert, geb. Hefft, in zweiter Ehe den Bierbrauer Jakob Kleinlein aus Scheinfeld in Bayern, der ab 1830 die »Brauerei zum güldenen Schaf« leitet. Erneut wird von Nachbarn Gelände dazugekauft. Die Söhne aus erster und zweiter Ehe, Friedrich Volkert und Karl Friedrich Kleinlein, führen 1863 die Brauereitradition fort. Die Halbgeschwister firmieren als »Gebrüder Kleinlein Brauerei zum goldenen Schaf«. Der Wert des Anwesens beläuft sich nun auf 60.000 Gulden. Der Vertrag zählt alle wertrelevanten Details auf: Wohnhaus, dreistöckiges Brauhaus, Dampfmaschine, dreistöckiges Kühlschiff, Malzspeicher, Stallungen usw., ferner im Klingenteich einen Felsenkeller als Bierlager mit Sommerausschank.

»Heidelberger Aktienbrauerei vorm. Kleinlein« in der Bergheimerstraße, um 1910 (STAHD)

Werbung mit der Silhouette des Schlosses von Osten: »Heidelberger Aktienbrauerei«, 1920er-Jahre (Privatsammlung)

Eine Zukunftsinvestition ungeahnten Ausmaßes leisten 1871 die Brüder Volkert und Kleinlein, als sie von Anna Catharina Schaaff das Grundstück »Acker im Paradies« in der Bergheimer Straße (heutige Nr. 91) erwerben. Zunächst wird nur der Lagerkeller dorthin verlegt. Dann entflieht 1878 die ganze Brauerei der engen Altstadt nach Bergheim. Der Schritt ist logisch und richtig, denn hier steht Expansionsfläche zur Verfügung, können moderne Neubauten angelegt werden.

In den 1870er-Jahren avanciert die Brauerei Kleinlein zur absatzgrößten in Heidelberg. Ausschlaggebend für den geschäftlichen Erfolg ist die Kenntnis der Herstellungsweise von hellem Bier »Wiener Brauart«, die Karl Kleinlein als junger Brauer bei seinen Wanderjahren in Österreich kennen lernt und in Heidelberg einführt. Das helle Bier wird auch am Neckar, wo vorher nur dunkles Bier üblich war, rasch beliebt.

Als Friedrich Volkert 1882 stirbt, beträgt allein der Wertanschlag des Brauereibesitzes in der Hauptstraße samt Einrichtung 150.000 Mark. Doch zeigen sich jetzt im verschärften Konkurrenzkampf und unter dem Zwang neuer Techniken die aufgrund der Betriebsform gegebenen Grenzen. Die Brüder Kleinlein haben sich mit der Verlegung und dem Neubau der Brauerei vermutlich finanziell übernommen. Das Betriebskapital reicht nicht aus für Neuinvestitionen. Im September 1883 muss Karl Kleinlein Konkurs anmelden. Am 28. Januar 1884 geht sämtlicher Brauereibesitz in der Hauptstraße und Bergheimer Straße durch öffentliche Versteigerung an den Ingenieur Ludwig Scholl über, dann am 13. Februar 1884 an die neu gegründete Firma »Heidelberger Aktienbrauerei vorm. Kleinlein Heidelberg« (HAB), Heidelbergs erste Brauerei in neuer Rechtsform. Zu den Mitgründern der HAB zählen Wilhelm Geiger, Bahnhofswirt und Weinhändler, Rechtsanwalt Dr. von Feder und Kaufmann Friedrich Reitz. Vorstand ist Ludwig Scholl, Karl Kleinlein fungiert zunächst als Braumeister und ist 1890–97 immerhin noch als Vorstandsmitglied aktiv. Von diesem Amt wechselt Brauereidirektor Kleinlein in den Aufsichtsrat. 1902 stirbt Karl Kleinlein im Alter von 66 Jahren.

Das Aktienkapital der HAB beträgt 300.000 Mark, der Jahresausstoß liegt zunächst bei 15.000 hl und wächst in den folgenden Jahren kontinuierlich. Schon im Frühjahr 1884 beginnt eine Werbeoffensive der Aktienbrauerei, die mit Anzeigen auf ihre Sorten wie Lagerbier, Gambrinus-Bräu und Bockbier aufmerksam macht. Die nächsten Jahre sind bestimmt von Expansion und Neuanschaffungen. 1887 wird die erste Eismaschine bestellt. Darüber freuen sich auch die Bergheimer und Weststädter, die sich zahlreich im Brauereihof der Bergheimer Str. 93 einfinden, um an dem im Maschinen- und Kesselhaus hergestellten Stangeneis zu partizipieren.

1895 wird das Aktienkapital von 300.000 auf 500.000 Mark erhöht. Die Dividenden schwanken in den Folgejahren zwischen 7 und 10%. Im Geschäftsjahr 1896/97 liegt der Jahresausstoß erstmals über 30.000 hl. 1899 wird der Gärkeller neu gebaut, die Produktion automatisiert; neue 220 hl-Lagerfässer werden angeschafft.

Das äußere Erscheinungsbild der Brauerei ist um 1900 nicht ganz einheitlich. Mal tritt sie mit ihrem offiziellen Namen »Heidelberger Aktienbrauerei vorm. Kleinlein« auf, mal kurz als Aktienbrauerei Kleinlein. Der Name Kleinlein ist in Heidelberg bekannt und weniger umständlich, später benennt sich die Brauerei offiziell in Kleinlein AG um. 1905 bis 1932 nimmt Emil Roesler, Stadtrat und Gebäckfabrikant, die Position des Aufsichtsratvorsitzenden ein.

Viele und wichtige Gaststätten werden von der HAB beliefert, darunter der »Stall« direkt neben dem Hauptbahnhof. Der Brauerei-Ausschank in der Bergheimer Str. 89, nach dem Wirt »Zum Bertsch« genannt, ist ein beliebter Treffpunkt. Ebenso das Stammhaus der Brauerei, das »Goldene Schaf« in der Hauptstraße, wo sich vor dem Ersten Weltkrieg auch zahlreiche Vereinsstammtische treffen wie der Heidelberger Kanonierverein, die Badischen Leibgrenadiere Heidelberg oder der katholische Männergesangverein Constantia.

1907 verfügt die HAB über rund 70 Beschäftigte und verbraucht ca. 145 PS Motorleistung.[1] Ein direkter Gleisanschluss ist vorhanden, mindestens ein firmeneigener Eisenbahnwaggon wird eingesetzt. Per Bahn werden Rohstoffe angeliefert, aber auch Bierfässer versandt. Nachdem um 1900 das Eisenbahnnetz bis in entlegene Gebiete des Odenwalds ausgebaut ist, gehen z.B. Fässer der Heidelberger Aktienbrauerei per Bahn an die neu gebaute Station Waldmichelbach, wo Biergroßhändler Morr sie mit seinem Pferdefuhrwerk abholt und die Gaststätten des Umkreises mit Heidelberger Bier beliefert.[2] Im Jahr 1911 setzt die Brauerei für die Bierauslieferung erstmals Lastautos ein, die nach und nach die Pferdefuhrwerke ersetzen. Doch sind die letzten beiden Brauereipferde bis 1962 im Einsatz. Neue Dampf- und Eismaschinen werden aufgestellt, benachbarte Grundstücke aufgekauft. Der Jahresausstoß erreicht im letzten Geschäftsjahr vor dem Krieg unter Braumeister Hans Hansen 60.000 hl. Damit ist die Heidelberger Aktienbrauerei vor Schroedlbräu und Engelbräu zur führenden hiesigen Brauerei und zu einer der größeren Brauereien in Baden aufgestiegen.

1914, etwa zeitgleich mit Engelbräu, setzt die Heidelberger Aktienbrauerei erstmals ihr Markenzeichen ein. Geworben wird mit dem Profil des Schlosses (von Osten), unter dem entweder der komplette Name der Brauerei oder die Abkürzung HAB für Heidelberger Aktienbrauerei steht. Die Umrahmung ist zunächst rechteckig. Schon bald finden sich auch ovale, dann runde Rahmen. In Varianten bleibt die Schlossansicht als Logo der Brauerei, die später mehrere Namens- und Eigentümerwechsel erlebt, bis zum Ende des 20. Jh.s erhalten.

6.2 Schroedl'sche Brauereigesellschaft AG (1887)

Friedrich Schroedl zieht 1876 mit seiner renommierten Brauerei aus dem »Faulen Pelz« in der Zwingerstraße um in die Bergheimer Str. 117/Ecke Kirchstraße. Schroedl führt die Brauerei zusammen mit Friedrich Olinger, der schon nach wenigen Jahren die Brauerei übernimmt. Spätestens ab 1886 heißt es in Anzeigen: »Bier aus Brauerei Schroedl (Olinger)«. Dem Trend der Zeit entsprechend wird am 1. Oktober 1887 der Betrieb in die Schroedl'sche Brauereigesellschaft AG umgewandelt. Der Bierausstoß steigert sich von rund 28.000 hl bis auf 43.000 im Jahr 1901. Die Dividenden klettern in diesem Zeitraum von 7 auf 12%. Friedrich Olinger ist und bleibt bis zum Ende der Brauerei im Aufsichtsrat, Carl Gulden ist Prokurist.

Die »Schroedl'sche Brauereigesellschaft« besitzt umfangreiche Brauereigebäude sowie einen Brauereiausschank mit großer Gartenwirtschaft. Über die Eppelheimer Straße ist die Brauerei durch ein Extragleis an das Eisenbahnnetz angebunden und verfügt über mindestens einen eigenen Bahnwaggon zur Rohstoffbeschaffung und Auslieferung. An der Hauswand in der Bergheimer Straße ist weithin der von einem Strahlenkranz gekrönte riesige Schriftzug »Schroedl'sche Brauereigesellschaft« zu sehen. Schroedlbräu ist die erste Heidelberger Brauerei, die systematisch Werbung betreibt. Schon die Privatbrauerei Schroedl geht Anfang der 1880er-Jahre mit einem eigenen Logo in die Öffentlichkeit. Ein typischer Schriftzug und das Heidelberger Fass sollen das Produkt unverwechselbar machen. Als AG firmierend verstärken sich diese Bemühungen. Bereits 1887 wird für die eigene Schutzmarke geworben. Die Bierdeckel von Schroedlbräu zählen zu den ältesten in ganz Deutschland, zwei Varianten sind bislang bekannt. Das auf den Deckeln abgebildete Heidelberger Fass, zeitweise auch von der Fassbürstenfabrik Gallus Mahler benutzt, ist allerdings ab 1895 als Warenzeichen beim Berliner Kaiserlichen Patent-

»Schroedl« in der Bergheimerstraße, Ecke Kirchstraße, zeitweise Heidelbergs größte Brauerei (STAHD)

»Schrödl«-Werbung mit dem Großen Fass, Annonce im Heidelberger Anzeiger vom 31. Juli 1886 (STAHD)

»Schroedl« ist eine der ersten deutschen Brauereien, die auf bedruckten Bierdeckeln wirbt, um 1900 (Privatsammlung)

Heidelberger Brauereiarbeiter, um 1900 (Privatsammlung)

amt gemeldet und geschützt.[3] Inhaber der Lizenz ist der Weinhändler und Gastronom Wilhelm Geiger, Mitgründer der Heidelberger Aktienbrauerei vorm. Kleinlein, in dessen Haus in der Bergheimer Str. 3 wiederum Brauereidirektor Friedrich Olinger wohnt.[4] Das berühmte Fass vom Schloss ist ja eigentlich ein Weinfass. Dieses steht aber wohl als weithin bekanntes Heidelberg-typisches Bild und Symbol für Kurpfälzer Lebensgenuss.

Der Immobilienbestand der Brauerei und ihr Absatzgebiet sind nicht unbedeutend. Das Brauereigelände umfasst um 1900 das Areal entlang der Ostseite der Kirchstraße, zwischen der Bergheimer Straße 117 und der Eppelheimer Landstraße 28 (heute Alte Eppelheimer Str.). Brauereiausschank, Bierkeller und der Biergarten sind ein bei den Bergheimern beliebter Treffpunkt. Die Gebäude bleiben im Kern erhalten, bis um 1990 die Heidelberger Druckmaschinen hier einen Neubau errichten. Ferner gehören Schroedlbräu Liegenschaften in der Hauptstr. 142, in Neuenheim, etwa der »Deutsche Kaiser« in der Ladenburger Str. 26, und Handschuhsheim, so in der Dossenheimer Landstr. 40 die »Neue Pfalz« und der 1912 erbaute »Auerstein« (Nr. 82). In Bruchsal besitzt die Brauerei in der Wilderichstr. 45 ein eigenes Depot, was wiederum, wie auch der Gleisanschluss und der firmeneigene Eisenbahnwagen, auf eine gewisse Exporttätigkeit schließen lässt. Einige renommierte Heidelberger Lokale zapfen Schroedl, wie z.B. in der Hauptstraße die ehemaligen Brauereien »Goldene Rose«, »Zum Gutenberg« (Majerei) und der »Weiße Schwan«. Die Karlstor-Wirtschaft und die Restauration »Westendhalle« in der Bergheimer Straße führen ebenso Schroedlbräu wie die ehemaligen Brauereien Höckel in der Haspelgasse oder der »Goldene Löwe« am Heumarkt. In der Weststadt sind der »Pfälzer«, Römerstr. 24, das »Krokodil«, Kleinschmidtstr. 12, und die »Erholung«, Gaisbergstraße, sowie die Wirtschaft am Güterbahnhof bei Schroedl unter Vertrag. Hotel und Restaurant »Reichshof« am Wredeplatz gehören ebenso zu den Schroedl-Kunden wie die Restauration am Schlosseingang, neben der »Burgfreiheit«. Das Neuenheimer »Schwarze Schiff« und in Handschuhsheim das »Bachlenz« und die »Eintracht« werden gleichfalls beliefert.

In diesen Wirtschaften sowie in zahlreichen Ladengeschäften ist auch spätestens seit 1884 Flaschenbier der Schroedlbrauerei zu haben. Im Februar braut Schroedl sein saisonales »Seppel-Bier«. Am Vorabend des Ersten Weltkriegs steht die Brauerei auf gleicher Stufe mit der HAB, und zwar hinsichtlich Bierausstoß wie der Anzahl der Beschäftigten. Die Geschäfte laufen bis zum Krieg gut, Dividenden um 10% werden ausgeschüttet. Zeitweise scheint es, als wolle Schroedlbräu die nur wenige Hundert Meter entfernte Heidelberger Aktienbrauerei Kleinlein »schlucken«. Wenige Jahre später kommt es genau umgekehrt.

6.3 Brauereigesellschaft Zum Engel vorm. Chr. Hofmann (1899)

Bis Mitte des 19. Jh.s ist die 1797 gegründete Brauerei »Zum Goldenen Engel« eine von vielen Heidelberger Brauereien und gehört nicht zu den größten. Wechselnde Braumeister und Wirte, zuletzt aus der Familie Jäger, führen die Brauerei. Nach dem Tod von Jakob Jäger erwirbt auf der Versteigerung 1881 Bierbrauer Stephan Hofmann aus Mannheim den Betrieb für 151.000 Mark. Hofmann betreibt die Brauerei mit viel Erfolg und modernisiert sie gründlich. Langsam wird aus dem Handwerksbetrieb ein fabrikmäßig betriebener Brauereibetrieb. Ab 1885 verkauft Hofmann »feinstes Lagerbier in Flaschen«. Sein Sohn Christof hilft schon früh in der Firma mit und übernimmt sie schließlich. Als letzter Inhaber kann er, mit dem Erbe des Bruders (die anderen Geschwister findet er ab), 1892 auf ein stattliches Brauereianwesen als Eigentum schauen. Die Raumnot in der engen Altstadt zwingt zu intensiver Platznutzung. In den 1890er-Jahren werden ein neuer Gärkeller und ein Maschinenhaus gebaut. Zwei Dampfkessel dienen der Dampferzeugung für die Dampfmaschine. Diese treibt das Sudwerk im Sudhaus, die Schrotmühle und die Dynamomaschine an. Diese wiederum versorgt diverse Elektromotore und bereitet den Lichtstrom. 1891 wird der Braubetrieb für eine Höchstleistung von 25.000 hl Ausstoß und 40 ztr Malzschüttung eingerichtet. Im mehrstöckigen Keller lagert Natureis aus dem Neckar für die Sommerkühlung.

Auch die Engelbrauerei stellt sich auf den Geschmack der Heidelberger ein, die zunehmend das helle Bier schätzen. Das hat Konsequenzen: Die Gär- und Lagerkapazitäten reichen nicht mehr aus. Die Keller sind zu klein und schlecht ventiliert. Im Sommer ist die Kohlensäure so dicht konzentriert, dass mit halbstündiger Ablösung gearbeitet werden muss.[5] Nachbargrundstücke werden gekauft und die Keller vergrößert, eine neue Ventilation und künstliche Kühlung eingebaut.[6]

Den Bedürfnissen der Zeit folgend, die Kapital und Investitionen erfordern, wandelt die Familie die Personenfirma mit Wirkung vom 22. April 1899 in die »Brauereigesellschaft zum Engel vorm. Chr. Hofmann AG« um. Damit ist Engelbräu die jüngste der drei Heidelberger Aktienbrauereien. Die neue AG entwickelt sich prächtig, schon im zweiten Geschäftsjahr werden 32.730 hl gebraut. Das Anwesen wächst durch ständigen Zukauf von 16a (1881) auf über 28a (1909) an. 1903 wird eine neue Flaschenabfüllanlage erworben. Der alte Brunnen unter dem Sudhaus reicht nicht mehr, ein neuer Brunnen

Engelbräu
Heidelberg

helle und dunkle Lagerbiere
Spezialbiere:
Heidelberger Pilsener
und Winterbock.

»Engelbräu« präsentiert sich mit den Engeln vom Ruprechtsbau des Heidelberger Schlosses, Werbepostkarte und Glaskrug (Privatsammlung)

auf dem Betriebsgelände wird 65 m tief in die Erde gebohrt. Das sehr harte Wasser ist zum Brauen weniger geeignet. Also wird verstärkt auf städtisches Leitungswasser zurück gegriffen. In Dampf- und Elektroenergie ist Engelbräu autark, Kühlung und Eisproduktion werden als Selbstversorger realisiert. Der Dynamo versorgt auch die Wirtschaft, stört allerdings durch seinen Lärm die Nachbarschaft und muss isoliert werden[7].

Nicht immer erfolgreich verlaufen die Versuche, neue Absatzmärkte zu sichern. 1900 versucht Engelbräu, den Kleinbrauer Philipp Lauth (1820–1903) in Walldorf zu übernehmen, gibt aber dessen Bierbezugsgarantie schon ein Jahr später gegen eine Abfindung von 20.000 Mark zurück. Ähnlich geht es mit der Übernahme der Metz'schen Brauerei in Weinheim.[8] Malz wird von einigen kleineren Mälzereien bezogen, zum Beispiel bis 1905 von Friedrich Lenz vom »Bachlenz« in Handschuhsheim.

1907 hat die Engelbrauerei ca. 60 Beschäftigte, zehn weniger als die HAB, und verbraucht rund 130 PS Motorleistung, 15 PS weniger als die HAB.[9] Der Fuhrpark der Brauerei leidet unter der Raumnot. Um 1900 hält Engelbräu 26 Pferde. Trotz der beengten Räumlichkeiten und Problemen mit Nachbarn wegen Lärmbelästigung scheint die Engelbrauerei einen Standortwechsel nie ernsthaft zu erwägen – soweit aus den erhaltenen Geschäftsberichten und sonstigen Dokumenten ersichtlich. Als einzige bleibt sie in der Altstadt, bis zu ihrem Ende 1967.

Außer in der Stammwirtschaft »Zum Goldenen Engel«, Hauptstr. 67, ist Engelbräu in zahlreichen Heidelberger Wirtschaften erhältlich. So zapfen die Gaststätte »Zur Inselbrauerei«, Plöck, die »Backmulde« in der Schiffgasse und die »Ritterhalle« in der Leyergasse, alles selbst früher Brauereien, Engelbräu. Im Cafe Krall, später Schafheutle, dessen Besitzer im Aufsichtsrat von Engelbräu sitzt, ferner in den Cafes Knösel und Pflüger ist Engelbräu ebenfalls vertreten. In Bergheim und der Weststadt beliefert die Brauerei mindestens fünf Gasthöfe, darunter den »Schützenhof«, Bergheimer Straße. In Neuenheim und Handschuhsheim gibt es mindestens sechs Ausschankstellen. In Rohrbach und Kirchheim kommen sechs weitere Lokale hinzu, zwei in Wieblingen. Auch im Umkreis wird ausgeliefert, etwa schon 1894 an den »Goldenen Löwen« in Schönau, nach Neckargemünd und Forst.

Engelbräu erkennt die Zeichen der Zeit und lässt ab etwa 1910 Bierdeckel drucken. Brauereikrüge und -gläser werden in Auftrag gegeben, Glas-/Emailschilder für die Werbung eingesetzt. Eine originelle Werbeidee hat Engelbräu mit seinem spätestens seit 1914 verwendeten Symbol, das den Firmennamen mit Heidelberg verbindet und ausgesprochen einprägsam ist. Das Logo benutzt die beiden in Sandstein gehauenen Engel vom Ruprechtsbau des Heidelberger Schlosses. Das Relief wurde zu Beginn des 15. Jahrhunderts von dem Frankfurter Baumeister und Bildhauer Madern Gerthner geschaffen. Oechelhäuser bezeichnet das Werk als »Juwel des Baues, ein Meisterwerk gotischer Plastik«, das »zum Wahrzeichen des kurpfälzischen Herrschersitzes geworden« und zugleich »steinernes Rätsel« sei.[10] Zu sehen sind zwei kindliche Engelsgestalten, deren Flügel einen hoch aufstrebenden Baldachin bilden. Die gelockten Engel sind mit einem weiten, in Falten geworfenen Gewand angetan und halten einen Kranz mit fünf Rosen. In der Mitte dieses Kranzes befindet sich ein Zirkel, dessen geöffnete Schenkel nach unten zeigen. Hintergrund und Bedeutung des Reliefs sind in der Tat bis heute ein Rätsel geblieben. Die Sage erzählt, dass die beiden kleinen Söhne des Baumeisters beim Spielen vom Baugerüst zu Tode stürzten. Der trauernde Vater legte täglich einen Kranz aus Rosen am Grab seiner Kinder bei der Peterskirche nieder. Im Traum sah Meister Gerthner die Knaben als strahlende Engel, die ihm den Kranz, den er am Morgen am Grab niedergelegt hatte, zurückgaben. Als der Baumeister erwachte, sah er denselben Kranz frisch und duftend vor sich liegen. Nun wusste Gerthner, wie der Schlussstein des Portals aussehen sollte, und konnte den stockenden Bau vollenden. Von seiner Baukunst nahm Gerthner für immer Abschied. Schon bei der Einweihung des Gebäudes war der Meister verschwunden. Er war nun Mönch auf dem Heiligenberg und schaute täglich zur Peterskirche hinab, bis eines Nachts die beiden Engel wieder erschienen, ihn mit Rosen bekränzten und seine Seele abholten. – Soweit die Sage, die

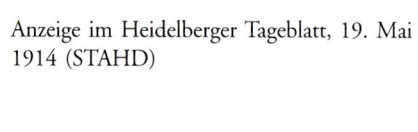

Anzeige im Heidelberger Tageblatt, 19. Mai 1914 (STAHD)

in mehreren Varianten in der Kurpfalz geläufig ist. Bis heute bleibt unklar, ob das Emblem als schlichtes Architektenzeichen, Geheimchiffre oder Ausdruck des Marienkults zu verstehen ist.[11]

Die Engel vom Ruprechtsbau wurden ferner von der Heidelberger Freimaurerloge »Ruprecht zu den 5 Rosen« als Symbol gewählt.[12] Auch die Dichtung ließ sich von den Engeln inspirieren, so Adolf Hausrath, alias George Taylor, in seinem Roman »Klytia« (1882) und Gertrud von Le Fort in »Der Kranz der Engel« (1946).[13]

Das Firmenemblem von Engelbräu benutzt und vereinfacht die bekannten Engelsgestalten, profanisiert den Kranz aus Rosen zum Hopfengebinde und ersetzt den Zirkel durch den Brauerstern. Dieser sechszackige Stern ist das alte Symbol des Brauhandwerks und der Form nach identisch mit dem Davidstern. Das Hexagramm war schon vor Tausenden von Jahren verschiedenen Völkern geläufig.[14] Als Brauersymbol ist der Stern in Deutschland seit 1397 nachweisbar und auf der Darstellung eines Nürnberger Sudwerkes zu finden. Der Stern diente als weithin sichtbares Zeichen für die Braugerechtigkeit und ist auf alten Krügen sowie in Dokumenten der Bierbrauer zu finden. Manchmal ergänzt durch die typischen Handwerksgeräte der Brauer wie Malzschaufel oder Gärbottich. Parallel hierzu wurde das Hexagramm auch als jüdisches Symbol verwendet; der erste zionistische Weltkongress wählte 1897 den Stern als Zeichen des Judentums. Die Deutung des Brauersterns ist unklar. Viele Deutungen gehen von einer mystischen Bierformel aus. So wird das eine Dreieck als Verkörperung der drei am Brauvorgang beteiligten Elemente (Brauwasser, Feuer zum Sieden, Luft beim Gärvorgang), das andere als Zeichen der drei Arbeitsvorgänge (Mälzen, Kochen, Gären) gesehen. Andere Deutungen vermuten eine Konjunktionsdarstellung im Tierkreis der Sterne und lesen eine Beziehung zwischen Merkur und der ägyptischen Biergöttin Hathor heraus.

Engel werden auch von anderen Brauereien als Symbol verwendet. Es handelt sich allerdings immer um einen einzelnen Engel, meist im Flug dargestellt. Die Berliner Brauerei Engelhardt wirbt mit einem vitalen, frivol grinsenden Engel, der nur über winzige Stummelflügel verfügt und an Amor erinnert. Im Gegensatz hierzu wirken die Heidelberger Engel eher verträumt-romantisch – passend zur Aura der Stadt. Während der kecke Berliner Engel ein überdimensionales schäumendes Bierglas hält, zeigen die beiden elegisch dreinblickenden Heidelberger Engel diskret nur die Symbole des Brauens.

Mit dem neuen Firmenemblem gelingt Engelbräu ein Heidelberg-Bezug der besonderen Art. Vielleicht ist die Krisenresistenz und Langlebigkeit dieser Brauerei zum Teil auch mit dem geschickten Werbeauftritt verbunden. Das Engelbräu-Logo wird unverändert von 1914 bis zum Anfang der dreißiger Jahre verwendet und dann mit Variationen bis zum Ende der Firma 1967.

Am Vorabend des Ersten Weltkriegs steht die Brauerei gut am Markt. Sie ist mit dem Bierabsatz »sehr zufrieden«, verfügt über »reichliche Vorräte zu günstigen Preisen« und macht einen Nettogewinn von 50.000 Mark.[15] Geführt wird die Brauerei nun von Braumeister und Direktor Karl Claeßner, Heidelberg und Posen, und Heinrich Wirth.

6.4 Kronenbrauerei GmbH (1897)

Neben den genannten drei Aktienbrauereien wählen zwei Bierbrauereien die Form der GmbH. Die Kronenbrauerei in Neuenheim geht auf das Gründungsjahr 1857 zurück. Die Wirtschaft »Zur Krone« dürfte um einiges älter sein. Die »Krone« besitzt, wie das benachbarte »Schwarze Schiff«, eine günstige Lage zur Anlegestellestelle der Fähre, die auf Heidelberger Seite einst bei der Fahrtgasse liegt. Hier setzen viele Menschen über, denen der Weg über die weiter östlich gelegene Brücke zu weit ist. Als 1877 die neue Friedrichsbrücke, heute Theodor-Heuss-Brücke, fertig gestellt wird, liegt das Gelände der »Krone« an der Auffahrt Brückenkopfstraße; ihr ausgedehnter Biergarten grenzt im Westen an die Brückenstraße. Mit der Entschädigung für den Brückenbau, wodurch der Garten verkleinert werden musste, baut die »Krone« ihr Anwesen aus, errichtet einen Tanzsaal und vergrößert den Eiskeller.

Die bei Neuenheimern, Heidelberger Studenten und Durchreisenden beliebte Brauereiwirtschaft wird um die Mitte des 19. Jh.s von der Familie Leibert betrieben. Besondere Berühmtheit erringt Johann Leibert (1835–95), der nicht nur für sein »treffliches Bier«[16], sondern auch für seine vier hübschen Töchter bekannt ist. Einer seiner Lehrjungen, Peter Gilbert, wechselt 1871 von der Neuenheimer »Krone« nach Handschuhsheim, um dort später im »Goldenen Adler« seine eigene Brauerei zu betreiben.

Der Name des meist in Pacht gegebenen Lokals wechselt häufig. Die Wirtschaft heißt mal »Alte Krone«, mal »Neue Krone«, mal »Kaiserhof«. Mit einem Bockbierfest eröffnet die Kronenbrauerei ihre altdeutsche Bierhalle und hält Konzerte im Kronengarten ab.

Die Ära der Familie Leibert endet 1893. Rudolf und Hermann Beinhauer wandeln den Betrieb 1897 in die Kronenbrauerei Heidelberg GmbH um. Mit Werbeanzeigen, eigenen Bierflaschen mit Kronenprägung und Schriftzug »Heidelberg«, Bierkrügen mit Firmenemblem und Ansichtskarten mit Fotos der Brauerei und der Aufschrift »Gruss aus der Kronenbrauerei Heidelberg-Neuenheim« greift die Brauerei die zum wirtschaftlichen Überleben notwendigen Innovationen ihrer Zeit auf.

Bereits seit 1883 verkauft Kronenbräu Flaschenbier. 1903 verfügt die Brauerei über 19 Verkaufsstellen in Heidelberg, die ihr helles und dunkles Kannen- und Flaschenbier anbieten. Kronenbräu ist in allen Stadtteilen Heidelbergs verbreitet; außer in der Stammwirtschaft mit ihren häufig wechselnden Pächtern etwa im »Grünen Baum« in der Steingasse. Die Neuenheimer Wirtschaft »Zur Rose«, Ladenburger Str. 23, zapft ebenso Kronenbräu wie die ehemalige Brauerei Grün in der Lutherstraße und der »Grüne Hof« in Handschuhsheim. Die Restaurationen »Zum Neckarthal«, Untere Neckarstr. 15, und Kolbs Bierkeller bieten Kronenbräu an und ebenso der renommierte »Prinz Max« in der Marstallstraße. Auch außerhalb der Stadtgrenzen ist Kronenbräu vertreten. So ist ein Vertrag zwischen der Kronenbrauerei und dem Zäpfler der Plankstadter Wirtschaft »Zum Pflug« erhalten.[17] Die Kronenbrauerei gibt ihr Bier ab zu 23 Mark pro Hektoliter, 1/1 Flasche für 16 Pfg., Bock- und Märzenbier zu Sondervereinbarungen. Das Lokal darf keinen Obstwein anbieten, Traubenwein muss mindestens 20 Pf für ¼ kosten. Die Einrichtung der Gaststätte soll dem »Character als Bier-, nicht Weinwirtschaft« entsprechen.

Die Kronenbrauerei GmbH übernimmt auch die Vertretung Münchener (Kochelbräu), Karlsruher und Kulmbacher Brauereien, nach dem Motto: Lieber liefere ich Konkurrenzprodukte aus und verdiene daran, bevor es andere tun. Die Brauerei, zu deren Geschichte detaillierte Unterlagen fehlen, ist offenbar so gesund und kapitalkräftig, dass sie 1908 die

Fröhliche Studenten in der »Krone« der Forschung, Biergarten der »Kronenbrauerei«, Neuenheim (STAHD)

in Konkurs gegangene Brauerei Rapp »Zum Goldenen Fässchen GmbH« am Güterbahnhof 7 und 9 übernimmt. Diese hatte erst acht Jahre zuvor dort ihre großen neuen Braugebäude errichtet. Höchstwahrscheinlich braut die Kronenbrauerei unter ihrem Namen nun im Goldenen Fässchen, zumindest wird dort die Mälzerei noch weiter betrieben.

Ihr Stammhaus mit großem Garten an der Brückenstraße ist vor dem Ersten Weltkrieg beliebter Treffpunkt, auch von Vereinen wie dem Militärverein Neuenheim und dem Männergesangverein Eintracht.

Die Brauerei beschäftigt 1914 etwa 20 Arbeiter, verfügt über umfangreiche Immobilien und Anlagen am Brückenkopf und am Güterbahnhof. Sie arbeitet mit Dampfkraft und Elektrizität, verfügt über ihre eigene Mälzerei, die Überschuss produziert und Malzkeime verkauft, und besitzt eine neue Linde-Eismaschine. 1916 allerdings ist die Kronenbrauerei auch bedingt durch den Ersten Weltkrieg am Ende. Sie wird von der Heidelberger Aktienbrauerei aufgekauft.

6.5 Zum Goldenen Fässchen vorm. Karl Rapp GmbH (1900)

Das Goldene Fässchen gehört zu den Brauereien, die den Sprung von der Altstadt in das Boomgebiet Heidelberger Westen wagen. Das Stammhaus in der Ingrimstr. 16 braut wohl schon im 18. Jahrhundert Bier und ist um 1830 als Treffpunkt bei revolutionär gesinnten Studenten beliebt. Unter Karl Rapp, aus Geislingen zugezogen, weitet sich der Braubetrieb ab 1868 aus. Spätestens seit 1889 verkauft Rapp sein Bier in Flaschen. Als Karl Rapp 1894 stirbt, führt seine Witwe den Betrieb weiter. Sechs Jahre später verlegt die Brauerei ihre Produktion an den Güterbahnhof und wandelt ihre Betriebsform um in eine GmbH.

Am Güterbahnhof besitzt die Brauerei schon seit Jahren Gelände mit Lagerkellern und betreibt dort bereits 1887 »Rapps Bierkeller«.[18] Ab dem Jahr 1900 hat die neu gegründete Brauerei zum Goldenen Fässchen vorm. Karl Rapp GmbH ihren Sitz am Güterbahnhof 7 und 9, das entspricht dem Abschnitt der heutigen Kurfürstenanlage zwischen dem Römerkreis und der Belfortstraße. Der Schornstein der Brauerei liegt rückwärts an der Ringstraße, damals Bahnlinie. Die Brauerei arbeitet mit Dampfmaschinen und hat zwölf Beschäftigte. Das Stammhaus in der Altstadt, das nun als Verkaufsstelle für Flaschenbier fungiert, wird umgebaut und erhält anstelle der Braueinrichtung einen neuen Saal, in dem über 100 Personen Platz finden. Mit Elan und offenbar auch zunächst genügend Kapital kämpft die neue GmbH um ihren Marktanteil. Ansichtskarten – aufwändig zweifarbig lithographiert – werben mit der Darstellung der neuen Brauerei. Bier-

Ganz im Trend der Zeit setzt das »Goldene Fässchen« auf Werbung und offeriert sein Spezialbier: »Neckarperle«, 1907 (STAHD)

krüge mit eingeritztem Firmennamen und Fassdarstellung im Zinndeckel werden angeschafft und mehrfarbige Werbeplakate mit verschlungener Jugendstilornamentik gedruckt. Dass Fässer als Symbol einer Bierbrauerei taugen, liegt auf der Hand. Das Goldene Fässchen wählt ein auf dem Boden stehendes, bauchiges Fass als Firmenlogo. In den Lokalzeitungen erscheint eine Anzeigenkampagne, die geheimnisvoll fragt: »Was ist Neckarperle?«, um Tage später aufzuklären, dass es sich um eine neue Biersorte vom Goldenen Fässchen handelt.

Vielleicht übernimmt man sich finanziell mit den Maßnahmen, vor allem mit dem Neubau und der Werbung. Jedenfalls wird das Goldene Fässchen von den nach dem Brauereisterben am Ende des 19. Jh.s noch übrig gebliebenen Heidelberger Brauereien das erste Opfer des sich erneut verschärfenden Konkurrenzkampfs. Im Frühjahr 1908 verkauft die Brauerei ihre Gastwirtschaft »Zum Karlstor« für 96.000 Mark an die Herrenmühle AG.[19] Wenige Tage später scheiden Theodor Rapp, Bruder des verstorbenen Karl Rapp, und Valentin Mayer als Geschäftsführer aus der Gesellschaft aus. Im Juni wird die GmbH aufgelöst. Zum Liquidator wird der bisherige Geschäftsführer Dr. chem. Frank Whitlock Naraway bestellt. Zwei Wochen später ist die Brauerei Goldenes Fässchen unter Mitwirkung der Dresdner Bank und der Firma Leon Weil an die Kronenbrauerei Heidelberg GmbH verkauft. Der seit über vier Jahren für das Goldene Fässchen tätige Braumeister und technische Direktor Franz Schnura wird von der Kronenbrauerei

Stolz auf die technische Entwicklung: die neue Brauerei »Zum Goldenen Fässchen« im Heidelberger Westen (Privatsammlung)

übernommen. Diese firmiert ab diesem Zeitpunkt unter den Adressen Brückenkopf und Güterbahnhof. Offenbar braut sie in den moderneren Anlagen des Goldenen Fässchens weiter. 1916 übernimmt die Heidelberger Aktienbrauerei die Kronenbrauerei, und damit sämtliche Anlagen des ehemaligen Goldenen Fässchens. Die Brauereigebäude samt Schornstein stehen noch Jahrzehnte lang und werden von diversen Firmen genutzt, dienen u.a. als Sitz für die Heidelberger Radium-Heilwasser-Fabrikation. Erst die Verlegung des Heidelberger Hauptbahnhofs 1955 führt zur Neugestaltung und zum Abriss der alten Anlagen. Das Stammhaus in der Ingrimstraße wird als Lokal unter dem alten Namen »Goldenes Fässchen« weitergeführt und existiert noch heute unter anderem Namen als Feinschmeckerrestaurant.

7 Kriege, Krisen und Konkurse in der ersten Hälfte des 20. Jahrhunderts

7.1 Krisenzeichen

Zwar ist um 1900 die erste Konzentrationsphase im Brauwesen weitgehend abgeschlossen, doch noch bevor infolge des Krieges die nächste Konkurswelle rollt, zeigen sich Krisenzeichen. Von den über 800 Brauereien in Baden um 1900 existieren 1909 nur noch 525, wobei sich das Brauereisterben ab 1906 deutlich beschleunigt. Der badische Bierausstoß von ca. 3,2 Mio hl pro Jahr entwickelt sich rückläufig und stagniert in den letzten Vorkriegsjahren bei knapp 3 Mio hl.[1]

Die auf ständig wachsenden Bierkonsum setzende Strategie der Großbrauereien stößt offensichtlich an ihre Grenzen. Schließlich haben sich Absatzerwartungen einerseits an der »menschlichen Aufnahmefähigkeit« und andererseits an den finanziellen Möglichkeiten der Konsumenten zu orientieren. In den Jahren vor dem Ersten Weltkrieg ist offenbar diese Grenze erreicht und das Potenzial der Bier trinkenden Arbeiter, Handwerker, Soldaten und Studenten weitgehend ausgeschöpft. Die zur Verfügung stehenden Zahlen belegen diese allgemeine Tatsache auch für den Heidelberger Bierkonsum. Der Höchststand von ca. 130.000 hl hier gebrautem und 54.000 hl eingeführtem Bier ist 1904 erreicht.[2]

Einige ungünstige Umstände verstärken die Probleme, in die Brauereien in dieser Zeit geraten. Gute Obsternten machen Wein und Most billig. Kühle Sommer wirken sich ebenfalls ungünstig auf Absatz und Gewinn aus. Auch das geänderte badische Brausteuersystem trägt zu den Problemen der Brauereien bei. Ab 1905 gilt eine neue Staffelung mit erhöhten Preisen. Nimmt das Großherzogtum bis 1905 jährlich ca. sieben Mio Mark durch Biersteuer ein, steigen die Jahreseinnahmen aus dieser Steuerquelle bis 1911 auf über zwölf Mio Mark, ohne dass in dieser Zeitspanne der Bierausstoß im entsprechenden Verhältnis angestiegen wäre. Außerdem steigen die Rohstoffpreise und Produktionskosten in diesem Zeitraum deutlich. Braugerste und Hopfen, selbst die Kohle für die Dampfmaschinen werden teurer, ebenso die Anschaffung von Bierflaschen. Die Brauereien klagen wortreich über diese enormen Belastungen.[3]

Ein weiteres Hemmnis für den Bierabsatz sind die Boykott-Aktivitäten der in Heidelberg besonders rührigen Anti-Alkoholbewegung. Brauereien und Gastwirten macht die »mächtig einsetzende Abstinenzbewegung mit ihren masslosen Bestrebungen«, wie es manche Zeitgenossen sehen, zu schaffen.[4]

Steigende Lebenshaltungskosten dämpfen einmal mehr die Konsumkraft des Volkes. Ausgedehnte Streiks in der Maschinenindustrie und der Bauwirtschaft, so im Jahre 1906, haben nachteilige Folgen für die Brauereien, ebenso die Zunahme der ungeteilten Arbeitszeit ohne lange Pausen. Das mindert den Absatz an Flaschenbier oder den Ausschank in den Kantinen.[5] Mit Saisonbieren und Sondermarken suchen die Brauereien ihren Absatz zu stabilisieren. 1908, kurz vor ihrem Ende, versucht die Brauerei zum Goldenen Fässchen mit hohem Reklameaufwand ihre Marke »Neckarperle« am Markt zu etablieren, an Fasching wirbt Schroedl für sein »Seppel-Bier«.

Ab 1906 spiegeln die Heidelberger Zeitungen mit ihren vielen Meldungen und Annoncen über Pleiten, Konkurse und Zwangsversteigerungen aus allen Geschäftsbereichen die kritische wirtschaftliche Lage wider. Bei den Gastwirtschaften kommt es zu auffällig vielen Schließungen oder häufigen Pächterwechseln. Mancher Wirt übernimmt sich in den Jahren des Wachstums, wohl mitunter im Vertrauen auf die rosigen Versprechungen der Brauereien. Stetige Investitionen in Renovierungen und Erweiterungen führen so zu Verschuldung. Die allgemeine Lage bringt die Brauereien in eine Zwickmühle:

Denn Umsatzeinbrüche lassen sich bei gleichzeitig steigenden Kosten nur bedingt durch Preiserhöhungen im Bierverkauf auffangen, zumal dadurch wieder der Absatz gebremst und die Abwärtsspirale verstärkt wird.

Nachdem 1908 die »Brauerei zum Goldenen Fässchen vorm. K. Rapp GmbH« am Güterbahnhof aufgibt, produzieren am Vorabend des Ersten Weltkriegs in Heidelberg nur noch fünf Brauereien, nämlich die drei Aktienbrauereien Kleinlein, Schroedl und Engel, die Kronenbrauerei GmbH sowie als einziger Familienbetrieb das Zieglerbräu – fünf von einst 35 Brauereien nur 70 Jahre zuvor!

7.2 Kriegsfolgen

Der Erste Weltkrieg führt zu einer neuen Konzentrationswelle im Braugewerbe. Viele Brauereien, die die technologisch bedingte Konzentration nach 1880 und die Krise vor dem Krieg überstanden haben, sind nun unrettbar am Ende. Im Lauf der vier Kriegsjahre sinkt in Baden die Zahl der Brauereien von 433 auf 187. Im selben Zeitraum fällt die badische Biererzeugung von rund drei Mio hl im letzten Friedensjahr auf ganze 780.151 hl im Jahr 1918 ab.[6]

Noch im Frühsommer 1914 werben die hiesigen Brauereien für ihre Biere, Kleinlein und Engel erstmals mit ihren neuen Firmensymbolen. Ein Jahr später sind fast keine Werbeannoncen mehr zu finden. Dafür umso mehr Konkursanzeigen Heidelberger Geschäfte. In den ersten eineinhalb Kriegsjahren tauchen noch gelegentliche Hinweise in der Lokalpresse auf wie »Malztreber zu vergeben« oder auswärtige Brauereien suchen »Bierdepot« als Zwischenlager.

Als dann der Weltkrieg beginnt, sind im Deutschen Reich Begeisterung und Zuversicht groß. Auch die Heidelberger Brauer und ihre Angehörigen zeigen sich patriotisch und sozial, sie spenden großzügig für die Opfer des Krieges. »Frau Stadtrat Roesler«, die Gattin von Emil Roesler, des Aufsichtsratsvorsitzenden der Heidelberger Aktienbrauerei, Konditoreiwarenfabrikanten und Stadtrats, engagiert sich im »Flottenbund deutscher Frauen e.V.« Ortsgruppe Heidelberg.[7] Ebenso die Bierbrauerfamilie Bartholomä, die beim »Heidelberger Opfertag« für Kriegsopfer spendet. Emma Bartholomä gibt 500 Mark, Henry Bartholomae aus Chicago schickt 200 Mark in die Heimat.[8] Die Heidelberger Aktienbrauerei stellt dem Roten Kreuz 3.000 Mark zur Verfügung, eine »reiche Schenkung«, wie die Lokalpresse vermerkt.[9]

Doch die Lage der Brauereien wird langsam bedrohlich. Die Rohstoffe werden kontingentiert. Vor allem Gerste wird immer rarer. Und das Bier immer dünner. Außerdem verteuert es sich erheblich. Der Hektoliter steigt auf einen Schlag auf 36 Mark, eine Erhöhung um satte 50% wegen der Kriegslage und der gestoppten Gerstenzufuhr aus Rumänien.[10] Neben der Knappheit und Verteuerung der Rohstoffe müssen die Brauereien Materialablieferungen verkraften und die Familien der ins Feld eingezogenen Mitarbeiter unterstützen. Ganze Pferdegespanne samt Fahrer werden eingezogen, Metallteile wie kupferne Sudkessel werden requiriert.

Viele Soldaten sind in der Stadt einquartiert, die Stadthalle wird Lazarett. Wirtschaften wie das »Siebenmühlental« werden in Erholungsheime für Soldaten umgewandelt. Allerdings ergeben sich massive Probleme. Der Wirtschaftsbesuch von verwundeten oder zur Erholung in der Stadt weilenden Soldaten führt bereits in den ersten Kriegsmonaten »zu schweren Mißständen« und soll verboten werden (Schlägereien, alkoholische Exzesse usw.).[11] In den folgenden Monaten werden tatsächlich mehrere Wirte angezeigt, die verwundete Soldaten bedienen. Ab 1916 erledigt sich dieses Problem insofern, als gar nicht genügend Bier zur Verfügung steht.

Entsprechend unglücklich sind die Gastwirte über die Kriegssituation. Die Gäste werden weniger. Ferner kommen sie nicht umhin, die Bierpreiserhöhungen der Brauereien an ihre Kunden weiterzugeben. Den Brauereien ist ab 1. März 1915 per Reichsverordnung eine Einschränkung der Malzverwendung auf 60% auferlegt. Ab 1. Dezember 1915 gilt ein erneuter »Bieraufschlag« der Brauereien. Der Heidelberger Wirte-Verein bittet per Annonce die »Einwohnerschaft Heidelbergs und der Landorte« um »freundliche, gefällige Nachsicht«, dass der »Bieraufschlag« in Kraft getreten sei, »trotz eindringlichster Mahnung ... gegenüber dem Brauereiverband man möge mit der Bierpreiserhöhung noch 1 bis 2 Monate zuwarten, bis das Kriegsende eher vorauszusehen« sei.[12]

Teilweise werden auch die Brauereilokale zweckentfremdet und für Kriegszwecke benutzt. 1916/17 wird im Zieglerbräu, wohl wegen der Lage und Größe der Räumlichkeiten, die zentrale Milchablieferstelle eingerichtet, die angesichts der immer knapper werdenden Rohstoffe die Molkereiprodukte im Stadtkreis verteilt.[13]

Letztlich ist es die Häufung ungünstiger Bedingungen, die viele Brauereien in Schwierigkeiten bringt. Massiver Absatzrückgang, kontingentierte und verteuerte Rohstoffe, Ablieferung von Material und Pferden, die Einberufung vieler Mitarbeiter an die Front sind für viele kleine bzw. kapitalschwache Betriebe nicht durchzustehen. Muss in einem Kleinstbetrieb der Wirt und Brauereibesitzer zum Militär, vermag der Betrieb diesen Verlust kaum aufzufangen. Während größere Brauereien über Finanzrücklagen verfügen, den Abzug einiger Mitarbeiter auffangen und abgeliefertes Material z.T. ersetzen können, bedeutet das für viele kleine das Aus. Manche sind nicht einmal in der Lage, die ihnen zugewiesenen Rohstoffkontingente auszunutzen. Größere Brauereien springen da gerne ein und übernehmen oft den ganzen Betrieb samt Kundschaft gleich mit. Ebenso fällt manche Wirtschaft, die ihren Verpflichtungen gegenüber der Brauerei nicht mehr nachkommen kann, in völlige Abhängigkeit von dieser. So gibt es infolge der Kriegsauswirkungen nicht nur Verlierer.

Der Verlust Elsass-Lothringens als Rohstoff- wie Absatzmarkt im Westen ist eine weitere Folge des Ersten Weltkriegs, die gerade die badischen Brauereien trifft, die aus dem Elsass bislang günstig Braugerste beziehen und Bier dorthin exportieren konnten.

7.3 Am Ende: Krone, Schroedl, Ziegler

Von den fünf 1914 noch bestehenden Heidelberger Brauereien bleiben am Kriegsende nur noch die Aktienbrauerei Kleinlein und Engelbräu übrig. Alle anderen haben die durch den Krieg ausgelöste Krise nicht überstanden.

Als erstes muss die Kronenbrauerei 1916 schließen. Sie hat 1908 das Goldene Fässchen aufgekauft und verfügt nun über ihren alten Stammsitz am Neuenheimer Brückenkopf und die neue Produktionsstätte am alten Güterbahnhof 7–15. Im Dezember 1915 und Januar 1916 kauft die Heidelberger Aktienbrauerei sämtliche Stammanteile der Kronenbrauerei GmbH auf, legt deren Braubetrieb still und übernimmt die Kundschaft. Das Anwesen am Güterbahnhof, also das frühere Gelände des »Fässchen«, wird verkauft. Die Gaststätte »Krone« mit ihrem Garten und großen Saal in Neuenheim behält die HAB als wichtiges Ausschanklokal. Hermann Beinhauer, letzter Chef der Kronenbrauerei, wird mit übernommen, darf im Büro der Aktienbrauerei arbeiten und stirbt 1921.

Die größte Übernahme steht allerdings noch aus. Die Schroedlbrauerei war um die Jahrhundertwende etwa gleich groß wie die HAB. Zeitweise sogar größer hatte sie Ambitionen, die HAB zu übernehmen. Nun kommt es allerdings umgekehrt. Das erste Kriegsjahr verläuft für Schroedlbräu noch recht stabil. Ein Reingewinn von 63.000 Mark wird erzielt. Eine Dividende wird ausgezahlt, wenn auch nur noch die Hälfte der üppigen 12–14-%igen Vorkriegsdividende. Noch im Herbst 1916 sucht Schroedl-Bräu einen »tüchtigen Bierkutscher« zur Einstellung.[14] Dann setzen auch Schroedl die Kriegsbeschränkungen zu. Die in Bahnhofsnähe mit Gleisanschluss liegenden Räumlichkeiten werden als kriegswichtige Lagerstätte für Munitionskisten genutzt. Bis zum Abschluss des Geschäftsjahrs 1917/18 wird der Spezialreservefonds von 30.000 Mark aufgelöst, auch um wenigstens eine kleine Dividende zahlen zu können; der Kassenbestand beträgt ganze 6.424 Mark.[15]

Ende 1918 beginnt die HAB mit dem Ankauf von Aktien der Schroedl'schen Brauereigesellschaft. Schroedl-Aufsichtsrat Friedrich Olinger ruft die Aktionäre für den 14. Dezember 1918 zur 32. Generalversammlung ins Sitzungszimmer der Brauerei, Bergheimer Str. 111–115. Die Teilnehmer hören keine guten Nachrichten. Hatte Schroedl jahrelang 14% und noch im Geschäftsjahr 1912/13 12% Dividende ausgeschüttet, so sind jetzt Verluste zu verzeichnen: Auf eine Dividende muss gar völlig verzichtet werden. Der Aufsichtsrat tritt bis auf den Vorsitzenden zurück. Eine Statutenänderung wird beschlossen, die besagt, dass ein Aufsichtsrat nicht der Verwaltung einer anderen Brauerei angehören darf – ein deutliches Zeichen für die bestehende Übernahmeangst.[16]

Die Situation der Brauerei ist so kritisch, dass für Donnerstag, den 6. Februar 1919 eine außerordentliche Generalversammlung einberufen wird. Nun wird offen über eine »Angliederung« von Schroedlbräu an die HAB diskutiert. Es wird beschlossen, dass die HAB mehr als ¾ des Stammkapitals besitzen darf. Bier wird künftig durch die HAB produziert und ausgeliefert, Schroedl hat dies mit seinen Kunden zu verrechnen.[17] Diese merkwürdige Konstruktion kann nur als Vorstufe zur endgültigen Übernahme interpretiert werden. Diese lässt dann auch nicht lange auf sich warten. Anfang März beschließt eine außerordentlicher Generalversammlung der HAB, deren Grundkapital von 500.000 auf 1 Mio Mark zu verdoppeln – Munition für die finale Übernahme. Am 13. März 1919 wird Hermann Finck, Brauereidirektor der HAB, zum Vorstandsmitglied von Schroedl bestellt.[18] Eine weitere außerordentliche Hauptversammlung der Schroedlbräu am 7. April macht den Weg frei für die endgültige Stilllegung und den Verkauf der Brauerei. Die Generalversammlung ändert auch den Zweck der Aktiengesellschaft: Neben dem Brau- und Malzbetrieb wird jetzt zusätzlich die Verwertung des Braurechts bzw. die Übertragung auf andere Brauereien sowie Herstellung und Verkauf von anderen Getränken festgeschrieben. Die Firma darf nun auch »verwandte Geschäfte« betreiben, z.B. mit Immobilien handeln.[19] Friedrich Olinger, langjähriger Brauereidirektor, dann Aufsichtsrat bei Schroedl, Altstadtrat, Besitzer mehrerer Häuser in Heidelberg, ist von 1919 bis zu seinem Tod (1923) Mitglied des Aufsichtsrats der Aktienbrauerei Kleinlein.

Die HAB legt nun den ehemaligen lokalen Hauptkonkurrenten still, verkauft die Einrichtung und die Brauereigebäude weiter. So wird das Schroedl-Anwesen im Juni 1919 von der Getränkehandlung Ueberle & Ritzhaupt für 600.000 Mark erworben.[20] Die Schroedl'sche Brauereigesellschaft besteht als Träger der Immobilien weiter bis 1924. Ein Teil der Baulichkeiten bleibt bei der HAB, einige werden verkauft. Zum Immobilienbesitz der Schroedlbräu gehört neben dem umfangreichen Areal Bergheimer Straße/Kirchstraße eine Reihe interessanter Wirtschaften, etwa das Haus Ladenburger Straße 26 mit Wirtschaft oder in der Dossenheimer Landstr. 40 das Gasthaus »Zur Neuen Pfalz« und in derselben Straße der 1912 erbaute »Auerstein« (Nr. 82), der »Goldene Löwe« am Heumarkt ebenso die Schroedl-Restauration neben dem Schlosseingang und die »Hormuthei« in der Hauptstraße. In Bruchsal unterhält Schroedl in der Wilderichstr. 45 ein Bierdepot. Im Besitz stehen weiterhin Wirtschaften in Neckargemünd und Mannheim, eine kleine Malzfabrik in Viernheim. Da Schroedlbier bis zu diesem Zeitpunkt in vielen und bedeutenden Heidelberger Wirtschaften zu finden war, erweitert sich nun auch das Gaststättennetz der HAB. Dazu gehören in der Weststadt das »Krokodil«, die »Erholung« oder der »Pfälzer«, in der Hauptstraße »Zum Gutenberg«, »Goldene Rose«, »Weißer Schwan« oder die »Hormuthei« und der »Prinz Max« beim Marstall.

Optisch bleibt die ehemalige Schroedl-Brauerei noch Jahrzehnte in Bergheim präsent. An der Rückwand der Gaststätte »Schroedlbräu«, die diesen Namen beibehält, ist noch die riesige Werbeschrift der Brauerei zu lesen. Die alten Brauereigebäude werden von wechselnden Kleinfirmen, zeitweise von der Feuerwehr genutzt. Auch der alte Brauereischornstein steht noch, bis er 1975 gesprengt wird. Ende der 1980er-Jahre weichen die Gebäude dem Neubau der Heidelberger Druckmaschinen.

Ein weiteres und letztes Opfer des Kriegs ist Zieglerbräu, das ebenfalls von der Heidelberger Aktienbrauerei Kleinlein aufgekauft wird. Als einzige Heidelberger Brauerei, die nicht in die Form der AG oder GmbH überführt wurde, ist »Zieglerbräu« bis zum Kriegsbeginn eine beliebte Wirtschaft, in der sich Vereine wie der immerhin rund 220 Mitglieder starke Verein ehemaliger 110er Heidelberg treffen.

Die Brauerei, zuletzt geleitet von Friedrich Ziegler, geht am 10. Juni 1919 samt Braurecht und maschineller Einrichtung an die Aktienbrauerei über, die nun das Braukontingent selbst nutzt. Die Brauanlagen von Zieglerbräu werden abgebaut, statt dessen wird ein riesengroßer »Restaurationssaal« eingerichtet. Das »Zieglerbräu« bleibt in der Hand der HAB, die nun über das größte Ausschanklokal in Heidelberg verfügt. Die Lage des Lokals in nächster Nähe zu Hauptbahnhof und Bismarckplatz und am Schnittpunkt wichtiger Straßen ist äußerst günstig. Hinzu kommt, dass die Ecke Bergheimer Straße/Rohrbacher Straße als »Drehscheib« für Gelegenheitsarbeiter bekannt ist, die auf Jobs warten und dort gegen Abend wieder »abgeladen« werden, wo diese nicht selten ihr Tagesgeld vertrinken. Keine schlechten Voraussetzungen für einen Brauereiausschank.

7.4 Anti-Alkoholbewegung

Der natürliche Feind der Brauer und Wirte ist die Anti-Alkoholbewegung. Doch auch wenn letztere häufig belächelt oder gar verspottet wird, so verweist sie doch auf ein ernstes Problem. Schließlich ist in der Zeit der Industrialisierung die Zunahme des Alkoholismus, gerade in den unteren sozialen Schichten, zu beobachten. Angesichts harter Arbeitsbedingungen und wenig erfreulicher Lebensperspektiven, unterstützt durch schwindende tradierte Bindungen und wachsende Orientierungslosigkeit, suchen nicht wenige Arbeiter Vergessen im Alkoholkonsum.

Von den politischen Parteien bis zu den Kirchen werden Initiativen gegründet, um dem unmäßigen Alkoholgenuss entgegenzuwirken. Religiös, moralisch oder politisch motivierte Vereine klären über Gefahren und Folgen des Alkohols auf, richten Gaststätten und Treffpunkte ohne alkoholisches Angebot ein. Gegen die Abstinenzbewegung machen die Organisationen der Brauereien und Wirte mobil. In ihren Fachzeitschriften wie der Allgemeinen Brauer- und Hopfenzeitung, in Zeitungsanzeigen und Karikatur-Postkarten machen sie sich über die als frömmelnd, dürr und lustfeindlich dargestellten Alkoholkritiker lustig. Allenthalben findet sich heftige Polemik des Deutschen Brauerbunds gegen die »Abstinenzbewegung« und die »Guttempler«, denen unsachliche Beeinflussung des Volkes vorgeworfen wird.

In Heidelberg ist seit den 1890er-Jahren eine verstärkte Aktivität der Alkoholgegner zu beobachten. Zeitungsanzeigen für alkoholfreies Bier oder Schweizer Tabletten gegen »Trunksucht« häufen sich. Besonders aktiv ist der 1895 gegründete »Verein gegen den Mißbrauch geistiger Getränke«, der nicht nur Vorträge über die Gefahren des Alkohols organisiert mit Themen wie »Die Bekämpfung der Trunksucht« oder »Die Trinksitten der gebildeten Stände«. Der Verein betreibt seit Mitte der 1890er-Jahre im Bergheimer Industrieviertel auch eine schon früh morgens geöffnete Kaffeehalle, die sich, wie Zeitgenosse Karl Pfaff notiert, eines »starken Zuspruchs« seitens der Arbeiterschaft erfreut und »dankenswerter Weise einem wirklichen Bedürfnis« entgegenkommt.[21] Der Verein betreibt am Güterbahnhof 3 eine Volkslesehalle, die Kaffee und Speisen zu »günstigen Preisen« anbietet.[22] Diese »Kaffeehalle« des Vereins liegt pikanterweise direkt neben der kurz zuvor errichteten Brauerei Goldenes Fässchen. In der Lesehalle werden Vorträge zu Themen wie »Das wollen die Gasthof-Reformer« dargeboten. In der Bienenstraße/Ecke Hauptstraße richtet der Verein 1896 eine »Wirtschaft ohne geistige Getränke« ein. Kaffee und Kuchen werden von einer engagierten Witwe kostengünstig organisiert. Im angeschlossenen »Volksheim« liegen Zeitungen aus und werden Vorträge gehalten. 1898 wird hier eine Ausstellung künstlerischer Entwürfe für einen »Trinkbrunnen« gezeigt. In Juli diesen Jahres halten die reichsweit entstandenen Missbrauchsvereine ihre Jahrestagung in Heidelberg ab, was die Bedeutung der Heidelberger Sektion unterstreicht.

Zu den treibenden Kräften des Vereins gehören Buchhändler Wolff, der in seinen Schaufenstern in der Hauptstraße 8 die

Heidelberg zu Beginn des 20. Jh.s: Sitz zahlreicher Anti-Alkohol-Organisationen (Privatsammlung)

passende Literatur präsentiert, und Pfarrer Quenzer, der zugleich dem »Verein zur Hebung der öffentlichen Sittlichkeit« vorsteht. Aktiv sind auch Medizinalrat Dr. Mittermaier und Stadtpfarrer Schmitthenner sowie die Geschäftsleute Kerle und Hochstein.[23] Die Jahresversammlungen hält der Verein meist in der Klingenteich-Turnhalle ab. 1897, zwei Jahre nach seiner Gründung, hat der Verein bereits 131 Mitglieder.

1902 startet der Verein eine neue Kampagne: »Gutkarten« werden von Spendern gekauft und an bedürftige Personen weitergegeben, die diese Gutscheine für Essen oder nichtalkoholische Getränke einlösen können. Die Sponsoren sind wiederum angesehene Vertreter des Heidelberg Bürgertums, aber auch der sozialdemokratisch orientierte Konsumverein in der Fahrtgasse, der die Gefahren des Alkoholmissbrauchs in der Arbeiterschaft sieht. Der Vorstand des »Vereins gegen den Mißbrauch geistiger Getränke e.V.« setzt sich auch 1914 aus illustren Bürgern zusammen. Pfarrer, Ärzte und Professoren, darunter Prof. Dr. Gustav Radbruch sind vertreten.[24] Der Verein steht offenbar dem »Wandervogel« nahe, mit dem er 1907 eine Serie von Anzeigen in der Lokalpresse veröffentlicht.

Kurz nach 1900 gibt es etwa zehn alkoholfreie Lokale in Heidelberg, die mit Argusaugen von den anderen Wirten betrachtet werden. Um 1903 fragt der Wirte-Verein Heidelberg beim Bezirksamt an, ob Inhaber »alkoholfreier Wirtschaften« in ihren Kellern Bier und Wein lagern dürfen. Die Polizei schwärmt daraufhin aus, um die Lokale zu überprüfen. In der Plöck 32 und der Hauptstraße 100 bieten »Reformrestaurants« gesundes Essen und alkoholfreie Getränke an, ein vegetarisches und antialkoholisches Lokal eröffnet 1908 in der Brückenstraße 25.

In der Schiffgasse 2 befindet sich die Pension mit Gaststätte »Zum blauen Kreuz«. Hier wohnt zeitweise der russische Dichter Sascha Tschorny, der sich zwischen 1906 und 1908 in Heidelberg aufhält und die deutsche Lebensart kritisch betrachtet.[25] Tschorny lebt mit seiner Familie in dem antialkoholischen Hotel – »weil's billig ist« – und nimmt daher den bigotten Wirt, der fromme Gesänge anstimmt und »gerührt« Kaninchen füttert, die er wenig später schlachtet, in Kauf. Zur kulinarischen Seite des Hotels: »Die Stachelbeersuppe ist schrecklich/Nudeln mit Sirup ebenfalls ... dazu noch einen frevelhaften Sud/aus Hafer und Gerste«. Doch der Exilant weiß sich zu helfen: »Manchmal geh ich in die Stadt hinunter/labe mich an dem muntern Bier/und steige listig hinauf/um die faden Psalmen zu hören.« Für jemanden, der die russischen Trinksitten gewohnt ist, dürfte der Verein, der auf die verheerende Wirkung des Alkohols hinweisen will, wie von einem anderen Stern wirken.

Der Internationale Guttempler-Orden, I.O.G.T., Sektion Baden, betreibt seine Auskunftsstelle für »Trinkerheilung« in der Kleinschmidtstr. 8. Parallel hierzu existiert der Neutrale Guttemplerorden, J.O.G.T.N. – Internationale Vereinigung zur Bekämpfung des Alkoholismus, dessen deutsche Großloge von Prof. Leimbach, Ziegelhäuser Landstr. 69, geführt wird. Diese Gruppe teilt sich in zwei lokale Logen und bietet in ihrem täglich geöffneten Büro in der Theaterstraße 7 Beratungen an. Die Ortsgruppe Heidelberg des »Deutschen Bundes abstinenter Frauen« offeriert ihre gut gemeinten Dienste in der Gaisbergstr. 27.[26]

Der »Deutsche Verein gegen den Mißbrauch geistiger Getränke« engagiert sich nach dem Ersten Weltkrieg bis mindestens 1929 zu Themen wie Konzessionswesen und Flaschenbierhandel, worüber auch mit dem Wirte-Verein diskutiert wird. Immer neue Rundschreiben kommen von der Berliner Zentrale an die Mitglieder, um auf die kommunale Diskussion über neue Schankgesetzregelungen einzuwirken. In den 1920er-Jahren engagiert sich ferner die in Heidelberg lebende Sozialpolitikerin Marie Baum gegen den Alkoholmissbrauch, als im Zusammenhang mit der Getränkesteuergestaltung die Problematik für Gesprächsstoff sorgt.

Nichtalkoholische Getränke sind auf dem Markt durchaus vorhanden. Neben importierten Heilwässern gibt es in der Stadt zahlreiche kleine Mineralwasserfabriken. Zumeist in Hinterhöfen werden Wässer mit Mineralien und Kohlensäure versetzt und in Flaschen abgefüllt. Die Chabeso-Fabrik in der Weststadt beginnt kurz vor dem Ersten Weltkrieg mit der Lizenz-Produktion eines milchsäurehaltigen alkoholfreien Getränks.

Die Erfolge der Anti-Alkohol-Bewegung sind kaum zu messen. Die heftigen Reaktionen der Wirte und Brauereien, die die Arbeit der Anti-Alkohol-Clubs als hysterisch und übertrieben abtun, zeugen allerdings von einer gewissen Wirkung.

Eventuell tragen sie zur Bierabsatzstagnation ab etwa 1906 bei, vielleicht auch zur kritischeren Prüfung von Wirtschaftskonzessionen.

So werden in den Jahren vor dem Ersten Weltkrieg in Heidelberg mehrfach Konzessionen verweigert, weil angesichts der vielen Lokale »kein Bedarf« sei oder der Wirt einen schlechten Leumund habe. 1910 wird etwa keine Konzession mehr für die Lokale Rohrbacher Str. 29, Lauerstr. 16 und Plöck 75 erteilt. Bei der Prüfung der »Bedürfnisfrage« wird ausdrücklich auch auf das Problem der Trunksucht hingewiesen. Die Wirtschaft Lauerstr. 16 habe in den letzten 17 Jahren zwölfmal den Besitzer gewechselt, Beschwerden von 21 Nachbarn lägen vor, zudem sei die Gegend »mit Wirtschaften geradezu übersät«, argumentiert die Stadt Heidelberg im Jahr 1913 und erteilt der Bewerberin Amalie S. aus Karlsruhe nach langem Hin und Her eine Absage. Auf deren Beschwerde hin befasst sich das Ministerium des Inneren mit der Angelegenheit und bestätigt die Ablehnung.

7.5 Die Überlebenden: Kleinlein und Engel

Am Ende des durch den Ersten Weltkrieg verschärften Konzentrationsprozesses bleiben 1919 in Heidelberg nur noch zwei Brauereien übrig: Die Heidelberger Aktienbrauerei vorm. Kleinlein AG und die Brauereigesellschaft Zum Engel vorm. C. Hoffmann AG.

Warum gerade diese beiden von den einstmals Dutzenden von hiesigen Brauereien die Krisen überstehen, lässt sich heute nicht mehr genau feststellen. Eine Rolle dürfte die ausreichende Kapitaldecke spielen, eine geschickte Rohstoffvorratspolitik, bei Engelbräu auch die Zurückhaltung in der Boom-Phase, als Rücklagen gebildet anstatt Dividenden endlos erhöht werden. Die beiden Brauereien könnte man durchaus als »Kriegsgewinnler« betrachten, denn sie schaffen es nicht nur die Krise zu überleben, sondern etliche durch den Krieg gebeutelte Konkurrenten aufzukaufen. Während sich die

»Heidelberger Aktienbrauerei vorm. Kleinlein«, Brauanlagen und Gärkeller der größten Brauerei am Ort (STAHD)

HAB zwischen 1916 und 1919 die Kronenbrauerei, damit auch das Goldene Fässchen, Schroedlbräu und Zieglerbräu einverleibt, schluckt Engelbräu 1920 zwei kleinere Brauereien der Umgebung: in Leutershausen die Gebr. Förster GmbH und die Weinheimer Bürgerbräu GmbH. Damit erweitert sich für Engelbräu das Vertriebsnetz entlang der Bergstraße bis hinein in die südhessischen Seitentäler des Odenwalds. In Weinheim wird eine Niederlassung eingerichtet. Beide Brauereien verfügen 1925 über zusammen 135 Arbeiter, setzen ihr Bier überwiegend im Umkreis von ca. 50 km ab und verfügen zu diesem Zeitpunkt über keine eigenen Mälzereien. Vor und nach der Absatzkrise um 1930, eine Folge der Weltwirtschaftskrise, brauen die zwei Brauereien zusammen jährlich rund 110.000 hl.[27]

Mit Beendigung des Ersten Weltkriegs sind allerdings keineswegs alle Probleme gelöst. Zwar kehren nach und nach die überlebenden Kriegsteilnehmer zurück. In den Heidelberger Zeitungen häufen sich ab Ende 1918 die Anzeigen, welche signalisieren, Wirte, Handwerker und Flaschenbierhändler seien »vom Felde heimgekehrt« und würden nun ihre Geschäfte wieder öffnen.

Aber nur langsam erhöht sich die Gerstenzuteilung für die Brauereien. Es fehlt an Kohle für die Maschinen. Das Elsass ist nun für die badischen Brauereien als wichtiges Absatzgebiet und Bezugsquelle für gute und preisgünstige Braugerste verloren. Erst im Sommer 1921 offeriert Engelbräu endlich wieder gehaltvolles »Friedens-Vollbier«[28]. Die allgemeine Not, geringe Kaufkraft der Kunden und die Inflation belasten die Firmen sehr und lassen einige Betriebe, die die schwierige Phase vorher gerade noch überstanden haben, in Konkurs gehen. Handelshemmnisse, das Ende der Zollfreiheit 1925, Einfuhrverbote und der Kontingentsverkehr ab 1932 setzen der badischen Wirtschaft zu. Das teurere Rohstoffmaterial aus dem Osten sowie die hohe Biersteuer beschleunigen den Konzentrationsprozess im Brauwesen. Von den 1913 in Baden existierenden 453 Brauereien existieren 1936 nur noch 195.[29] In Heidelberg ist allerdings zwischen 1919 und 1967 kein »Brauereitod« mehr zu verzeichnen.

7.6 Gewerbe rund um das Bier

Neben den Bierbrauereien selbst lebte und lebt eine Reihe weiterer Gewerbe ausschließlich oder zum erheblichen Teil vom Geschäft mit dem Gerstensaft. Dazu gehören die Flaschenbierhändler, Getränkehändler und die Wirte. Doch auch einige Hopfenhändler, Getreidebauern und solche Handwerksbetriebe, die Brauereibürsten oder Bierkühlapparate herstellen, sind abhängig von der Bierbrauerei.

Der Flaschenbierhandel ist eine Neuerung, die gegen Ende des 19. Jh.s aufkommt. Ab ca. 1885 bieten die meisten noch verbliebenen Heidelberger Brauereien ihr Bier auch in Flaschen an. Gleichwohl setzen die Brauereien noch bis zur Mitte des 20. Jh.s mehr Fassbier als Flaschenbier ab. Wer nicht ohnehin das Bier in der Wirtschaft direkt vom Fass konsumiert, holt es um 1900 überwiegend mit Kannen oder Krügen von der Wirtschaft um die Ecke nach Hause. Sich »auf eine Kanne Bier« zusammenzusetzen, wird zur gängigen Redensart.

Die Flaschen haben den großen Vorteil, dass das Bier seine Kohlensäure behält und nicht schal wird. Die grünen oder braunen Glasflaschen, die meist 0,3 oder 0,7 Liter fassen, werden mit Korken oder Bügelverschlüssen mit Porzellankopf verschlossen. Die Flaschen werden meist mit Klappformen hergestellt und weisen den geprägten Schriftzug der Brauerei auf. Häufig auch den Zusatz »Flasche unverkäuflich – Eigenthum der Brauerei«. Sogar der Porzellankopf wird für Aufschriften genutzt. Kronkorken sind zwar bereits erfunden, setzen sich aber in Europa zunächst nicht durch.

Anfangs erfolgt die Abfüllung in Flaschen überwiegend durch die Händler, denen die Brauereien das Bier in Fässern liefern. Diese Praxis erweist sich als problematisch, die Flaschen werden oft nicht richtig gereinigt. Manche Händler füllen schales oder gestrecktes Bier ab. Die Brauereien müssen mit Ärger und Imageschäden rechnen und gehen daher dazu über, ihr Flaschenbier selbst abzufüllen und nur noch Bierdepots anerkannt zuverlässiger Händler mit Fassbier zu beliefern. So können sie sicher sein, dass der Kunde reines Flaschenbier von gleich bleibender Qualität erhält. Als die Brauereien dazu übergehen, ihr Bier durch Filtrierung und Pasteurisierung haltbar zu machen, gibt dieses Verfahren dem Flaschenbierhandel einen neuen Schub. Nun können missliebige Hefekulturen nicht weiter vor sich hin gären.

1899 gibt es in der Stadt 19 Flaschenbierhandlungen. Hinzu kommen rund zwei Dutzend weitere Verkaufsstellen für Flaschenbier in Lebensmittelgeschäften und Wirtschaften.[30] 1914 existieren schon 51 Flaschenbierhandlungen und 17 so genannte Bierniederlagen auswärtiger Brauereien.[31]

Flaschenbierhandel gibt auch allein stehenden Frauen und Witwen eine Erwerbsmöglichkeit, die ohne allzu großen Aufwand an Kapital betrieben werden kann. In vielen Zeitungsannoncen wird Flaschenbier einheimischer oder auswärtiger Brauereien angeboten, meist ist bei der Abnahme von mehr als zwölf Flaschen der Transport frei Haus zugesichert. Zum Teil verwenden die Bierverleger eigene Prägeflaschen, die auf dem Bauch der Flasche oder dem Porzellankopf ihren Namen führen, etwa »Dresels Bierdepot Heidelberg« oder »Erstes Flaschen- u. Krugbier Spezial-Geschäft R. Brauer Heidelberg«. Immer neue Getränkefirmen schießen aus dem Boden, wie etwa die 1902 gegründete Firma Heinrich Knapp, Ladenburger Str. 49. Sie ist Flaschenbierdepot für Speyerer Bier, ferner Eishandlung sowie Sodawasser- und Brauselimonadefabrik. Mit Pferdefuhrwerken und seit den 1920er-Jahren mit mehreren Lkw liefert die Firma Knapp aus und existiert bis nach dem Zweiten Weltkrieg.

Ein Liter Heidelberger Tafelbier kostet um die Jahrhundertwende 25 bis 30 Pfennige, auswärtiges Bier aus Kulmbach oder Pilsen bis zu 50 Pf. Zum Vergleich: Eine Flasche Tischwein gibt es erst ab 60 Pf, Schaumwein gar ab 1,60 Mark. Der Durchschnittsbürger muss für einen Liter Bier rund eine Stunde arbeiten (heute nur ca. zehn Minuten).

Der Flaschen- und Kannenbierhandel wird von den Behörden misstrauisch betrachtet. Zum einen, weil die unkontrollierte Abgabe von Flaschenbier dem Alkoholismus Vorschub leisten kann. Zum anderen sind die hygienischen Bedingungen der Flaschenabfüllung nicht immer optimal. In Zeitungsanzeigen wird vor Missbrauch der leeren Flaschen und Kannen »ernstlich gewarnt.«[32] Gesundheitsschädliche Flüssigkeiten werden manchmal darin aufbewahrt und die Sauberkeit bei der Flaschenreinigung scheint nicht immer gewährleistet. Die Stadt Heidelberg legt 1904 in Anlehnung an die badischen Rahmenverordnungen in zehn Paragraphen die Abfüllmodalitäten für Bier oder Mineralwasser fest. So darf das Abfüllen auf keinen Fall in Wohn- oder Schlafräumen, auch »nicht in der Nähe eines Aborts« erfolgen. Zur Flaschenreinigung ist nur Wasser aus den städtischen Leitungen, nicht aber aus Bächen oder Teichen zu verwenden.[33] Ein von der Stadt bestellter Kontrolleur begutachtet die Flaschenbierhandlungen, Mineralwasserfabriken und Bierpressionen. Dabei werden indessen – zumindest in den Jahren vor dem Ersten Weltkrieg – lediglich kleinere Mängel festgestellt.

Der Krieg und die nachfolgenden Wirtschaftskrisen führen auch auf dem Gebiet des Getränkehandels zu einer Konzentration. 1927 gibt es nur noch neun Biergroßhändler, elf Bierniederlagen und neun Flaschenbierhändler. Zu den bedeutenden Getränkehändlern gehören Ueberle & Ritzhaupt, deren Lager in der Bergheimer Straße 111–115 über einen Gleisanschluss verfügt. Sie nutzen einen Teil des Betriebsgeländes der ehemaligen Schroedlbräu. Seit 1919 gibt es einen »Verein selbständiger Bierverleger in Heidelberg«[34], der versucht den Steuergesetzen des Staates und den Lieferbedingungen der Brauereien entgegenzutreten.

Seit etwa 1890 verfügen fast alle Mannheimer und Karlsruher Brauereien über Niederlagen in Heidelberg; aber auch die Edinger Brauerei und die kleine Privatbrauerei Förster aus Leutershausen sind vertreten. Bayrische Brauereien sehen in Heidelberg wegen der vielen Touristen und Studenten ein interessantes Absatzgebiet. In vielen Gasthäusern wie dem »Perkeo«, dem »Fuchsbau« oder der Bahnhofs-Restauration wird Münchner Bier angeboten. Und 1889 eröffnet mit großem Werbeaufwand die Münchner Kindl-Bräu in der Hauptstr. 24 Ausschank und Depot. Seit den 1890er-Jahren drängt zusätzlich Berliner Bier auf den hiesigen Markt. Eine »frische Sendung Berliner Weißbier« sei eingetroffen, verkündet 1896 das Cafe Mai in der Anlage.

Ehemalige Brauereien eignen sich besonders als Niederlassungen für auswärtige Brauereien. Vor allem verfügen sie über große und kühle Lagerkeller: Die Karlsruher Brauerei Hoepfner übernimmt den »Reichsapfel«, Printz richtet bei Höckel, Haspelgasse, ein Depot ein. Die vormalige Brauerfamilie Schaaff bietet im »Weißen Bock« Pschorr Bier aus München an. Die Firma Kretz in der Schlachthausstr. 1a ist Importeur für Speyerer Bier. Eine stark nationalistische Note klingt an, als es 1908 reichsweit zum Boykott Pilsner Biere kommt, weil dieses aus Tschechien eingeführt wird. In Heidelberg wehrt sich der Importeur Hugo Wasserbauer vom Cafe Imperial am Wredeplatz mit einer großformatigen Zeitungsanzeige gegen den Boykott. Er betont, dass die »mit deutschem Kapitale gegründete Erste Pilsner Actien-Brauerei in Pilsen ein deutsches Unternehmen ist.« Es sei die einzige rein deutsche Brauerei in der Pilsner Gegend und daher auch bei den »Tschechenkrawallen« mit Steinen »bombardiert« worden. Deshalb möge das hiesige Publikum die Brauerei unterstützen und verstärkt »Pilsner Kaiserquell« konsumieren.[35]

Neben den Getränkehändlern sind natürlich in erster Linie die Wirte abhängig von der Bierbrauerei. Die Wirte sehen sich von den Brauereien und von den Behörden unter Druck gesetzt. Während erstere möglichst hohen Umsatz ihres Bieres sehen wollen, machen letztere Auflagen. Zumal manche Wirte die seit Ende des 19. Jh.s geltende Wirtschaftsfreiheit sehr freizügig interpretieren. Die Behörden müssen immer wieder auf die Einhaltung bestehender Vorschriften hinweisen, besonders was die Hygiene in Küche und Toilettenbereich angeht. Zu häufigem Ärger mit der Stadt führt die Konzessionspraxis. Die Stadt beklagt sich, dass Brauereien und Wirte oft einen Konzessionswechsel nicht oder sehr spät melden; Wirtschaften dehnten die Konzession eigenmächtig auf Räume und Anbauten aus, für die diese gar nicht erteilt ist. In die Konzessionsstreitigkeiten müssen z.T. die Gerichte oder das Innen-Ministerium in Karlsruhe eingreifen.[36] In einigen Fällen setzen sich die Gastronomen gegen städtische Maßnahmen durch. So wird 1906 festgestellt, dass die Stadt Heidelberg von Adam Ziegler, der innerhalb von drei Jahren dreimal die Konzession wechselte (Zum scharfen Eck, Zum grünen Laub, Brauerei Ziegler), zuviel Steuern beim Konzessionswechsel erhoben hat.[37]

Während die Brauereien ihre Wirte unter Druck setzen, ihren Bierumsatz zu erhöhen und z.T. Bierpreise und Einrichtungsstil der Wirtschaft vorschreiben, verlangen Gastwirte aus dem Raum Heidelberg, die zugleich auch Landwirtschaft betreiben, dass die sie beliefernden Brauereien wiederum Hopfen und Gerste von ihnen kaufen.[38]

Was jedoch die Biersteuer angeht, ziehen Brauer und Wirte an einem Strang. 1904 schockieren Meldungen über eine drastische Biersteuererhöhung der Stadt Heidelberg die einschlägigen Gewerbe. Die Stadt erwartet jährliche Mehreinnahmen von 25.000 Mark und beschließt im November die Erhöhung, die überregional Aufmerksamkeit erregt.[39] Im Dezember 1908 fahren Heidelberger Wirte und Brauer gemeinsam nach Karlsruhe, um an einer zentralen Protestveranstaltung gegen die Getränkesteuer- und Konzessionspolitik teilzunehmen. Ein weiterer natürlicher Feind der Brauereien, Wirte und Getränkehändler ist die Abstinenzbewegung.

Um ihre Interessen zu vertreten, organisieren sich die Wirte der Stadt und der näheren Umgebung im Heidelberger Wirte-Verein, der 1899 205 Mitglieder umfasst. 1914 gehören dem erweiterten Vorstand Persönlichkeiten wie Friedrich Spengel vom »Roten Ochsen« an. Eine eigene Sterbe- und Haftpflichtkasse ist eingerichtet.[40] Auch die anderen in der Gastronomie Beschäftigten organisieren sich. Es gibt eine Heidelberger Sektion des Verbands deutscher Gasthofgehilfen – Genfer Konvention, dessen Symbol der Brauerstern ist, und den konkurrierenden Verband deutscher Gastwirtsgehilfen. Ferner existiert ein Deutscher Kellner-Bund – Union Ganymed.[41] Inwieweit die Aktivitäten dieser Verbände, die sich regelmäßig in diversen Wirtschaften treffen, über gesellige Veranstaltungen wie den gemeinsamen »Wirte und Brauer-Ball« hinausgehen und welche konkreten sozialen oder juristischen Aktivitäten sie entfalten, ist kaum bekannt.

Zu den Gewerben, die von der Bierbrauerei abhängig sind, gehören auch die kleinen Fabriken und Handwerksbetriebe, die sich auf Braubedarf spezialisiert haben. Auch auf diesem Sektor wird in der ersten Hälfte des 20. Jh.s eine Konzentrationsbewegung deutlich. Noch um 1900 bieten einige Dutzend Kleinfirmen in den Altstadtgassen, der Plöck oder Bergheim Bierkühlgeräte, Eismaschinen, Flaschenabfüllgeräte, Bierpressionsanlagen und sonstige Brauerei-Bedarfsartikel an. Die klingenden Namen wie »Kühlanlagenfabrik« oder »Bierapparatefabrication« wirken allerdings imposanter als die Realität im Hinterhof, wo meist nur eine Hand voll Arbeiter

»Gallus Mahler«: Brauereibedarf und Fassbürsten aus Heidelberg (Privatsammlung)

Kleingeräte produzieren. Rund 20 Jahre später ist ein Großteil dieser Firmen verschwunden oder sie haben sich anderweitig orientiert, sei es wie Daub auf Tresore oder Steinruck auf Werkzeug oder eben, wie einige wenige, auf Bierbraubedarfsartikel. Einige dieser Firmen erlangen überregionale Bedeutung. Dies gilt vor allem für die Bürstenfabrik Gallus Mahler und die Kühlapparatefabrik Klotz.

Als Spezialist für Brauereiartikel und Fassbürsten ist die Firma Gallus Mahler über Jahrzehnte ein Begriff. Die 1869 gegründete Firma produziert in der Alten Bergheimer Str. 3. Um 1900 übernehmen die Söhne Gallus jun. und Wilhelm die Firma von ihrem Vater. Bis zum Ersten Weltkrieg mausert sich die Fabrik zu einer in ganz Deutschland angesehen Spezialfirma. Zeitweise mit dem Abbild des großen Fasses werben die Brüder Mahler für die »größte und leistungsfähigste Spezialfabrik von Bürsten und Besen für Bierbrauereien und Mälzereien« und listen in Wort und Bild eine schier unglaubliche Menge von Bürsten-Variationen auf: »Zapflochbürsten« »Malzdarrbesen« oder »Flaschenabfüllapparat-Reinigungsbürsten«. Vom »Bottich- und Kühlschiffschrupper« bis zum »Kühlapparat-Eckenpinsel« gibt es alles, was das Brauerherz begehrt. Fass-Pechaustreiber sind ebenso im Sortiment wie »Gärbottichtrockner«. Geworben wird in der Lokalpresse und in Spezialzeitungen wie der Berliner Tageszeitung für Brauerei. Die Firma Mahler ist Mitglied im Deutschen Braumeister- und Malzmeister-Bund, Leipzig, in dessen Jahrbüchern von 1903 bis 1914 Riesenanzeigen der Firma erscheinen. Lieferungen an Brauereien im ganzen Reich, besonders in den Raum Leipzig sind belegt.[42] Über eine Hamburger Exportfirma garantiert Mahler sogar den »Absatz nach allen Weltteilen«. Die Firmenkataloge der 20er-Jahre umfassen mehr als 100 Seiten und bieten über 1.000 Spezialartikel an. Im ersten Jahr nach Einführung der patentierten Flaschenbürste »Triumph« kann Gallus Mahler über 150.000 Stück hiervon absetzen.

Die Firma stellt sich in Annoncen und auf ihren Kopfbögen selbstbewusst dar und zeigt in zeittypischer Manier ein imposant wirkendes Fabrikgelände aus der Vogelperspektive, mit Hopfenranken dekoriert. Immerhin gehört zeitweise fast das ganze Areal zwischen Gartenstraße/Römerstraße/Alter Eppelheimer Straße und den damaligen Eisenbahngleisen (heute Kurfürstenanlage) zum Produktionsgelände, auf dem Fabrikbaracken, Lagerhallen und ein großer Schlot zu sehen sind.

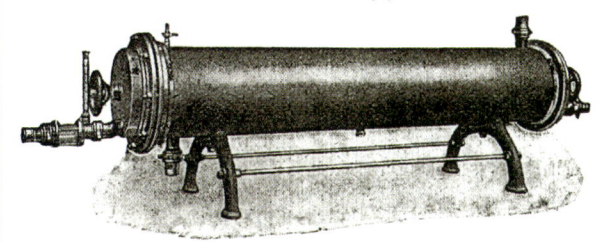

Unter dem Namenskürzel »Galma« mit dem Heidelberger Schloss erscheinen umfangreiche Kataloge mit der Produktpalette und zahlreichen Abbildungen. Die »Heidelberger Fassbürsten und Brauerei-Artikel-Fabrik Gallus Mahler« betont immer wieder, die verehrte Kundschaft möge »insbesondere auf den Vornamen Gallus« achten, »um Verwechslungen mit einer anderen Firma ähnlichen Wortlautes zu vermeiden«.[43] Gemeint ist eine mögliche Verwechslung mit der Fassbürstenfabrik Ph. Mahler, die um 1880 aus der Altstadt nach Rohrbach umzieht und ebenfalls reichsweit, besonders in den Raum Chemnitz, ihre Bürsten an Brauereien vertreibt.

Zwar kann die Firma Mahler die Kriege und Wirtschaftskrisen des 20. Jh.s überstehen. Doch überregionale Bedeutung kann sie nach dem Zweiten Weltkrieg nicht mehr für sich beanspruchen, zumal sie sich in Kleinstbetriebe aufsplittert.

Wie Gallus Mahler führt auch die Otto Anton Klotz Bierkühlapparatefabrik ihre Gründung auf das Jahr 1869 zurück. Fabrikant Klotz besitzt um 1900 mehrere Grundstücke in Heidelberg, u.a. an der Schlierbacher Landstraße und am Anfang der Bergheimer Straße. Seine Bierkühlapparatefabrik befindet sich in der Bergheimer Str. 159. Schon in den 1890er-Jahren sind die patentierten Klotz-Bierkühlapparate reichsweit bekannt. Anzeigen in Fachzeitungen wie der Allgemeinen Brauer- und Hopfenzeitung werben für den »weltberühmten Kühlapparat« mit der »größten Kühlfläche auf kleinstem Raum«. In allen Regionen Deutschlands existieren Vertretungen. So macht Klotz in Berlin gute Geschäfte und wird dort von der Bierkühler-Verkaufsgesellschaft mbH vertreten. Die Firma verfügt 1907, im Todesjahr ihres Gründers, immerhin über 86 Beschäftigte.[44] Die Kühlmaschine mit dem viel sagenden Namen »Eski« ist der große Verkaufsschlager. Doch vertreibt Klotz auch Flaschenabfüllmaschinen. In den 1920er-Jahren intensiviert man die Werbung für »Eski« in den Fachzeitschriften. Um diese Zeit übernimmt Klotz die seit 1875 bestehende Bierkühlapparatefabrik Joseph Blank. Blank hat seine wirtschaftlichen Wurzeln in Schlierbach, zieht 1897 in die Weststadt und verfügt ebenfalls über überregionale Geschäftskontakte. Die Firma Klotz übersteht Krisen und

Überregional vertreten sind auch die Bierkühlapparate der Firma »Klotz« Heidelberg, Werbeannonce um 1900 (Privatsammlung)

139

Kriege und produziert noch nach dem Zweiten Weltkrieg unter der alten Adresse als »Otto Anton Klotz Spezialfabrik für Kühlapparate« weiter, bis auch sie um 1980 erlischt.

Als weiterer bedeutender Betrieb, der im Bereich Bierbrauerei arbeitet, ist die 1899 gegründete Firma Wolf zu nennen. Firmengründer Karl Wolf spezialisiert sich auf Bierpressionsanlagen, Flaschenabfüllgeräte, Ausschank-Einrichtungen und Kühltechnik. Sein Betrieb liegt ebenfalls günstig im Bergheimer Viertel, im Umkreis der beiden großen Brauereien Kleinlein und Schroedl. Zunächst arbeitet die Firma Wolf neben der Bürstenfabrik Mahler.[45] Dann erfolgt der Umzug in die Bergheimer Straße 95, neben die Aktienbrauerei. Ein Foto aus dem Jahr 1927 zeigt Karl Wolf an seinem Stand während einer Gewerbeausstellung auf dem alten Heidelberger Messplatz vor dem Flaschenfüller »Perkeo« und diversen Bier-Ausschankgeräten.[46] Für die beiden Brauereien und die Gaststätten Heidelbergs ist der »Bier-Wolf« die führende Adresse. Nach dem Tod des Gründers 1935 bleibt die Firma in Familienhand. Die Firma Wolf vermag Inflation, Krisen und Kriege zu überstehen und existiert bis heute, nunmehr in der vierten Generation. Seit einigen Jahren ist die Firma im Industriegebiet Rohrbach ansässig.

Neben den genannten Betrieben arbeiten in Heidelberg auch findige Köpfe wie Albert Faulhaber, der um 1890 in der Märzgasse 10 eine kleine Bierkühlapparatefabrik betreibt. Dabei ist der Vertrieb der Erfindungen größeren Partnern vorbehalten. Die von Faulhaber konstruierten »neuesten, vervollkommnetsten, preisgekrönten Flächenberieselungs-Bier-Kühl-Apparate« werden durch die Mannheimer Brauanlagenfirma Carl Cron reichsweit vertrieben.[47] Ebenfalls für Carl Cron arbeitet einige Jahre später der in Heidelberg wohnende Ingenieur und Brauanlagen-Konstrukteur Georg Frey, der vor allem Flaschenreinigungs- und Füllmaschinen entwickelt. Frey wechselt um 1935 von der Firma Cron, wo er es zum betriebsleitenden Ingenieur bringt, zu Enzinger, ebenfalls Mannheim, wo er bis in die Nachkriegszeit weiter die Bierflaschenreinigungs- und Etikettiermaschinen verbessert. Ab 1938 sichert sich Frey diverse Patente beim Reichspatentamt Berlin.[48]

Auch Eis ist ein Handelsgut im Umkreis des Bier- und Getränkehandels. Dieses wird zunächst von zahlreichen kleineren Geschäften und Händlern angeboten, und zwar als »Roh-Eis« oder »Neckareis«. Eisenbahnwaggons mit Eis aus den Alpen, ab den 1880er-Jahren auch mit Kunsteis treffen am Güterbahnhof oder am Karlstorbahnhof ein und werden schnellstens in die kühlen mehrstöckigen Lagerkeller geschafft. Nur die größeren Händler mit entsprechenden technischen Einrichtungen und Lagerkapazitäten können auch in der wärmeren Jahreszeit »Kunsteis« anbieten. So wirbt Georg Groebe, Hauptstr. 18, bereits 1884 im Sommer für Kunsteis: »Ein Waggon Eis trifft morgen Abend 5 Uhr auf dem Bahnhof ein«. Zu den großen Eishändlern gehört Ernst Kautz in Neuenheim, der außer mit Eis auch mit selbst produziertem Mineralwasser handelt und Lieferung durch »Fahrburschen« zusagt. Um 1900 verfügen die fünf in Aktienform oder GmbH organisierten Heidelberger Brauereien über die neuen Eismaschinen und bieten in Zeitungsanzeigen mit Texten wie »Klares Kunsteis von der neuen großen Eismaschine der Heidelberger Actienbrauerei« überschüssiges Eis zum Verkauf an.

Die Rohstoffe Hopfen und Braumalz können zu Beginn des 20. Jh.s aus der Region um Heidelberg bezogen werden. Hopfen wird z.B. in Sandhausen angebaut. 1910 sind in Heidelberg drei Hopfenhändler ansässig, 1914 vier.[49] Sie betreiben ihre Geschäfte in der Plöck, in der Kirchstraße, Bergheimer Straße und Zähringerstraße. Die meisten von ihnen sind Mitglieder im Leipziger Deutschen Braumeister- und Malzmeisterbund.[50] Braumalz produziert August Gugel in der ehemaligen Brauerei Ditteney zum Seppl, in den zwanziger Jahren wird die Mälzerei von A. Dorn übernommen. Die Malzfabrik Kani in der Rohrbacher Straße erlischt um die Jahrhundertwende, das Gebäude wird von der Zigarrenfabrik Wolf übernommen. Lenz vom Bachlenz in Handschuhsheim liefert bis zum Ersten Weltkrieg Malz an Engelbräu und Schroedlbräu; Mälzer und Gastwirt Hoffmann vom »Goldenen Hirsch« in Rohrbach ebenfalls. Die Malzfabrik Gugler in Kirchheim existiert seit 1882 und produziert in der Odenwaldstr. 39 bis nach dem Zweiten Weltkrieg. Bis heute arbeitet die von Heinrich Kling 1894 in Schriesheim gegründete Malzfabrik. Kling-Malz bleibt bis zum Ende der Engelbrauerei 1967 deren Hauptlieferant für Malz.

In der ersten Hälfte des 20. Jh.s gibt es in Heidelberg noch zahlreiche Küfer, die traditionell mit dem Braugewerbe und den Winzern verbunden sind. Bei den Brauereien arbeiten fest angestellte Küfer, die die Bierfässer auspichen und reparieren. Ferner bieten selbstständige Küfer ihre Dienste an. Diese geben sich nach dem Krieg eine neue Satzung für die »Freie Küfer- und Kübler-Innung für die Gemeinden des Amtsbezirks Heidelberg«, genehmigt am 27. November 1919 vom Badischen Bezirksamt. In dieser Ordnung sind jedoch vor allem gesellige und soziale Aufgaben geregelt.[51]

Anfang des 20. Jh.s ist in Heidelberg auch die Ausbildung zum Brauer an der Privat-Handelsschule möglich. Nach dem Tod des Inhabers und Bücherrevisors Max Silbermann 1908 führen die beiden Handelslehrer Franz Bender und Ludwig Rettermann die Schule weiter. Schließlich wird Bender alleiniger Inhaber der Privat-Handelsschule, die mit der Süddeutschen Brauerei-Handelsschule verbunden ist. Beide haben ihren Sitz in der Landhausstraße 3.[52] 1919 bietet eine »Brauerei-Büro-Schule Heidelberg«, Brückenstr. 39, in überregionalen Fachzeitungen eine »Spezialausbildung für das Brauerei-Büro« an. Bemerkenswert, dass hierfür Bedarf ist in einer Zeit sterbender Brauereien.[53]

Glasmaler Meysen fertigt die Glasfenster der Brauereien und Wirtschaften von Kleinlein und Engelbräu. Für diese beiden Brauereien fertigen die Druckereien Braus, Winter und Hörning Etiketten und Festschriften. Zeitweise werden in Heidelberg auch Bierdeckel produziert. Hierzu finden sich in einem Spezialverzeichnis für die ersten beiden Jahrzehnte nach 1900 die Firmen Ludwig Moder und Ludwig Moock.[54] Ersterer ist in den Adressbüchern nicht nachweisbar. Ludwig Moock führt einen Papierwarengroßhandel in der Weststadt. Seine »Papierwaren im Großen« bietet er um 1910 in der Römerstr. 46 an. Ab 1914 ist er in der Kaiserstr. 51 zu finden und verfügt schon über einen der noch raren Telefonapparate. In den 1920er-Jahren kommt ein Lager in der Kaiserstr. 70 dazu. Moock bedruckt Tüten und andere Materialien. Als Verlag, der u.a. auch Werbepostkarten für Gaststätten produziert, gibt es die Firma Moock noch um 1960 in Heidelberg.

7.7   Getränkesteuerstreit

Die allgemeine Wirtschaftkrise in Deutschland, die 1923 in der Inflation kulminiert, hat auch für die Getränkesteuer Folgen. Im Sommer dieses Jahres sorgt die Steueränderung in Heidelberg für erhebliche Unruhe. Die vorher im Reich übliche Verbrauchssteuer wird durch Getränkesteuern abgelöst, die von Produktion und Handel auf Gemeindeebene abzuführen sind. Dabei bleibt den Kommunen ein gewisser Erhebungsspielraum. Im Beschlussverfahren diskutieren Stadtrat und Bürgerausschuss ausgesprochen kontrovers über die neue Besteuerung.

Auf der einen Seite soll die Finanznot der Stadt gemildert werden. Doch vor allem die Stadträte der SPD und KPD wollen zumindest die alkoholfreien Getränke geringer oder gar nicht besteuert sehen. Die KPD Heidelberg stellt im Stadtrat den Antrag, den Arbeitern in den Kantinen steuerfreies Bier auszuschenken. Die Arbeiterorganisationen sehen die Debatte zwiespältig. Für den Bierkonsum spricht, dass er weniger gefährlich ist als der verbreitete Genuss von hochprozentigem Branntwein, allerdings ist die Gefahr der Trunksucht in jedem Fall groß. Andererseits sind Kneipen bekannte politische Treffpunkte der Arbeiterschaft. Auf die Rolle Friedrich Eberts, der als Wirt eine Arbeiterkneipe in Bremen als Beratungsstelle und Treffpunkt betreibt, wurde bereits hingewiesen. Bier gilt zeitweise geradezu als »sozialdemokratisches Gesöff«.

Die Liberalen sehen in der Steuer ein Mittel, den »übermäßigen Alkoholgenuß« einzuschränken.[55] Die Biersteuer liegt für »Einfachbier« bei 3, für Schank-, Voll- und Starkbier bei 5% der Kleinhandelspreise, für Wein ebenfalls bei 5%. Mineralwasser und Limonaden liegen zwischen 2 bis 4%.

Nach der Einführung der Getränkesteuer kommt es ab Sommer 1923 zu nicht enden wollenden Protesten der hiesigen Wirte, Hoteliers, Brauereien und Weinhändler. Sie wehren sich nicht nur gegen die Steuer an sich, sondern auch gegen die Auflage, dass die Betriebe in städtischem Auftrag die Steuer einzutreiben und im Voraus, also vor Verbrauch und Bezahlung durch die Kunden, an die Stadt abführen sollen. Die 5%ige Vergütung der Stadt für die Steuereinziehung wird als zu gering erachtet. Zehn Prozent der abgeführten Getränkesteuer seien für den Aufwand angemessen, erklärt die Heidelberger Aktienbrauerei, die vier bis fünf Angestellte allein für diese Verwaltungstätigkeit zu beschäftigen vorgibt. Am besten aber solle die Getränkesteuer ganz abgeschafft werden.

1925 weitet sich der Ärger um die Getränkesteuer zu einem handfesten Konflikt aus. Die beiden Heidelberger Brauereien klagen in immer neuen Schreiben über die Belastungen – zumal seit Januar 1925 wegen erheblicher Rohstoffverteuerung der Bierpreis ohnehin habe angehoben werden müssen, was in Mannheim, Weinheim, Schwetzingen und anderen Orten schon zu einem »Bierstreik« geführt habe. Schließlich weigern sich in einem gemeinsamen Brief die Direktoren der Heidelberger Aktienbrauerei und der Engelbrauerei, künftig für die Stadt die »rechtsungültige« Getränkesteuer von ihren Kunden einzuziehen.[56] Auf erneute Schreiben der Heidelberger Aktienbrauerei, die am 1. April 1925 in den Steuerstreik tritt, reagiert das städtische Rechnungsamt mit dem Hinweis, die Brauerei handle »rechtswidrig«, denn Steuererhebungen könnten nicht verweigert werden. In einem internen Schreiben an den Oberbürgermeister diagnostiziert das Rechnungsamt »Kampfstimmung« und stellt fest: »Der Hauptwiderstand geht von der Direktion der Aktienbrauerei aus«, nämlich von Brauereidirektor Finck.[57] In einer konzertierten Aktion legen Wirte, Weinhändler, die drei großen Spirituosenproduzenten und Hoteliers mit einer Flut ähnlich lautender Schreiben, in denen sie ihre Steuerbelastungen vorrechnen, nach. Der Oberbürgermeister kündigt der Heidelberger Aktienbrauerei und einigen aufmüpfigen Weinhändlern am 22. Juli 1925 »Zwangsmaßnahmen« an.

In dieser Krisensituation finden im Rathaus mehrere Gespräche mit Vertretern der Betroffenen statt. Endlich kann der Steuerkonflikt am 22. Oktober 1925 durch einen Stadtratsbeschluss gelöst werden: Die Erhebungsgebühr für die Getränkesteuern bei Brauereien und Weinhändlern wird rückwirkend zum 1. Juli von 5 auf 6¾% erhöht und ist nicht mehr sofort abzuführen, sondern wird gestundet bis zum 10. des vierten auf die Abgabe/den Verkauf folgenden Monats. Dass es sich bei den Getränkesteuereinnahmen nicht um Peanuts handelt, sondern um erhebliche Beträge geht, macht eine Tabelle der Getränkesteuereinnahmen der Stadt Heidelberg im Zeitraum von 1924 bis 1926 deutlich (in RM):[58]

Jahr	Bier	Wein, Schaum-, Branntwein
1924	63.227	132.098
1925	95.285	111.010
1926	119.690	104.227

Die Zahlen zeigen innerhalb von nur drei Jahren drastische Veränderungen: Beträgt 1924 das Biersteueraufkommen nur etwa ein Drittel der gesamten Getränkesteuereinnahmen, verdoppeln sich bis 1926 die Biersteuereinnahmen beinahe und überholen die Steuereinnahmen aus anderen alkoholischen Getränken. Die Gründe hierfür sind hohe Weinpreise und die wieder steigende Qualität des Bieres nach den knappen »Dünnbierjahren« im Gefolge des Krieges.

Damit ist zwar der akute Steuerstreit entschärft, doch bleibt die Diskussion um die Getränkesteuer, die von einigen Gemeinden wieder abgeschafft wird. Im Rechnungsjahr 1924/25 zahlen die HAB 38.666 RM und Engelbräu 6.377 RM Getränkesteuer (überwiegend für Bier, zum geringen Anteil für Mineralwässer u.ä.). Von den sechs Biergroßhandlungen zahlen die Gebrüder Schaaff mit 4.875,00 RM am meisten, gefolgt von K. Glausinger, J. Kretz, L. Schäfer, G. Meier und Schlusslicht K. Betzmann mit 1.042,00 RMk. Hinzu kommen die Einnahmen von zehn Weingroßhändlern und den drei Brennereien Holland, Bootz und Reisig. Bei den von auswärts eingeführten Bieren, auf die 1% Umsatzsteuer zu entrichten ist, führt Eichbaum (Mannheim) vor Bürgerbräu (Ludwigshafen), Sinner (Grünwinkel/Karlsruhe), Hoepfner (Karlsruhe), Schwanen (Schwetzingen), Durchlacherhof (Mannheim) und Fels (Karlsruhe).[59]

Der Reichstag beschließt im März 1927 die Abschaffung der Getränkesteuer auf Reichsebene. Doch während die Wein- und Branntweinsteuern allgemein abgeschafft werden sollen, dürfen die Gemeinden, die am Stichtag 31. März 1927 eine Steuer auf Bier erheben, diese auch weiterhin einziehen. Die Obergrenze der Biersteuer wird auf 7% des Herstellerpreises festgelegt. Das Reichsgesetz bestimmt auch, dass diese Biersteuer vom »Hersteller oder Einbringer« gezahlt werden soll. »Einbringer« sind vor allem die Bierverleger, die Bier einführen, das in einer anderen Kommune gebraut wird.

In Heidelberg erhebt sich sogleich der politische Streit um das weitere Vorgehen. Die KPD Heidelberg lehnt die Erhebung einer Biersteuer ab. Ihr Stadtverordneter Bader protestiert gegen eine »Massensteuer«, die die »breiten Schichten« des Volkes belaste, obwohl die »Kommunisten grundsätzlich gegen Alkohol« seien. Falls die Biersteuer doch erhoben werden solle, hätten nach seiner Auffassung wenigstens Biere in Kantinen und Baustellen steuerfrei zu sein.[60]

Die große Mehrheit des Stadtrats stimmt allerdings – schon um einen Finanzausgleich für den Wegfall der Wein- und Branntweinsteuern zu erzielen – am 1. Juni 1927 der Biersteuer zu, die ab 1. Juli 1927 erhoben werden soll. Für importiertes Bier soll der Satz die Höchstgrenze von 7% erreichen. Insgesamt wird mit einem Jahresertrag von rund 180.000 RM gerechnet.

Kaum aber ist die Getränkesteuer reichsweit aufgehoben, beginnt von Seiten des Deutschen Städtetags der Druck, dieselbe wieder einzuführen. Dabei spielt zum einen die Finanznot der Städte eine Rolle, zum anderen die Sorge vor einem Anwachsen des Alkoholismus aufgrund verbilligter alkoholischer Getränke. Am 15. November 1927 findet in Berlin eine Diskussionsrunde des Deutschen Städtetags zum Themenkomplex »Alkoholismus – kommunale Wohlfahrt – Getränkesteuer« statt. Dr. Marie Baum aus Heidelberg, Vertreterin des Bundes Deutscher Frauenvereine, nennt auf dieser Veranstaltung die Getränkesteuer ein »mechanisches«, aber »wesentliches« Mittel gegen Alkoholismus, das wie die Tabaksteuer erzieherische Wirkung haben könne. Sie plädiert für die Wiedereinführung und Verzehnfachung der Steuer auf alkoholische Getränke und eine »volkserzieherische« Aufklärungsarbeit in Zeitungen, Frauenzeitschriften und auf »Millionen Flugblättern«.[61]

Neben den Überlegungen zur Wiedereinführung der Steuer auf Wein, Schaumwein und Branntwein geht auf lokaler Ebene die Diskussion über die Besteuerung auswärtiger, vor allem Münchner, Biere weiter, und darüber, in welcher Höhe die Versand- und Transportkosten abgezogen werden dürfen von der Besteuerung, für die wiederum der Herstellerpreis gelten solle. Der »Verein selbstständiger Bierverleger«, Georg Meier in der Bergheimer Str. 133 und der Bierverleger Wilhelm Geiger, Bergheimer Str. 5, fordern in Eingaben an die Stadt eine möglichst niedrige Besteuerung, da die Verleger vor allem vom Verkauf auswärtigen Bieres aus München, Mannheim und Karlsruhe, Ludwigshafen und Speyer, leben. Mit dem festgelegten Abzug von 3 RM pro hl und der Besteuerung der Restsumme mit 7% liegt Heidelberg im Städtevergleich im mittleren Bereich.[62]

Anfang 1928 verstärken sich die Bemühungen des Deutschen Städtetags und des Badischen Städteverbands für die Wiedereinführung der Getränkesteuer. Die Städteorganisationen schicken umfangreiches Material und Argumentationshilfen an die Kommunen. In einem Brief des Vorsitzenden des Deutschen Städtetags an Oberbürgermeister Dr. Walz wird die Hoffnung ausgedrückt, dass sich Heidelberg stärker in dieser Frage engagiere. Es sei »wünschenswert«, wenn man auch hier die freien Wohlfahrtsverbände für dieses Ziel gewinnen könne. Worauf ihm Walz antwortet, dass zumindest im Stadtrat die Stimmung derzeit nicht für eine Wiedereinführung der Getränkesteuer sei.[63]

Die Wirtschaftskrise 1929 mit ihren verheerenden Folgen schafft schließlich völlig neue Rahmenbedingungen für die leidige Frage. Denn der Bierdurst sinkt. Nach einer guten Traubenernte ist 1931 der Wein sogar billiger als Bier. Die Bierproduktion in Baden sinkt von 1928 bis 1936 um 41% auf 1,48 Mio hl gegenüber mehr als drei Mio im Jahr 1913.[64] Die Brauereien stehen wieder einmal in einem Existenzkampf. An Steuererhöhungen ist somit nicht mehr zu denken.

7.8 Helles Bier, dunkles Bier – braunes Bier

Der politische Wandel ab 1933 spiegelt sich zu einem gewissen Grad auch in den Bereichen des Brauereiwesens, der Gastronomie und des Getränkehandels wider. Als im März 1933 in Heidelberg per NS-Anweisung rund 40 Organisationen aufgelöst werden, die der sozialdemokratischen oder kommunistischen Arbeiterbewegung zugeschrieben werden, spielen die Vereinslokale eine bedeutende Rolle. Die Gaststätte »Stadt Straßburg« in der Bergheimer Straße, Namenserbe der Brauerei am Neckarstaden, ist den neuen Machthabern als Treff der Arbeiter-Gesangs-Vereine ein Dorn im Auge. Der Athletiksportverein trifft sich in der »Stadt Düsseldorf«, Kettengasse, ebenfalls eine ehemalige Brauerei. Die Nazi-Behörden vergessen in ihrer Verfügung nicht, auch die Namen der Verantwortlichen zu erwähnen, in deren Wirtschaften sich die unerwünschten Arbeiterorganisationen treffen.[65]

Gut ins Bild der Zeit hingegen passen Lokale mit Namen wie »Zur deutschen Saar« in der Kaiserstraße. In den Heidelberger Zeitungen werben Gastwirtschaften mit dem Zusatz »Parteilokal der NSDAP«. Die Kompanien und Reservisten haben jeweils ihr Stammlokal, wobei das Stammhaus der Brauerei Kleinlein in der Hauptstraße sich großer Beliebtheit erfreut. Zunächst unbehelligt setzen sich die Rituale der Korpsstudenten fort. Lokale wie der »Seppl« sind nach wie vor angesagt. Doch die Bestrebungen der Nationalsozialisten, alle Berufsgruppen und bestehenden Organisationen zu übernehmen oder ganz zu verbieten, führen zum Rückzug der Korporierten in ihre Häuser und schließlich zur Auflösung.[66]

Dass auch Bierbrauen eine politische Angelegenheit werden kann, zeigt sich schon bald nach 1933. Die Positionen der beiden Heidelberger Brauereien sind hier unterschiedlich. Die Heidelberger Aktienbrauerei begrüßt in ihrer Festschrift zum 50-jährigen Bestehen der AG ausdrücklich den neuen politischen Kurs. Man hofft, dass »der Erfolg der Regierungsmaßnahmen in der Arbeitsbeschaffung sich auch weiterhin fortsetzt« und erwartet »wieder bessere Zeiten«.[67] Brauereidirektor Finck und die Führungsetage der Brauerei Kleinlein kooperieren mit den neuen NS-Machthabern, im Gegensatz zur Betriebsführung der Engelbräu. Kleinlein schaltet Anzeigen im Heidelberger NS-Parteiblatt »Volksgemeinschaft/Heidelberger Beobachter«, während Engelbräu ideologisch weniger festgelegte Tageszeitungen bevorzugt. Die Nähe der Brauerei Kleinlein zum Parteiblatt lässt sich auch durch den Artikel »Eine Heidelberger Biergeschichte« belegen, der wie ein PR-Aufsatz für die Brauerei Kleinlein klingt und fast wörtlich die Jubiläumsschrift von 1934 wiedergibt. Karl Kleinleins Pioniertat, die Heidelberger in den 1870er-Jahren mit hellem Bier Wiener Brauart zu beglücken, wird gebührend gerühmt. Ebenso wird das hauseigene Quellwasser, mit dem Kleinlein braut, gelobt und die Geschichte der Wasserversorgung zu kurfürstlichen Zeiten dargestellt. Bereits Geheimrat Bunsen habe sich Wasser aus dem Quellgebiet Kammerforst ins Institut holen lassen.[68]

Die neuen Machthaber greifen auch in die Organisation des Brauwesens ein. Die in Karlsruhe ansässige Zentralstelle der badischen Brauindustrie teilt ihren Mitgliedern bereits im Juni 1933 mit, dass nun »die Gleichschaltung und der ständische Aufbau des deutschen Braugewerbes durchgeführt wird«, und auch die badischen Brauereien »durch Zwangsorganisationen restlos erfasst« werden.[69] Alle in Betrieb befindlichen badischen Brauereien sind dazu aufzulisten.

1933 ist die Heidelberger Aktienbrauerei im Ausschuss des Verbands der Brauereien des Pfalzgaues durch Brauereidirektor Finck vertreten.[70] Doch die Nationalsozialisten fassen die mittlerweile nur noch 21 in Betrieb befindlichen Brauereien im von ihnen geschaffenen »Bezirk Baden der Wirtschaftsgruppe Brauerei und Mälzerei« zusammen, der in Karlsruhe ansässig ist.[71] Auch für die Kleinlein AG und die Brauereigesellschaft Zum Engel vorm. Chr. Hofmann AG gilt die Zwangsmitgliedschaft.[72]

Abermals greift der Staat ein. Lag bislang die staatliche Besteuerung bei den Ländern und Gemeinden, zentralisieren die Nationalsozialisten auch diesen Bereich, um mit der 1939 eingeführten Reichsbiersteuer am sich erhöhenden Bierabsatz zu partizipieren. Zwei Artikel aus der Heidelberger Presse zeigen, wie sich dem Brauwesen nationale Dimensionen abgewinnen lassen. Am Ende des ersten Kriegsjahrs wird im Sommer 1940 die vorübergehende Lockerung der kriegsbedingten Rohstoffkontingentierung bejubelt: »Es gibt wieder gutes Bier ...«, und die Brauereien Heidelbergs und der Umgebung stimmen mit ein: »Wieder Qualität!« (Kleinlein), »Wieder in bekannter Güte« (Weckesser Wiesloch), »wieder überall im Ausschank« (Bergbräu Leimen).[73] Der begleitende Artikel macht aus dem Bierbrauen ein nationales Ereignis, der verfassende »Bierologe« stellt fest, dass es natürlich »keine mundigeren und gehaltvolleren Biere« als die deutschen gebe. Schon die Kelten hätten vor 2.000 Jahren in Neuenheim und Handschuhsheim gebraut: »Sicher ist da manches Körnchen Hirse, Gerste oder Hafer in schäumendes Neckargold verwandelt worden«. In einer Art Anwendung des Darwin-Prinzips auf das Brauereiwesen feiert der Autor das Verschwinden der kleinen Brauereien und huldigt dem Fortschritt: »Unsere deutsche Brauindustrie, die anstelle unzähliger kleiner leistungsschwacher Hausunternehmen heute mit den modernsten Mitteln der Technik einwandfreie und haltbare Biere braut, ist in der ganzen Welt geschätzt.« Besonders die »guten badischen Biere« seien zu loben, wobei der Verfasser nicht zu erwähnen vergisst, dass der Badener J. P. Schifferdecker den Ostpreußen gezeigt habe, wie man gutes Bier braut, bevor er die Heidelberger Zementfabrik gründete. Aus Baden komme »die bescht Braugerste«, und in der »alten Universitätsstadt Heidelberg« sei das Brauereiwesen »schon immer hochangesehen gewesen.«

Ein halbes Jahr später erscheint in der »Volksgemeinschaft« die bereits erwähnte »Heidelberger Biergeschichte«, die wie ein Werbeartikel der Brauerei Kleinlein klingt, angereichert mit ideologischen Floskeln.[74] Neben Karl Kleinleins Pioniertaten und dem heimatlichen Brauwasser vom Königstuhl wird erneut die Konzentration auf nur noch zwei Brauereien gerühmt, die »bedeutende wirtschaftliche Unternehmungen« seien. Sodann begeistert sich der Verfasser für »Bierfuhrwerke«, Kutscher und »schöne stramme Gäule«, die »die heimische Landschaft« beliefern, da »unsere heimischen Brauereien ... keinen Wert auf Export« legen.

Das Leitbild von der starken Führungspersönlichkeit und dem regionalen wie nationalen Stolz im Brauwesen wird in einer Festschrift von 1939 am Beispiel von Johann Philipp Schifferdecker aus Mosbach ebenfalls aufgegriffen.[75] Schifferdecker habe das marode Brauwesen im Osten erst wieder aufgebaut und dort gutes untergäriges Bier eingeführt: Ostpreußens Brauer »scharten sich um die neue Führung Johann Philipp Schifferdeckers und bauten mit ihm gemeinsam das neue ostpreußische Brauwesen auf.« Wie eine »verschworene Gemeinschaft« hätten alle gearbeitet, im »Geist des Ringens aller um dasselbe Ziel«.[76] Nach den Krisen zu Beginn des 20. Jh.s kommt für die Brauerei nun der Lichtblick: »Der Beginn der nationalsozialistischen Wirtschaftsepoche brachte die absinkende Ausstoßkurve auch in der Brauerei Ponarth zum Stillstand.« Und nun brauen »Betriebsführer« und »Gefolgschaft« fleißig, trainieren sportlich, üben auf den Schießständen das Auge und »stählen den Körper«.[77]

Die Engelbrauerei muss in den 1930er-Jahren aufgrund der politischen Verhältnisse ihr Firmenlogo verändern. Seit 1914 wirbt die Brauerei mit dem Symbol, das die beiden Engel vom Ruprechtsbau des Heidelberger Schlosses zeigt, die einen Hopfenkranz halten, welcher den sechszackigen Brauerstern umschließt.[78] 1933 wird der Brauerstern, bis dahin harmloses Symbol alter Brautradition, zum Politikum. Das von den Nazis als Davidsstern interpretierte Symbol muss verschwinden. Ältere Heidelberger berichten, der NSDAP-Kreisleiter habe gar die Ablieferung bzw. Zerstörung der alten Brauereigläser verfügt.[79]

Wie viel Druck im Fall von Engelbräu nötig ist, um das Hexagramm im Logo durch drei Ähren zu ersetzen, ist nicht mehr nachweisbar. Leicht fällt diese politische Konzession Direktor Heinrich Wirth nicht, der als Demokrat gilt und den Nazis distanziert gegenüber steht. Selbst ohne Stern dürfte ein Firmensymbol, das Engel zeigt, nicht gerne gesehen sein in Zeiten, in denen martialisch dreinblickende Adler dominieren. Zwar bleiben die filigranen Jugendstil-Engel zunächst erhalten, doch es verschwindet auf den Bierdeckeln die elegante, klare Schrift der 1920er-Jahre zugunsten einer traditionell »altdeutsch« wirkenden Schrifttype. Auch der Zusatz »seit 1797« verstärkt den historischen Bezug. Nun passt das Logo der Brauerei besser zum herrschenden Zeitgeist.

Eine Anbiederung der Engelbrauerei an die neuen Machthaber ist allerdings aus keinem Dokument herauszulesen. Eher das Gegenteil. Engelbräu hält sich mit Elogen auffällig zurück. Die Geschäftsberichte nach 1933 sind sachlich-kühl und ohne jede Ergebenheitsfloskeln verfasst. Auch die interne Festschrift »140 Jahre Engelbräu«, die zugleich das 40-jährige Betriebsjubiläum von Brauereidirektor Heinrich Wirth feiert, enthält sich jeder Anbiederung an das Regime. Verfasser Josef Vogt stellt dem zum Jahreswechsel 1936/37 erscheinenden Werk auf dem Titelblatt demonstrativ das religiöse Motto »Ohn' Gottes Gunst all Brau'n umsunst – Gott gebe Glück und Segen drein« voran. Über Heinrich Wirth, der bei der Alten Brücke in der Ziegelhäuser Landstr. 3 eine Villa bewohnt, wird erzählt, er höre während des Krieges wegen seiner Schwerhörigkeit so laut »Feindsender«, dass es bis auf die Straße dröhne und wohlmeinende Mitbürger ihn warnen: »Herr Direktor, man heert ihrn Radio bis uff die Stroß …«

Die Firmenpolitik Wirths, der als junger Mann von Christoph Hofmann persönlich von der Heidelberger Volksbank für die Brauerei abgeworben worden war, ist stets auf maximale Unabhängigkeit hin angelegt. So hält sich die Brauerei auch, soweit möglich, von Verbänden fern. Bis 1933 fungiert Wirth als Sprecher eines lockeren Zusammenschlusses ungebundener Brauereien in Baden, gewissermaßen eine Organisation der Nichtorganisierten. Später muss auch Engelbräu den staatlich gelenkten Verbänden beitreten. Insgesamt sind bei der Brauerei nur die nötigsten, unumgänglichen Konzessionen an das NS-System festzustellen.

Nach 1945 greift Engelbräu sofort wieder auf das alte Firmenzeichen zurück.[80] Doch nach wenigen Jahren verschwindet der Brauerstern erneut. Er wird durch die drei Ähren ersetzt. Vermutlich, weil nun durch die vorangegangenen Ereignisse der Stern politisch derart belastet und für Bierwerbung

Politisch erzwungen: die filigranen Engel mit dem Brauerstern müssen weichen, Bierdeckel um 1930 und 1940 (Privatsammlung)

schwerlich zu gebrauchen ist. Manchen Konsumenten ist wohl auch die ursprüngliche Bedeutung des Symbols nicht mehr bekannt. Zudem ist die Kundschaft mittlerweile das neue Engelbräu-Logo gewöhnt.

7.9   Die neue Marke »Schloßquell«

Obwohl die Heidelberger Aktienbrauerei vorm. Kleinlein noch im Frühjahr 1934 ihr 50-jähriges Bestehen feiert und zu diesem Anlass eine Festschrift herausgibt, firmiert sie noch im selben Jahr um. Die Brauerei heißt nun Kleinlein AG. Zwar ist niemand aus der Familie Kleinlein mehr in der Betriebsführung vertreten, aber der neue »alte« Name ist weniger umständlich, zumal die Brauerei meist schon vor der Namensänderung mit diesem Kurznamen bezeichnet wurde. Ferner passt der Name einer tatkräftigen Einzelpersönlichkeit besser in die neuen Zeiten, die auf Führer- und Personenkult ausgerichtet sind.

Und es gibt eine weitere Veränderung. Kleinlein kauft im Sommer 1934 fünf Quellen im Kammerforst am Königstuhl. Eine ca. 6 km lange Wasserleitung führt das Wasser vom Berg durch die Anlage unter der Sophienstraße und Poststraße bis in die Brauerei in der Bergheimer Straße. Ab Oktober 1934 wird mit diesem eigenen Quellwasser, das dem Pilsener sehr ähnlich sein soll, gebraut und die neue Biermarke »Schloßquell« eingeführt. Jahrzehnte später wird diese Bezeichnung zum Namen für die Brauerei selbst; bis in die 1990er-Jahre hinein wird das Bergwasser zum Brauen genutzt. Auf einem Werbeplakat macht die Brauerei im Januar 1935 stolz auf die Veränderungen aufmerksam.[81] Das in Schwarz und Blau von Braus gedruckte Plakat zeigt eine Zeichnung mit Pferdefuhrwerk und erläutert: »... um vielen Volksgenossen auf längere Zeit Arbeitsgelegenheit zu geben, wurde die Legung einer ca. 6 km langen Leitung in Angriff genommen und durchgeführt.« Vokabular und kriegerische Metaphorik passen zum Zeitgeist. Das Wasser zeichne sich durch außergewöhnliche »Reinheit und Weichheit« aus und könne »ohne Aufberei-

Stolz auf das eigene Quellwasser – vom Königstuhl zur Brauerei geleitet, Werbeanzeige 1939 (Privatsammlung)

tung« verwendet werden, da es auf natürliche Weise durch den Buntsandstein gereinigt werde. »Schloßquell ist der geschützte Name der neuen Markenbiere der Brauerei Kleinlein.« Ein neues Logo löst das alte »HAB«-Zeichen ab und präsentiert nun den Namenszug Schloßquell. Drei Sorten werden aufgezählt: Schloßquell hell, Schloßquell dunkel und Schloßquell Märzen.

Auslieferung mit Pferden und Lkw – die letzten Braugäule Bruno und Fritz sind bis 1962 im Einsatz (STAHD)

7.10 Dünnbierzeit

Im Zweiten Weltkrieg wiederholen sich im Prinzip die Einschränkungen, die die Brauereien bereits im Ersten Weltkrieg hatten hinnehmen müssen. Zu Kriegsbeginn kommt es zu Kontingentierungen für Malz. Doch nach der für das Dritte Reich erfolgreichen »Blitzkriegsphase« werden gegen Ende des ersten Kriegsjahres die Einschränkungen wieder aufgehoben. Die vorübergehende Lockerung der Rohstoffkontingentierung wird in der Presse bejubelt: »Es gibt wieder gutes Bier …«.[82] Der Schritt gaukelt scheinbare Normalität vor. Doch schon bald verklingt der Jubel der Brauereien und es kommen wieder die Zeiten des Dünnbiers. Unter staatlichem Druck müssen sich die Brauereien auf die Produktion alkoholfreier Getränke verlagern. Mineralwasser, Limonaden und Nebenprodukte des Brauens, also Eis, Treber, Hefe, Malz sollen die Einnahmen der Brauerei sichern.

Spätestens 1942 wird die Lage für die Brauereien bedenklich. Kleinlein geht das Kapital aus, im November 1942 gibt die Brauerei neue Aktien zu 200 und 500 RM aus. Zu den Rohstoffkontingentierungen kommt die Ablieferung von Gespannen und Lastautos, die oft komplett mit ihren Fahrern eingezogen werden. Auch viele Kleinfirmen aus dem Umfeld der Bierbrauerei geraten in die Krise, weil ihnen sowohl die Mitarbeiter und Kunden als auch das Material fehlen. Glück hat der »Bier-Wolf«, Spezialist für Bier-Pressionen und Schankanlagen in der Bergheimer Straße. Die Wolfs werden unabkömmlich gestellt und fertigen Blecharbeiten für Stotz.[83] So kann die Firma die harten Jahre überstehen.

Die Folgen der Kriegseinschränkungen setzen sich nach 1945 fort. Nachkriegszeit – Dünnbierzeit. Die Brauereien stehen vor schwerwiegenden Problemen: Die Brauereieinrichtung ist dezimiert, es mangelt an Rohstoffen, die Konsumkraft der Bevölkerung ist gering, die Wirtschaftsperspektive unklar. Die beiden Heidelberger Brauereien sind jedoch in einem Punkt in vergleichsweise günstiger Position: Ihre Gebäude sind unzerstört, während in den meisten anderen deutschen Städten die Produktionsstätten bei Luftangriffen gelitten haben oder vollkommen zerstört werden. So erleiden etwa die Mannheimer oder Karlsruher Brauereien schwere Zerstörungen ihrer Produktionsanlagen und brauereieigenen Gaststätten.[84]

Doch zunächst sind die Anlagen von den Siegern besetzt. Als im Frühjahr 1945 amerikanische Truppen in Heidelberg einmarschieren, interessieren sich viele US-Soldaten weniger für die Sehenswürdigkeiten der Stadt als für das berühmte deutsche Bier, wie das Truppenblatt »Stars and Stripes« berichtet. Die Soldaten »seemed better acquainted with Heidelberg as the home of good beer than as a seat of learning.« »The shipping platform of one brewery was stacked with barrels«, entdecken sie. Nach einigen Schwierigkeiten können die GI's »the famous brew« probieren, wie das zum Artikel gehörige Foto mit Soldaten und Bierkrügen dokumentiert.[85] Schnell wird allerdings dieser Bereich »Off Limits«, genauso wie die Wirtschaften der Stadt, die ohnehin fast alle geschlossen sind.

Die Militärregierung verhängt für die amerikanische Zone zunächst ein bis Anfang 1946 gültiges Brauverbot. Dann ist Dünnbier mit einem Stammwürzegehalt von 0,3% gestattet. Dünnbier, ein Wassersud auf Hefebasis, und Molkebier aus Gerstenersatz markieren den Tiefpunkt des Braugewerbes. Die Braukapazitäten liegen brach. Um zu überleben, setzen die Brauereien ihre Strategie der Kriegsjahre fort und bieten nichtalkoholische Getränke an. Die Kleinlein-Brauerei versucht mit der Fassbrause »Limona« ihre Umsatzeinbußen abzumildern.[86] Weitere Einnahmen werden aus dem Verkauf von Nebenprodukten wie Stangeneis gezogen. Auch für die Brauereien setzt der Aufschwung erst nach der Währungsreform vom Juni 1948 ein.

8 Tradition und Fortschritt (1948–2005)

8.1 Es geht voran!

Mit Währungsreform (1948) und politischer Neuordnung (1949) kommt es auch im Braugewerbe zu einem relativ schnellen Aufschwung. Nach Jahren der Lebensmittelknappheit und Mangelwirtschaft ist der Wunsch nach »echten« Speisen und Getränken groß. Bereits 1949 gibt es, wie ehemalige Brauereibeschäftigte berichten, keine ernsthaften Rohstoffprobleme mehr. Mit der neuen, stabilen Währung ist der Rahmen geschaffen, der zu Investitionen in die Brauanlagen und den Vertrieb ermuntert, die Konsumenten können und wollen sich, in aller Bescheidenheit, wieder etwas leisten: Der Preis für einen Liter Heidelberger Bier beläuft sich auf etwa 1 DM.

1949/50 werden die Stammwürzebegrenzung aufgehoben und die Biersteuer gesenkt. Die zunächst von den Amerikanern beschlagnahmten großen Brauereilokale und Vertragsgaststätten werden bis Mitte der fünfziger Jahre wieder freigegeben, etwa Kleinleins »Krone« in Neuenheim und der Großausschank »Zieglerbräu« in der Bergheimer Straße. Brauereidirektor Wirth von Engelbräu darf wieder in seine Villa in der Werrgasse ziehen. Der »Goldene Engel« ist nicht mehr US-Casino.

Zum traditionellen Stammpublikum der Heidelberger Wirtschaften, nämlich Bürger, Handwerker, Studenten und – jetzt wieder – die ersten Touristen, kommen nun die in der Stadt stationierten Amerikaner hinzu. In den fünfziger und sechziger Jahren ist noch die Atmosphäre der alten Altstadtgemütlichkeit zu spüren. Noch existieren die traditionellen Stammtische. Im »Seppl« kommen die Nachfahren der um 1900 entstandenen nichtakademischen »Acht-Uhr-Gesellschaft« zusammen. Die »Engelbuben« treffen sich im »Goldenen Engel«, die »Insulaner« in der von Engelbräu belieferten »Inselbrauerei« in der Plöck. Wenige Jahre später werden bei Sanierung oder Abriss ihrer alten Stammlokale die Stammtische heimatlos.

Als Nachfahrin von »Sträußele Hannele« oder »Fräulein Blümchen« ist in den Wirtschaften und Gassen der Altstadt noch die »Blumme-Marie« unterwegs. Sie verkauft zunächst den amerikanischen Soldaten Sträuße für deren weibliche Bekanntschaften. Diese lassen, wie mit Marie verabredet, die Sträuße liegen, wenn sie mit den Amerikanern weggehen. Auf diese Art verkauft Marie jeden Strauß mehrfach und teilt sich das Geld mit den Mädchen.[1] Neben US-Soldaten und Studenten, die sich wieder im »Seppl« und im »Roten Ochsen« treffen, zählen Nachtschwärmer aller Art zu ihrer Kundschaft.

Der Bierverbrauch steigt in den »Wirtschaftswunderjahren« der Bundesrepublik Deutschland stark an: 1949 werden durchschnittlich nur 22 Liter pro Kopf konsumiert. Die Menge nimmt kontinuierlich zu und erreicht in den frühen siebziger Jahren mit 150 Litern ihren Höhepunkt. Heute liegt der Durchschnitt bei knapp über 120 Litern.

8.2 Friedliche Koexistenz der beiden verbliebenen Brauereien

Die beiden Heidelberger Brauereien leben nach dem Zweiten Weltkrieg in einer Art friedlicher Koexistenz nebeneinander. Die »Claims« sind weitgehend abgesteckt. In stillschweigender Übereinkunft respektiert jede Brauerei den Bereich der anderen. Zumindest meistens. Interessenkollisionen entstehen vor allem, sobald auswärtige Brauereien eine Heidelberger Wirtschaft freigeben. So kommt es z.B. wegen der Übernahme einer Wirtschaft am Autobahnstutzen am Ende der Bergheimer Straße zu Misstönen.

Beide Brauereien beliefern die Region »rund um den Schornstein«, d.h. einen Umkreis von ca. 40 km. Während bei Schloßquell der Schwerpunkt eher südlich liegt und sich bis in den Raum Karlsruhe erstreckt, beliefert Engelbräu im Nordosten den Raum Weinheim und Südhessen. Beide Brauereien haben nach Jahren der Zwangsorganisierung genug von Verbänden. Die badischen Brauereien treten zwischen 1947 und 1951 massenhaft aus dem Brauereiverband aus, 1949 auch die Engelbrauerei und Kleinlein, wobei aber letztere kurz darauf den Austritt rückgängig macht.[2]

Die Stadt Heidelberg vergibt ihre Aufträge an die Heidelberger Brauereien bei den Veranstaltungen, auf die sie Einfluss hat. In der Kantine der Stadtwerke, in der Stadthalle oder beim Festzelt auf dem Messplatz kommen Engelbräu und Schloßquell wechselweise zum Zug. Mitarbeiter beider Brauereien singen zusammen beim Liederkranz in der Bienenstraße. Die Brüder Brox, einer Heidelberger Wirtsfamilie entstammend, sind jeweils Prokuristen in den beiden hiesigen Brauereien und stellen so eine personelle Beziehung zwischen Engelbräu und Kleinlein her. Für die insgesamt rund 150 Brauereibeschäftigten gilt noch: Freitag ist Zahltag mit Barauszahlung. Es ist üblich, dass die Mitarbeiter auch nach Dienstschluss noch auf dem Brauereigelände bleiben, sich im »Schalander« aufhalten oder bei Schloßquell im »Bräustübel« und warten bis die Fahrer mit ihren Wagen zurückkommen und von ihren Erlebnissen erzählen.

Gleichwohl kommt es gelegentlich zu kuriosen Konkurrenz-Situationen: Als Engelbräu auf seinem Brauereigelände eine Werbeaktion durchführt und bei einem Preisausschreiben ein Fahrrad verlost, wird die Frau eines Schloßquell-Mitarbeiters als »Spionin« zum Engelbräufest geschickt. Das Schicksal will es, dass ausgerechnet ihr Los gewinnt. Sie schickt ihr Kind zur Abholung, doch bei der Nennung des Familiennamens wird den Insidern klar, dass hier jemand von der Konkurrenz gewonnen hat ...

Die Engelbrauerei ist zwar die kleinere der beiden Heidelberger Brauereien, doch ihr Bier hat einen hervorragenden Ruf. Ihre Braumeister gelten als besonders fähig und werden von auswärtigen Brauereien umworben. Engelbier-Trinker verachten »Schlossqual«-Bier, das ihnen als fad gilt, zutiefst. Umgekehrt belächeln Schloßquell-Fans die kleinere Engelbrauerei und ihr für hiesige Verhältnisse herbes Bier. Spottverse wie »Schloßquell-Pils, keiner wills« oder »Schloßquellbiere unerreicht, dreie gsoffe, fünfe gsaicht« machen in Heidelberg die Runde. Zuversichtlicher klingt da schon: »Schloßquell-Bier, dann steht er dir – Schloßquell hell, dann steht er schnell«.

Bei beiden Brauereien existieren in den Nachkriegsjahren noch Pferdefuhrwerke, die weit mehr sind als reine Transportmittel. Pferdefuhrwerke gehören im Heidelberg der fünfziger Jahre noch zum Straßenbild, etwa die Gespanne der Fuhrunternehmen wie Henk und Niederheiser. Zwar wird das Bier überwiegend mit Lastautos ausgeliefert, aber kräftige Brauereipferde gehören immer noch zum Image einer Brauerei. Bei Festen werden sie mit prächtigem Zaumzeug aufgeputzt. Von früheren Mitarbeitern beider Brauereien werden gerne die Geschichten erzählt, wie die erfahrenen Brauerei-Pferde auf der Heimfahrt von der Auslieferung, wenn der übermüdete Fahrer eingedöst ist, die letzten Kilometer allein zur Brauerei laufen. Die Brauereigespanne hinterlassen offenbar tiefen Eindruck. Als 2000 die Heidelberger Druckmaschinen vor ihren neu gebauten Glas-Kubus beim Hauptbahnhof eine überdimensionale Pferdeskulptur setzen, fühlen sich ältere Heidelberger an Pferdefuhrwerke und die »alten Brauerei-Gäule« erinnert, die hohen Metallwalzen werden als Bierkühltanks assoziiert.[3]

In den späten fünfziger Jahren besitzt Schloßquell noch fünf Pferde. Die letzten sind die beiden Braugäule Bruno und Fritz, die lokale Berühmtheit erlangen. Trotz aller Nostalgie wird anfangs der 1960er-Jahre die völlige Umstellung auf Lkw vollzogen. Bruno und Fritz sollen ihr Gnadenbrot auf einem Bauernhof bekommen, gehen dort aber, wie erzählt wird, bald »in die Wurst«.

Noch in den fünfziger Jahren erfolgt die Bierauslieferung an die Niederlagen z.T. in Fässern, die erst dort in Flaschen abgefüllt werden. Beide Brauereien verwenden zunächst noch Holzfässer und beschäftigen eigene Küfer. Dann werden die

151

alten Fässer nach und nach von solchen aus Aluminium abgelöst. Die Brauereien müssen auf den Trend reagieren, dass nach dem Krieg Flaschenbier immer beliebter wird. Ab Mitte der 1950er-Jahre werden mehr Hektoliter in Flaschen als in Fässern abgesetzt. Der Profit war und ist allerdings bei Flaschenbier geringer als bei Fassbier – der Aufwand mit Flaschenreinigung und -befüllung sowie Etikettierung usw. ist ungleich höher.

Zunächst gilt noch, dass Freibier das beste Werbemittel ist. Vor allem bei Kirchweihfesten wird davon ausgegangen, dass die Brauerei bei der Lieferung an ihre Stammwirtschaften oder das Festzelt eine Runde ausgibt. Neben Emailleschildern, mit dem Logo bedruckten Krügen und Gläsern, Bierdeckeln und gelegentlichen Zeitungsanzeigen gibt es zunächst kaum weitere Werbemittel. Doch in den sechziger Jahren können weder Engelbräu noch Schloßquell dem Trend zu einer Vielfalt von neuen Werbeobjekten widerstehen. Es kommen große und kleine Glasstiefel hinzu. Ständig neue Bierdeckel-Serien werden erwartet. Kartenspiele, Ansichtskarten, Biermarken, Engelanhänger für die Flaschen, Etiketten, Papp-Plakate, neue Emailleschilder, Glasschilder, Fassböden, Wandteller, beleuchtete Aufsteller oder auch Tabletts mit eingelegtem Schriftzug werden eingesetzt. Und eine Sammelkultur entsteht.

Mit seinen beiden florierenden mittelständischen Brauereien und seinem gemütlichen Ambiente ist Heidelberg auch ein geeigneter Tagungsort für Brau- und Gastronomieverbände. So findet hier im Juni 1961 die Jahreshauptversammlung des Deutschen Brauerbunds statt. Aus diesem Anlass wird ein Sonder-Bierdeckel gedruckt und die Stadt ist mit Bierwerbung geflaggt. Die Lokalpresse kommentiert ein Foto mit Bierfahnen doppeldeutig: »Wir sagen ›Prost‹. Es soll uns auf eine kleine Fahne zu Ehren dieser Gäste nicht ankommen.«[4]

8.2.1 Schloßquell

Als die Brauerei Kleinlein am 21. Juni 1948 ihre DM-Eröffnungsbilanz verkündet, besteht der Vorstand der Kleinlein AG aus Philipp Kühner und Erwin Noll, der Aufsichtsrat aus Eugen Werner, Mühlenbesitzer und Schwiegervater von Erwin Noll, Mannheim, Heinrich Klöckers, Bankdirektor in Mannheim, Frau Prof. M. Franzen Witwe, München, und Hermann Finck, Brauereidirektor a.D., Heidelberg, dem langjährigen Brauerei-Chef. Es wird keine Dividende gezahlt, denn im »Rumpfgeschäftsjahr« werden Verluste eingefahren. Kein Wunder angesichts von Kontingentierungen und wirtschaftlicher Unsicherheit. Die Brauerei verfügt »nur über geringe Malzmengen« und kann »wiederum nur

Heidelberg ist mit seinen zwei florierenden mittelständischen Brauereien beliebter Tagungsort der Branche, Sonderbierdeckel 1961 (Privatsammlung)

durch zusätzliche Produktion von Molkenbier und Faßbrause die Nachfrage unserer Kundschaft befriedigen. Der Mangel an Fässern und Flaschen machte sich wieder stark bemerkbar.«

Die Brauerei ist Mitglied im Württemberg-Badischen Brauerbund Stuttgart und im Fachverband des Limonaden- und Mineralwassergewerbes Württemberg-Baden, Stuttgart. Um den Verkauf nichtalkoholischer Getränke zu fördern, ist die Brauerei an der Getränke-Vertriebsgesellschaft Heidelberg mbH beteiligt. Nach Einführung des »Friedensbieres«, also der Aufhebung der Beschränkungen hinsichtlich des Stammwürzegehalts des Bieres (max. 12%), erhöht sich der Ausstoß wieder, aber die »hohe steuerliche Belastung« wird beklagt. Die Produktion von Fassbrause endet mangels Verkaufsmöglichkeit«.

Im Geschäftsjahr 1949/50 kann Kleinlein eine Steigerung des Ausstoßes feststellen, obwohl die »lang erwartete Senkung der Biersteuer« erst am Ende der warmen Jahreszeit in Kraft tritt. Vor allem der Absatz alkoholfreier Getränke steigt. Allerdings sind Lohnerhöhungen und Preissteigerungen, vor allem für Hopfen, zu verkraften. Dennoch kann die Brauerei Kleinlein in den frühen 1950er-Jahren in neue Tanks, einen neuen Flaschenkeller und ein Malzsilogebäude investieren.

Der Erfolg der Marke »Schloßquell« veranlasst die Brauerei Kleinlein 1951, die Sortenbezeichnung in ihren Firmennamen aufzunehmen. Einmal mehr verweist die Firma stolz auf ihr Brauwasser, das seit 1934 vom Quellgebiet beim Schloss durch eine 6 km lange Wasserleitung zur Brauerei nach Bergheim geführt wird. Aus der Brauerei Kleinlein AG wird die Schloßquellbrauerei Kleinlein AG, die zu den größten Brauereien in Nordbaden zählt.

Der Wiederaufstieg der Brauerei Kleinlein nach dem Krieg lässt sich direkt an den Ausstoßzahlen ablesen. Im Geschäftsjahr 1949/50 braut Kleinlein 29.885 hl, von denen 21.870 hl Fassbier und nur ein Anteil von 8.015 hl in Flaschen gefüllt sind.[5] 1953/54, bei einem Ausstoß von insgesamt 50.781 hl, ist das Verhältnis bereits ausgeglichen. Ab dem Folgejahr dominiert das Flaschenbier, den veränderten Trinkgewohnheiten folgend. Als Mitte der sechziger Jahre die Brauerei die Schallmauer von 100.000 hl durchbricht, beträgt der Anteil von Flaschenbier am Gesamtausstoß bereits 2/3. Die Dividende verdoppelt sich im Lauf der 50er-Jahre von 5 auf 10%. »Änderungen der Konsumgewohnheiten und die Entwicklung auf dem Arbeitsmarkt« erfordern große Investitionen und Rationalisierungen, gemeint ist damit auch der Ausbau der Flaschenbierproduktion.

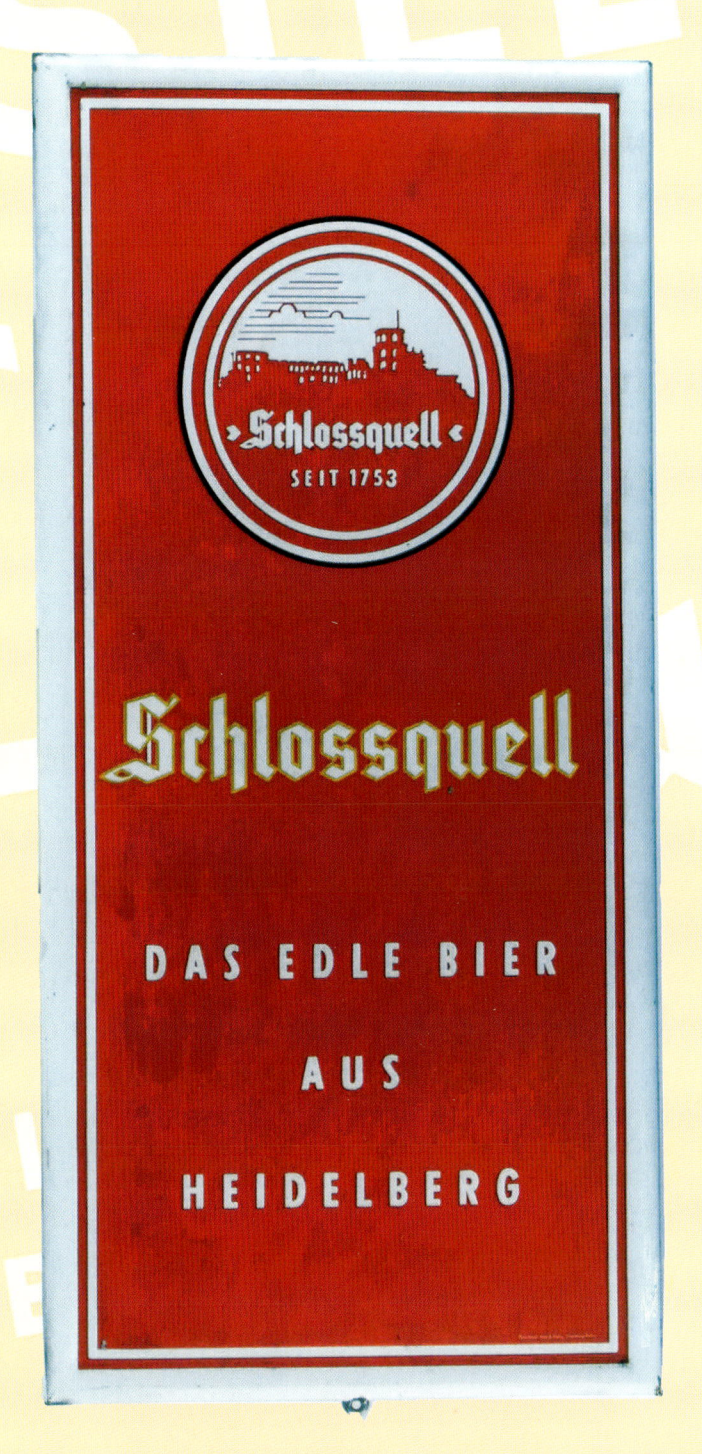

Emailschild für die Außenwerbung, 1950er-Jahre (Privatsammlung)

»Schlossquell«-Flaschen-
etiketten der 1950er-/60er-
Jahre (Privatsammlung)

Im Geschäftsjahr 1960/61 werden »Erlösschmälerungen, die nicht zuletzt in dem Verhalten mancher Brauereien begründet sind« und ein »stetig wachsender Konkurrenzkampf« beklagt. Dennoch wird in den frühen Sechzigern eine Dividende von 14% ausgeschüttet und hoffnungsvoll investiert. 1961 entsteht ein neues Malzsilogebäude, die Gärkeller werden erweitert und neue Abfüllanlagen eingerichtet. Durch den Bau der Mälzerei 1968 kann der Eigenbedarf an Malz vollkommen gedeckt und sogar Überschussproduktion verkauft werden.

1965 wird bei Schloßquell zudem gefeiert. Erwin Noll wird 60 und ist zugleich seit 20 Jahren Direktor. Beim Jubiläumsfest im Europäischen Hof überbringen u.a. Oberbürgermeister Robert Weber und vom Brauerverband Direktor Moninger aus Karlsruhe Glückwünsche. Die Brauerei, die 1966 den Namensbestandteil Kleinlein weglässt und nur noch als »Schloßquell AG« firmiert, bietet um diese Zeit eine große Palette an Bieren an. Neben den Standardsorten Pils und Export werden an Ostern und zu Weihnachten Saisonbiere gebraut. Das »Castellator« Starkbier lehnt sich an bayrische Namen an und stellt gleichzeitig den Bezug zum Schloss her. Ein Diät-Pils wird in Lizenz gebraut; alkoholfreie Getränke werden ebenfalls weiter vertrieben. 1967/68, im letzten Geschäftsjahr der selbstständigen Schloßquellbrauerei vor der Übernahme durch Schultheiß, liegt der Bierausstoß bei der Rekordmarke von 118.918 hl, hiervon sind 86.146 hl Flaschenbier.

8.2.2 Engelbräu

Auch Engelbräu, die nach Beschäftigtenzahl und Bierausstoß kleinere der beiden Heidelberger Brauereien, zeigt sich nach der Währungsreform relativ schnell wieder erholt, obwohl die Brauerei, im Gegensatz zu Kleinlein und den meisten anderen Brauereien, auch in Krisenjahren nicht auf nichtalkoholische Getränke ausweicht und sich weiterhin allein auf die Bierbrauerei konzentriert.

Schon bald funktionieren Produktion und Absatz einigermaßen reibungslos. Die Maschinen sind einsatzfähig und das Etikettieren von Hand wird wieder automatisiert, der beschlagnahmte »Goldene Engel« freigegeben. Zum Auftakt des 160. Jubiläums von Engelbräu berichtet die Lokalpresse Ende 1956 ausführlich. Bei einem Rundgang durch die Firma beeindrucken vor allem die großen zweigeschossigen Keller. Drei alte Holzbottiche im Gärkeller erinnern an vergangene Zeiten. Doch ansonsten sei alles neu wie etwa die riesigen Tanks mit je 12.000 bis 15.000 l Inhalt. Eine vollautomatische Spül- und Flaschenabfüllanlage ist vorhanden, die etikettierten Flaschen rutschen über eine Rollbahn in den Stapelkeller.[6]

Engelbräu verfügt in und um Heidelberg über ein stabiles Netz von Ausschankstellen. In den fünfziger Jahren zapfen allein im Stadtbereich über 30 Lokale, Hotels und Cafés Engelbräu. So auch das renommierte Café Schafheutle, dessen Vorbesitzer Heinrich Krall schon um 1900 im Aufsichtsrat der Brauerei saß. Die Wirtschaften »Zur Inselbrauerei« in der Plöck, »Alte Gundtei« in der Zwingerstraße und der »Brückenkopf« in Neuenheim sind Eigentum der Brauerei. Das Schiffsrestaurant »Schloßblick« bei der Brücke schenkt ebenso Engel-Bier aus wie die Wirtschaft der Klingenteichhalle oder die Handschuhsheimer Großmarkthalle. In den Stadtteilen werden jeweils etwa drei, vier Lokale beliefert, ebenso Fabrikkantinen, etwa bei der Schnellpresse, und zahlreiche Lebensmittelläden. Zur Produktpalette von Engelbräu gehören leichtes Lager, Export, Pils und Saisonbiere wie in

Reklametafel für Außenwerbung, 1950er-Jahre (Privatsammlung)

der Weihnachtszeit das »Angelus«-Bockbier. Diätbier oder Weizenbier werden dagegen nie gebraut.

Auch über Heidelberg hinaus ist Engelbräu verbreitet. Mit dem Ankauf von Bürgerbräu Weinheim und Förster in Leutershausen 1920 sind der Raum Bergstraße/Weinheim, das Gorxheimer Tal und die Seitentäler in den Odenwald hinein gut erschlossen. Dieser Raum wird von Weinheim aus beliefert, wo eine Engelbräu-Niederlassung existiert. Der nordöstlichste Vorposten von Engelbräu im hessischen Odenwald ist die Wirtschaft »Zum neuen Tor« am Markplatz in Michelstadt/Odenwald. Wirt Hans Schneider[7] betreibt dort in seinem Vaterhaus eine brauereifreie Gaststätte und entscheidet sich um 1960 für Fass- und Flaschenbier von Engelbräu, nachdem er das Bier in einem Getränkemarkt der Umgebung kennen gelernt hatte. Gaststätten in Mannheim, Ladenburg und Viernheim, im Raum Walldorf, Reilingen und Bruchsal, Neckargemünd und im Neckartal werden beliefert. Ein Fachmann von Engelbräu, der mit seiner Familie die Werkswohnung bewohnt, hält die Pressionsanlagen der Vertragswirtschaften in Ordnung.

Die Abnahmeverträge mit den Wirten werden in der Regel auf zehn Jahre abgeschlossen. Dabei werden einige Gläser und Krüge von der Brauerei gestellt, weitere muss der Wirt kaufen. Der 2 Liter-Stiefel mit den emaillierten Engeln kostet immerhin 90 DM und wird an Stammtischen benutzt. Die Brauerei bringt bei der Lieferung Kühleis mit. Oft besteht die Hälfte der Wagenladung aus Eis. Die Belieferung bei Engelbräu erfolgt zunächst durch Elektroautos mit großen Batteriekästen, die nachts aufgeladen werden. Zeitweise sind noch wie im Krieg Holzvergaser im Einsatz. Neben einigen kleineren Hanomag-Lkws für die Stadtauslieferung stehen drei große Lkws mit Anhänger für größere Fahrten bereit. Das in den fünfziger Jahren noch dominierende Fassbier wird meist in großen Hektoliter- oder Doppel-Hekto-Fässern ausgeliefert.

Die Brauerei verfügt über interessante eigene Immobilien. Neben den Häusern in der Plöck, Brückenstraße und Zwingerstraße gehören der Brauerei mehrere Häuser im Stammquartier zwischen Hauptstraße, Stadthalle, Ziegelgasse und Karpfengasse. Hinzu kommen Immobilien in Weinheim und Umgebung. Die vier Häuser und Wirtschaften in Mannheim wurden dagegen im Krieg völlig zerstört und werden von Engelbräu veräußert. Brauereidirektor Wirth besitzt die Villa Ziegelhäuser Landstraße 3, Ecke Werrgasse, wo der verwitwete Mann auch im Ruhestand mit seinen Hausangestellten wohnt.

Malz wird überwiegend von der Firma Klingmalz in Schriesheim bezogen, Hopfen aus Bayern. In der Regel wird nachts gebraut, auch um die Geruchsbelästigung für die Nachbarn zu minimieren. Wenn morgens der Treber herausgelassen wird, stellen Bauern aus der näheren Umgebung ihre Transportwagen direkt unter die Schütte. So erhalten sie gegen geringe Bezahlung hochwertiges Kraftfutter für ihre Tiere.

Werbung und Reklameslogans werden in der Brauerei selbst entworfen. In Anzeigen und auf Bierdeckeln ist etwa zu lesen: »Der Feierabend wird schöner mit einem Glase Engel-Bier« oder »Immer mehr Leute lieben es«. Ausgeführt werden Schrift, Engel-Emblem und Fahrzeugwerbung von der Firma Wollthan in Neuenheim. Meysen in der Sandgasse fertigt die Glasfenster für Wirtschaften. Spezielle Werbemittel werden in den fünfziger Jahren von Engelbräu nicht eingesetzt. Man beschränkt sich auf Reklameschilder und Bierdeckel. Das verbreitete Werbemittel ist – völlig außer Frage – Freibier und das bei der Kirchweih erwartete freie Kerwe-Bier. Um 1960 kommen, dem Trend der Zeit folgend, Leuchtaufsteller, Tabletts und Fassböden hinzu. Engelbräu verleiht Gartenmöbel für seine Vertragswirtschaften, liefert sie für den Sommer und holt sie im Herbst wieder ab, erneuert und streicht sie im Winter.

Insgesamt arbeiten rund 40 Mitarbeiter bei Engelbräu. Es gibt zwei Prokuristen, von denen einer für den kaufmännischen Bereich zuständig ist, der andere für den Außendienst. Neben den Bierbrauern gehören Kellermeister, Maschinenmeister, Gärführer, Versandleiter, Buchhalter, Fahrer, ein Maurer, Vertreter, weibliche Büroangestellte und eine Putzfrau zur festen Belegschaft. In den Nachkriegsjahren werden auch Küfer beschäftigt, die die Lager- und Transportfässer warten

»Engelbräu«-Flaschenetiketten der 1950er-/60er-Jahre (Privatsammlung)

und auspichen, bevor auf Aluminium-Fässer umgestellt wird. Die bekanntesten Braumeister von Engelbräu sind Müller, Herberger und Kritzer. Letzterer wird von der Karlsruher Brauerei Schrempp-Printz abgeworben und baut später mit seiner Erfahrung Brauereien in Asien und Afrika auf.

Von früheren Mitarbeitern wird das Betriebsklima in der Engelbrauerei als ausgesprochen freundlich und familiär beschrieben. Die Beschäftigten treffen sich auch privat und unternehmen gemeinsame Ausflüge. Mitarbeiter helfen dort aus, wo gerade jemand gebraucht wird. Unabhängig davon, ob sie eigentlich in der kaufmännischen Abteilung arbeiten oder im Flaschenkeller. Häufig wird samstags/sonntags gearbeitet und ausgeliefert, besonders wenn irgendwo Kirchweih ist. Sogar Ehen werden auf dem Betriebsgelände gestiftet, nicht nur intern. Mädchen aus Häusern und Geschäften der Hauptstraße holen Eimer mit heißem Wasser oder Eis aus der Brauerei und knüpfen dort Kontakte. Keuchhusten und grippale Infekte von Kindern der Mitarbeiter werden auf ärztlichen Rat durch Inhalieren im Gärkeller oder den Trunk von frisch gesottenem heißen Bier geheilt. Zu den freiwilligen sozialen Leistungen gehören Weihnachtsgratifikationen oder Kartoffelgeld, wenn die Zeit der Kartoffeleinlagerung kommt. Vor allem in den ersten Nachkriegsjahren ist der Zusammenhalt im Betrieb stark und die Hierarchie flach. Viele Engelbräu-Mitarbeiter singen im »Liederkranz« in der Bienenstraße um die Ecke. Prokurist Fritz Brox ist im Vorstand des Gesangvereins vertreten. Angesichts des partnerschaftlichen Klimas wundert es kaum, dass es keinen Betriebsrat oder gewerkschaftliche Vertretungen gibt. Von ernsten Arbeitskonflikten oder Streiks ist nichts bekannt. Der Haustrunk ist bei Engelbräu so organisiert, dass jeder Mitarbeit pro Monat ein Kontingent Biermarken bekommt, die bei Einwurf in einen Automaten, den »Sterner«, der an einer überdachten Wand im Hof angebracht ist, einen Krug Bier freigeben. Die Münzen sind begehrt und werden manchmal an Briefträger oder Verkehrspolizisten am Bismarckplatz verschenkt, die dann mit ihren Münzen bei Engelbräu auftauchen. Bekannt sind überdies noch einige Stadtoriginale, die auf den Hof kommen und »um einen Schluck Wasser« bitten, tatsächlich aber auf Freibier spekulieren.

Mitarbeiter können am Wochenende auch ihre Familien auf Auslieferungsfahrten mit dem Goliath oder Klein-Lkw mitnehmen, die auf diese Weise einen Ausflug genießen können. Wer in der Werkswohnung wohnt, muss allerdings nachts und am Wochenende auf dem Gelände nach dem Rechten sehen. Zu diesen Zeiten wird das Firmentelefon auf die Wohnung geschaltet.

Auch im Stammlokal »Goldener Engel« herrscht eine familiär-vertraute Stimmung, wozu die Wirtsfamilie Dölbor und das langjährige Stammpersonal beitragen. Das Lokal ist Anlaufpunkt für Vertreter aller sozialer Schichten, für Alt und Jung, Einheimische und Touristen. Im Raum, der über 100 Plätze hat, stehen gemütliche Kachelöfen, in deren Nähe der große ovale Stammtisch steht.

Junge Männer, um die 20 Jahre alt, kommen ab 1960 im »Goldenen Engel« zum Stammtisch zusammen und nennen sich »Engelbuben«, um sich von den diversen Stammtischen gesetzter älterer Herren abzuheben. Obwohl es am Stammtisch der »Engelbuben« oft recht laut zugeht, gibt es nie ernsthaft Ärger mit dem Wirt oder anderen Gästen. Auch der Wirt und die Bedienungen sprechen nur von den »Buben«, von denen die meisten aus der Altstadt stammen. Die verschiedensten Berufe sind vertreten. Vom Handwerker bis zu kaufmännischen Angestellten und städtischen Mitarbeitern. Bei aller Fluktuation bleibt ein harter Kern von etwa zehn Engelbuben bestehen. Ein Mitglied, das im Textilhaus Bredl arbeitet, fertigt einen Stammtischwimpel, der auf rotem Grund beide Engel und darunter den Schriftzug »Engelbuben« zeigt.

Die regelmäßigen Treffs finden freitags statt. Man trinkt sein Pils, redet und plant für die Wochenenden, an denen gemeinsame Ausflüge unternommen werden oder Karten gespielt wird. Nach dem Stammtisch gehen die Engelbuben später noch in Clubs, die länger geöffnet haben, wie das »Bamboo«, der »Tunnel« oder das »Cave«. Als der »Goldene Engel« mit Engelbräu an Henninger übergeht, ziehen die Engelbuben aus und treffen sich nun in anderen Altstadtlokalen.

Mitte der fünfziger Jahre wird die Zukunftsfrage für Engelbräu zunehmend wichtiger. Der Betrieb ist ganz auf die Führung durch den langjährigen Direktor Heinrich Wirth zugeschnitten, der seit der Jahrhundertwende für Engelbräu arbeitet. Ihm gehört der Großteil der Aktien. Da Direktor Wirth nun alt, gesundheitlich angeschlagen und ohne leibliche Erben ist, stellt sich die Nachfolgefrage. Ein als »Kronprinz« aufgebauter Engelbräu-Mitarbeiter wird von Schloßquell abgeworben, eine interne Lösung steht nicht parat. 1956 wird Engelbräu von Willy Kaus aufgekauft. 1957 stirbt der frühere Brauereidirektor Heinrich Wirth. Kaus ist Inhaber eines Mischkonzerns, zu dem die Gummifabrik Metzler und die Groß-Gerauer Union-Brauerei gehören. Direktor Reiss tritt an die Spitze der Brauerei. Besitzer Kaus ändert 1960 den seit 1899 gültigen umständlichen Namen »Brauereigesellschaft Zum Engel vorm. Chr. Hofmann AG« in die ohnehin gängige Bezeichnung »Engelbräu Heidelberg«. »Das leistungsstarke Unternehmen erwartet eine gesunde Weiterentwicklung«, so steht es 1964 optimistisch in der Firmenchronik. »Die Nachfrage steigt von Jahr zu Jahr«, heißt es weiter. Als Fernziel sind die 100.000 hl Jahresausstoß angepeilt, bei denen Schloßquell bereits angelangt ist.

Obwohl die Engelbrauerei, wie auch Schloßquell, Mitte der sechziger Jahre wirtschaftlich stabil dasteht, ist kurz darauf das Ende der Selbstständigkeit beider Brauereien besiegelt.

8.3 Engelbräu am Ende – Schloßquell verkauft

Die späten 1960er- und die 1970er-Jahre bringen in der Bundesrepublik ein erneutes Brauereisterben. Viele kleine und mittlere Betriebe, welche die Krisen seit dem Ersten Weltkrieg überstanden haben, sind nun am Ende. Der Höhepunkt des Bierkonsums ist überschritten, der Verteilungs- und Konkurrenzkampf wird härter. Viele kleine und mittlere Brauereien sind zu kapitalschwach, um Investitionen in moderne Abfüllanlagen leisten und die neuen Aluminium-Fässer anschaffen zu können. Eine Konzentrationswelle wie aus dem Lehrbuch über den Kapitalismus setzt ein. Die Großen fressen die Kleinen. Was auch immer die Braukonzerne vor dem Kauf versprechen, der Prozess läuft stets nach dem gleichen Muster ab. Nach dem Erwerb des Betriebs wird sofort oder nach kurzer »Schamfrist« die übernommene Brauerei stillgelegt, ihr Vertriebsnetz übernommen, die Immobilien, zumeist im Zentrum der Städte gelegen, werden an Investoren weiterverkauft. Nicht selten erfolgen daraufhin der Abriss der historischen Gebäude und der Neubau von Geschäftshäusern mit Tiefgaragen an gleicher Stelle. Die Fachzeitschrift »Brauwelt« fragt 1967 unter der provozierenden Überschrift »Tötet die Kleinen!?«, wohin der Verlust an Vielfalt und regionaler Braukultur noch führen soll. Gerade die kleineren Brauereien, denen eine »wirtschaftliche Rechtfertigung« vielfach abgesprochen werde, hätten ihre Funktion und stellten die besten Braumeister, die dann von den Großen übernommen würden.[8]

Nach dem dargestellten Muster verläuft auch das letzte Kapitel von Engelbräu. Die Brauerei braut gutes Bier, ist technisch auf dem neuesten Stand und wirtschaftlich gesund – wird aber zum Spielball von Konzerninteressen. Unternehmer Willy Kaus verkauft 1966 seine sämtlichen Brauereien, darunter Union Groß-Gerau und Engelbräu Heidelberg, weil Teile seines Konzerns in wirtschaftliche Schwierigkeiten geraten und Kaus dringend Kapital benötigt. Die Henninger-Bräu KG in Frankfurt/M. greift zu und übernimmt Engelbräu. Noch im Juli 1967 verlautet von Henninger, bei Engel werde »vorerst« weitergebraut. Dessen ungeachtet wird Engelbräu kurz darauf und sehr zum Schrecken der Mitarbeiter und vieler Heidelberger stillgelegt.

Mit Werbe-Aktionen wie dem prächtig aufgeputzten Pferdegespann, das im Dezember 1967 vom Engel-Gelände durch die Altstadt fährt, versucht Henninger den Schmerz über den Verlust der Traditionsbrauerei, die 170 Jahre am selben Platz gebraut hatte, zu mildern. »Ein Sechserzug wie aus dem Bilderbuch« jubelt die Lokalpresse.[9] Henninger richtet auf dem Gelände ein Auslieferungslager ein. Da die großen Lastwagen-Züge Probleme mit der Brauereizufahrt in der Ziegelgasse haben, wird von der Karpfengasse her eine breite Schneise ins Gelände gebrochen und die Zufahrt dorthin verlegt.

Die Henninger-Führung begrüßt in der Henninger-Hauszeitschrift die neu »in die Henninger-Familie aufgenommenen« Mitglieder, handelt aber knallhart. Die meisten ehemaligen Engelbräu-Mitarbeiter werden entlassen bzw. es werden ihnen von Henninger Stellen in anderen Städten angeboten. Dabei ist klar, dass in den meisten Fällen aus familiären Gründen an einen Umzug nicht zu denken ist. Henninger spart auf diese Weise eine Abfindung. Die Mitarbeiter werden zum 31. Dezember 1967 entlassen und bekommen kein Weihnachtsgeld mehr. Die meisten Lkw-Fahrer finden eine Anstellung bei der Stadt. Dem früheren Engelbräu-Installateur wird eine Stelle als Gabelstaplerfahrer angeboten; er und seine Familie dürfen zunächst in der Werkswohnung bleiben. Auch im Außendienst ist der Wechsel zu spüren. Kerwe-Besuche beim Wirt oder Kirchweih-Freibier werden von Henninger sofort gestoppt.

Bald wird klar, dass Henninger das Areal auf Dauer nicht behalten will. Der Engelblock, immerhin 5.000 qm zwischen Ziegelgasse und Karpfengasse, Hauptstraße und Oberer Neckarstraße, wird nun Objekt jahrelanger Auseinandersetzungen. Alteingesessene Mieter erhalten die Kündigung, damit das Quartier »mieterfrei« an einen Investor übergeben werden kann. Zur neuen Nutzung passen die alten Anwohner nicht, auch der historischen Bausubstanz ist man nicht geneigt, einen Erhaltungswert beizumessen. Gutachten, Architekturwettbewerbe, Bauanfragen und Weiterverkaufsgerüchte beschäftigen die Öffentlichkeit. Die Stadt versucht durch den Ankauf von zumindest einem Teil des Geländes Einfluss auf die Gestaltung dieses Areals zu nehmen.

Schließlich steht fest, dass das gesamte Brauereigelände samt der Traditionswirtschaft »Goldener Engel« abgerissen werden soll. Für die studentische Linke und liberale Bürgerinitiativen ist das Vorgehen von Investoren und Stadt Beispiel für eine Kahlschlag-Sanierung auf Kosten der alteingesessenen Anwohner und der historischen Bausubstanz. Doch aller Protest nutzt nichts. 1977 wird im »Goldenen Engel« das letzte Bier gezapft. Das Quartier wird von Studenten und Wohnsitzlosen besetzt. So muss der Abriss mit Polizeimaßnahmen durchgesetzt werden. Anwohner versuchen bei der Zerstörung wenigstens das historische Sandsteinrelief mit den Engeln und dem Schriftzug »Brauereigesellschaft zum Engel« über der Brauereieinfahrt in der Ziegelgasse zu retten.[10]

Die Braugebäude und die alte Zufahrt in der Ziegelgasse sind kurz darauf komplett beseitigt. Das Foyer des Textilkaufhauses C&A befindet sich heute an der Stelle des Stammlokals, die Tiefgarage ist dort, wo einst die Kelleranlagen von Engelbräu waren.

Auch für die Schloßquellbrauerei bahnt sich 1967 das Ende der Selbstständigkeit an. Vorstand Erwin Noll befürchtet, dass Schloßquell ohne starken Partner die nötigen Investitionen nicht tätigen kann und den Konkurrenzkampf nicht überleben wird. Er sucht einen Partner, der möglichst weit weg von Heidelberg seinen Sitz hat, da man so eine geringere Gefahr sieht, als Braustandort aufgegeben zu werden. Die Schultheiß in Berlin scheint solch ein Partner zu sein. 1968 erwirbt die Schultheiß-Brauerei AG Berlin-Bochum 75% der Aktien. Und zum 31. Dezember 1968 scheiden der Vorstand Erwin Noll, Heidelberg, und sein Stellvertreter Dr. Josef Vogt, Heidelberg, ehemals Engelbräu, aus. So geht auch personell eine Ära zuende.

Ob der Verkauf der letzten Heidelberger Brauerei nötig war, ist eine bis heute offene Frage. Neben den vielen Brauereien der Region, die in dieser Zeit aufgeben, gibt es auch mittelgroße Betriebe, die bis heute brauen und wirtschaftlich gesund sind. Es ist kein Grund erkennbar, warum das nicht auch für Schloßquell hätte möglich sein sollen.

In der Öffentlichkeit wird das Ende der Selbstständigkeit von Schloßquell als »Zusammenarbeit« dargestellt: Schloßquell gehöre nun »zur großen Schultheiß-Familie«.[11] Werbetage sollen den Heidelbergern die neue Situation als »Kooperation« mit Schultheiß schmackhaft machen: »Der große Freibier-Traum wird Wirklichkeit«. Schultheiß-Werbeaktionen werden vor Horten und Zieglerbräu durchgeführt, Pläne zur Vergrößerung der Heidelberger Kapazität werden lanciert. Der Vertrieb von Schultheiß-Spezialitäten gehört nun zu den Aufgaben von Schloßquell. Auf den neuen Bierdeckeln steht vorn Schloßquell, hinten Schultheiß. Die Werbeslogans der Konzernbrauereien sind identisch. Während die Berliner Engelhardt-Brauerei mit dem Slogan »... ein schöner Schluck Berlin« wirbt, preist sich Schloßquell mit dem in derselben Schrift gehaltenen »... ein schöner Schluck Heidelberg« an. Alles eine »erfreuliche und vielversprechende Angelegenheit«, schreibt die Presse. So gibt es mit Ablauf des Geschäftsjahres 1967/68 keine eigenständige Heidelberger Brauerei mehr.

8.3.1 Die Schloßquell-Odyssee

Nach der Übernahme durch Schultheiß beginnt für die Schloßquell-Brauerei eine wahre Odyssee. Die Brauerei ist nun Anhängsel und Spielball großer Getränkekonzerne. Und keiner weiß, wohin die Reise geht. Alle paar Jahre ändern sich die Besitzverhältnisse. Die frühere Kontinuität in der Führungsetage weicht raschem Wechsel. Darunter leiden persönliche Beziehungen und Atmosphäre. Firmenlogo und Werbeauftritt werden immer wieder verändert. Die Konsumenten sind irritiert. Kaum haben sie sich an ein Firmen-Emblem gewöhnt, taucht wieder ein neues Symbol mit fremdem Schriftzug auf Flaschen, Gläsern und Bierdeckeln auf.

Zunächst prosperiert in den siebziger Jahren die Brauerei. Produktionssteigerungen bei Bier und nichtalkoholischen Getränken sind zu verzeichnen. 1971 erfolgt die Umstellung von der Bügelverschluss- auf die Euro-Flasche. Das Grundkapital der Schloßquell beträgt nach wie vor 3 Mio DM; 16% Dividende und mehr werden in den frühen siebziger Jahren ausgeschüttet.

Kaum fünf Jahre nach dem Verlust der Selbstständigkeit wird der Mutterkonzern, dem Schloßquell nun angehört, erneut umstrukturiert. Mehrheitsaktionär ist nun die Dortmunder Union-Schultheiß Brauerei AG, Dortmund/Berlin. Immerhin sitzen im Aufsichtsrat neben Berliner und Dortmunder Vertretern mit Noll und Werner noch Vertreter aus der Region; ihr Einfluss allerdings ist sehr begrenzt. Die Niederlassung Ettlingen wird von den Dortmundern übernommen.

Ende der siebziger Jahre macht sich allgemein ein Rückgang des Bierkonsums bemerkbar. Dafür werden eine Konjunkturflaute und der verschärfte Wettbewerb verantwortlich gemacht. Immerhin liegt der Jahresausstoß 1978 bei ca. 109.000 hl. Davon werden 670 Gaststätten und Kantinen beliefert. Der Gewinn liegt bei ca. 200.000 DM und wird investiert: Neue Fässer werden angeschafft und die neue Fassreinigungsanlage in Betrieb genommen.

1978 wird zudem das Firmenlogo verändert. Statt des bekannten Ostprofils des Schlosses, rot auf weiß gedruckt, wird nun die Frontalansicht des Schlosses gezeigt; der das Motiv umrahmende Kreis ist durch Gerstenbündel unterbrochen.

In den folgenden Jahren hält sich Schloßquell im Vergleich zum gegenläufigen Bundestrend recht gut. Vor allem die Marke »Heidelberger Schloßquell-Pils« hat Zuwachs, ebenso der Vertrieb nichtalkoholischer Getränke. Das Geschäft mit der Mälzerei zeigt sich durchwachsen, der Eigenbedarf wird abgedeckt, die Malzverkäufe entwickeln sich schleppend.

Die Hauptversammlungen der 1980er-Jahre, die nun zumeist im brauereieigenen Restaurant Denner, Bergheimer Straße 8, stattfinden, müssen zur Kenntnis nehmen, dass Produktion und Gewinn stagnieren. Wenn überhaupt, so wird nur eine minimale Dividende ausgeschüttet. Rezession, Arbeitslosigkeit, verminderte Kaufkraft und Preisauftrieb werden dafür verantwortlich gemacht, dass kaum Gewinne sprudeln, die – gemäß dem Beherrschungs- und Gewinnabführungsvertrag – an die Dortmunder Union-Schultheiß Brauerei AG, Dortmund/Berlin, die über 90% der Aktien hält, abgegeben werden. Mittlerweile ist unter den fünf Aufsichtsratsmitgliedern nur noch ein Heidelberger, nämlich Erwin Noll, vertreten.

Der neue Werbespruch »Weil's schmeckt und gute Laune weckt« wirkt leicht ironisch. Denn im Geschäftsjahr 1984 verzeichnet Schloßquell einen Rückgang um 5,7% bei Bier und 7,2% bei alkoholfreien Getränken. Der jährliche Bierausstoß pendelt um die 110.000 hl, die Zahl der Beschäftigten liegt bei ca. 110 bis 120. Der Verkauf des Traditionslokals »Philosophenhöhe« bringt etwas Geld in die Schloßquell-Kasse.

1985 erfolgt die Umbenennung in »Heidelberger Schloßquellbrauerei AG«, 110.000 hl werden ausgestoßen. Als neues Produkt wird »Valentins«-Weizenbier im Konzernauftrag gebraut und erweist sich in den Folgejahren als höchst erfolgreich. Schon im darauf folgenden Jahr kommt es, vor allem durch die Weizenbierbrauerei, zu einer Ausstoßsteigerung um 21,1%. Gleichzeitig werden durch Rationalisierung Mitarbeiter eingespart, nun sind es 111, darunter fünf Auszubildende.

1988 geht Schloßquells Bierproduktion um 2,2% zurück, allein »Valentins«-Weizenbier steigt um 11,8%. Die Zahl der Beschäftigten reduziert sich auf 105, davon 58 gewerbliche, 42 Angestellte und fünf Auszubildende. »Mit einem neuen und zeitgemäßen Erscheinungsbild unseres Unternehmens und unserer Produktpalette werden wir bislang unerschlossene Absatzgebiete und Absatzwege öffnen. Ein wesentliches Element wird dabei unser Valentins Weizenbier sein ...«, verkündet der Geschäftsbericht. Im Folgejahr werden 6.000 neue Fässer angeschafft sowie neue Flaschen und Kästen eingeführt. Auch die äußere Gestaltung der Biermarken wird verändert. Erstmals wird das »Heidelberger Weihnachtsbier« gebraut, dem vier Jahre später die Saisonspezialität »Heidelberger Osterbier« folgt. Die historische Brauereifassade wird restauriert. Mit dem Weizenbier und den Spezialsorten kommt die Brauerei auf 124.000 hl Jahresausstoß.

1989 erfolgt erneut eine Umfirmierung, Schloßquell gehört nun nicht mehr der Dortmunder Union-Schultheiß AG,

Dortmund/Berlin, sondern der Brau und Brunnen AG, Berlin und Dortmund, die über 95% des Grundkapitals von 3 Mio DM hält. Neun Aktien der Heidelberger Schloßquell AG im Nennwert von je 100 DM werden zu 20 Aktien der Brau und Brunnen AG zu je 50 DM getauscht. Die mittlerweile auf 101 Beschäftigte geschrumpfte Brauerei führt 1990 die Sorte »Heidelberger 1603 Pilsener« ein, die an die hiesige Bierreinheitsordnung von 1603 erinnert.

In den folgenden Jahren kommt es immer wieder zu Anwohner-Protesten gegen Geruch und Lärm der Brauerei. Es bildet sich eine »Initiative ruhiges Bergheim«. Dabei erhebt sich die Frage, ob die seit über 100 Jahren an eben diesem Standort produzierende Brauerei mehr Rechte hat oder die Anwohner, die bei der Wahl ihrer Wohnung wissen, dass sie neben eine Brauerei ziehen, zumal die Gerüche, die beim Bierbrauen freiwerden, ausschließlich Naturprodukte und nicht mit Industrie- oder Verkehrsabgasen vergleichbar sind. Im mehrfach umgebauten Flaschenkeller arbeitet nun eine neue, leisere Abfüllanlage mit einer Leistung von 24.000 Flaschen pro Stunde. Auch der Umweltschutzgedanke wird bei Schloßquell schon relativ früh aufgenommen. Seit 1991 bemüht sich die Brauerei aktiv um umweltgerechtes Verhalten in Produktion, Verwaltung und Vertrieb: Es erfolgt keine Abfüllung mehr in Einweggebinde wie Dosen oder Einmalflaschen. Aluminium-Folie für den Flaschenhals wird abgeschafft. 1996 wird ein Umweltmanagement-System eingeführt. Diese Bemühungen werden sogar mit einem EU-Umweltzertifikat belohnt.

Die Brauerei erreicht 1992 einen Ausstoß von 170.000 hl, inklusive der Lizenz-Produktion von Weizenbier. Im Lauf der 1990er-Jahre sinken allerdings sowohl die Ausstoß- als auch die Mitarbeiterzahlen. 1994 beträgt der Bierausstoß 152.630 hl, die Mitarbeiterzahl ist auf 80 zurück gegangen. Es wird ein Umsatz von 22,34 Mio DM erzielt. Die Marken sind: Heidelberger 1603 Pilsner, Heidelberger Schloßquell Pils, Heidelberger Schloßquell Export, Heidelberger Osterbier, Heidelberger Weihnachtsbier und »Valentins«-Weizenbier in den Sorten hell, trüb und dunkel.

Und wieder zeigt sich, dass die Schloßquell-Brauerei, die wirtschaftlich gesund dasteht, nur ein kleines Anhängsel des Großkonzerns ist, »nur noch ein Rädchen im Räderwerk einer großen Biergruppe«, wie ein Beobachter bereits 1978 feststellt.[12] Die Konzernmutter Brau und Brunnen AG gerät in Finanzschwierigkeiten und stößt einige Konzernteile ab, darunter die Heidelberger Brauerei. Und damit ändern sich abermals Namen und Besitzverhältnisse. Der Betrieb firmiert 1995 unter dem Namen Heidelberger Schloßquellbrauerei GmbH. Unter den Kaufinteressenten bleiben schließlich in der letzten Runde zwei Bewerber übrig: Friedrich Hoepfner aus Karlsruhe und Werner Kindermann aus Weinheim. Von Brauereibesitzer Hoepfner wird vermutet, er wolle allein den Heidelberger Konkurrenten schließen; bei Kindermann sind die Ziele undurchsichtig. Er kommt nicht aus der Brau-, sondern der Baubranche.

Die Stadt Heidelberg versucht ihre Einflussmöglichkeiten geltend zu machen. Oberbürgermeisterin Beate Weber und der Gemeinderat machen deutlich, dass der Käufer von Schloßquell zusagen muss, in Heidelberg weiterzubrauen, sonst wird keine Nutzungsänderung für das Areal erteilt. Schließlich erwirbt Investor Werner Kindermann die Brauerei samt den ihr eigenen Gaststätten für 27 Mio DM. Wieder einmal erhält sie ein neues Logo und verändert sich ihr Erscheinungsbild. Mit neuen Etiketten werden Heidelberger Pils und Heidelberger Export von der Privatbrauerei Schloßquell auf den Markt geschickt.

Kindermann zeigt jedoch augenscheinlich wenig Interesse an der Traditionsbrauerei. Schon bald scheint klar, worauf spekuliert wird: Schließung der Brauerei am alten Standort, Verkleinerung und Verlegung des Braubetriebs an den Stadtrand, profitabler Umbau auf dem alten Gelände, auf dem Luxuswohnungen, Hotellerie und Gastronomie entstehen sollen. Investitionen von 80 Millionen DM sind geplant. Mit dem Abbau der Schloßquell-Belegschaft wird im Geschäftsjahr 1997/98 begonnen. Dabei werden 35 von 65 Arbeitsplätzen gestrichen. Das eigene Quellwasser, auf das die Brauerei ein halbes Jahrhundert so stolz war, wird nicht mehr verwendet. Ein Ausverkauf der brauereieigenen Immobilien setzt ein.

Ende 1998 beginnt der Neubau der Brauerei am Kurpfalzring im Pfaffengrund, für den Kosten von 20 Millionen veranschlagt sind. Neue Techniken sollen für Energieeinsparung und Emissionsverminderung sorgen. Die neue Produktionsanlage hat nur noch eine Jahreskapazität von max. 100.000 hl, die allerdings bei weitem nicht ausgeschöpft wird. Mit seiner Rhein-Main-Neckar-Brauerei-Holding GmbH, zu der auch Eichbaum und Henninger gehören, verfolgt Kindermann ähnliche Pläne für Frankfurt und Mannheim (Schließung und Verlegung der alten Brauerei, Entlassungen, profitabler Verkauf der Immobilien), kommt dort aber nicht recht voran. Vor allem die Henninger-Bräu AG erweist sich als unprofitabler Klotz am Bein.

In Heidelberg machen Gerüchte die Runde, Kindermann sei nur Strohmann für Investoren im Hintergrund. Über deren Identität wird wild spekuliert. Für Unmut sorgt das Vorgehen der Brauerei beim Verkauf eines Teils ihrer traditionsreichen Häuser. So im Fall des 1912 gebauten »Auerstein« in der Dossenheimer Landstr. 82. Dieses Lokal gehört ursprünglich Schroedlbräu und geht erst nach dem Ersten Weltkrieg an die Heidelberger Aktienbrauerei Kleinlein über und verbleibt über alle Umstrukturierungen hinweg bei der Brauerei. Martin Hebner, seit fast 30 Jahren Pächter des Lokals mit Vorpachtsrecht bis 2004, hat den Eindruck, die Investoren wollten ihn mit aller Macht aus dem Haus drängen. Die Pacht wird verdreifacht und dann gekündigt. 1999 muss er die Gaststätte abgeben.[13] Aus der Traditionswirtschaft »Auerstein« mit Biergartenlaube wird nach dem Umbau ein »trendiges« Lokal, das auswärtiges Bier führt. Von den rund zwei Dutzend brauereieigenen Häusern, über die Schloßquell noch in den sechziger Jahren verfügt, darunter hochwertige historische Gasthäuser im Zentrum Heidelbergs, bleibt nach dem gewaltigen Ausverkauf so gut wie nichts mehr übrig.

Am 5. Juni 1999 steigt das große Einweihungsfest für die neu errichtete Brauerei im Pfaffengrund. Wie man sieht, ist die Zeit nostalgisch wirkender Kupfergeräte vorbei. Silber glänzender Edelstahl bestimmt das Bild. Der Brauvorgang mit Wasser, Gerste und Hopfenpellets ist computergesteuert. Es gibt keine eigene Abfüllanlage mehr, das Gebräu wird in sterilen Tankwagen nach auswärts verfrachtet und dort abgefüllt. Die Mitarbeiterzahl beläuft sich nur mehr auf 25 Personen.

Der Versuch, 1999 mit Heidelbergs gutem Namen auf den internationalen Markt vorzudringen, ist nur ein Teilerfolg. Angepeilt werden vor allem Japan und die USA. Doch für das »imported Heidelberg Beer« bestehen dort bereits Namensrechte. Im September 1999 feiert Dr. Karl Kischka mit dem »Güldenen Schaf«, also dem Stammlokal der Brauerei, 250. Jubiläum, wobei sich Unsicherheiten bei der Brauerei über ihr Alter zeigen. Hatte Schloßquell immer 1753 als Gründungsjahr angegeben und diese Zahl zeitweise im Logo geführt, wird nun klar, dass die älteste Erwähnung der Firma auf 1749 zu datieren ist.

Ende 1999 erfolgt die nächste Umstrukturierung. Die Brauerei-Gruppe, zu der zu diesem Zeitpunkt auch Schlossquell gehört, gerät in wirtschaftliche Probleme. Die Frankfurter Immobilienpläne stoßen auf Schwierigkeiten. Kindermann legt sein Amt als Vorstandsvorsitzender nieder. Überkapazitäten und sinkender Bierkonsum machen sowohl Henninger als auch Eichbaum zu schaffen. Um den Finanzbedarf zu decken, engagiert sich die Familie Hopp offen als Großinvestor. Dietmar Hopp, Mitgründer des Softwaregiganten SAP, wird neuer Großaktionär von Henninger und Eichbaum bzw. der Rhein-Main-Neckar-Brauerei-Holding GmbH.

Eichbaum und Henninger fahren im Geschäftsjahr 1998/99 Verluste ein, die sie durch Stellenabbau, Exportoffensiven, Kapitalerhöhung und neue Biermischgetränke ausgleichen wollen.[14] Die Holding gründet 2000 den Getränkekonzern Actris AG und kauft die Heppenheimer Firma Strauch, die rund 20 eingeführte Getränkemarken wie Odina oder die Finkenbach-Quelle vertreibt. Damit soll das Spektrum nichtalkoholischer Getränke für den Konzern erweitert werden.

Konsequenter Weise ändert die Schloßquell-Brauerei, die nicht mehr ihr eigenes Wasser vom Schlossberg benutzt, ihren

Namen in Heidelberger Brauerei. Die Betriebsform ist eine GmbH mit Dietmar Hopp als Hauptgesellschafter. Der Bierausstoß am neuen Standort ist zunächst bescheiden, expandiert aber und liegt bei ca. 45.000 hl. Rund 450 Gastronomiestätten werden beliefert.

Das Image der Brauerei hat durch die Ereignisse der letzten Jahre nicht unerheblich gelitten. Ständiger Wechsel in Besitzverhältnissen, Struktur und Markenauftritt, die Aufgabe des hauseigenen Quellwassers und der traditionsreichen Gebäude sowie der Verkauf alt eingeführter Wirtschaften – all das kam bei Mitarbeitern und Beobachtern nicht gut an. Die Brauerei bemüht sich allerdings erkennbar, verlorenes Vertrauen wieder zurückzugewinnen. So ist sie zunehmend in Heidelberger Wirtschaften und bei Stadtfesten präsent.

Wie die Zukunft der Heidelberger Brauerei aussieht, steht in den Sternen. Ihre Chancen liegen zum einen in der Festigung ihrer regionalen Ausrichtung. Zum andern könnte sie mit dem Namen Heidelberg auch über den Heimatmarkt hinaus überregionale und internationale Bereiche zu erreichen versuchen. Zurzeit geht die Strategie in die Richtung, mit ca. einem Dutzend Spezialsorten Braukompetenz zu demonstrieren. Neben den Klassikern Export und Pils werden die Pilsspezialität 1603, Heidelberger Original hell und dunkel in nostalgischen Bügelflaschen, drei Sorten Heidelberger Weizenbier (welches das früher in Lizenz gebraute »Valentins« ersetzt), Saisonbiere an Ostern und Weihnachten und die Bier-Limonaden-Mischung Heidelberger Radler angeboten.

8.4 Renaissance Heidelberger Brautradition

8.4.1 Gasthausbrauerei Vetter (1987)

Gegen Ende des 20. Jh.s kommt es zur überraschenden Renaissance einer längst ausgestorben geglaubten Form der Bierproduktion. Die Gasthausbrauerei blüht auf, die 100 Jahre zuvor von der Konkurrenz der aufstrebenden Groß- und Aktienbrauereien an die Wand gedrückt worden war. Junge Braumeister knüpfen an die alte Tradition an und haben Erfolg damit. Angesichts der geschmacklich austauschbaren Massenproduktion von »Fernsehbieren« wächst der Wunsch nach lokaltypischen Bieren, die in einer Gaststätte gebraut und nur dort konsumiert werden. Da die Biere unfiltriert sind und daher auch alle natürlichen Inhaltsstoffe wie Enzyme und Vitamine enthalten, sind sie naturtrüb und nicht lange haltbar.

Mit den Hausbrauereien wird auch die Sitte, sich in der altmodischen Bügelflasche oder im Glassyphon mit Porzellanverschluss Bier im Brauhaus abzuholen, wiederbelebt. Zu wissen, wo, wie und von wem das Bier gebraut wird, scheint manche Konsumenten zu interessieren. Ein Teil der Biertrinker und -trinkerinnen wendet sich bewusst von den Großbrauereien und Monopolisten ab und der Kleinbrauerei zu.

Die erste Brauerei-Neugründung nach rund 100 Jahren in Heidelberg ist die Gasthausbrauerei Vetter im Schöneck in der Steingasse 9. Der Thüringer Klaus Peter Vetter, der als Textilreiniger bis dahin nichts mit Brauerei zu tun hatte, macht sein Hobby, nämlich Bier, zum Beruf. Er schaut sich die wenige Jahre zuvor in Karlsruhe gegründete Hausbrauerei Vogelbräu an und eröffnet 1987 seine eigene Brauerei, die den Namen »Vetters Alt-Heidelberger Brauhaus« trägt. Beim Umbau der Gaststätte Schöneck, die am touristischen Haupt-Aufmarschgebiet zwischen Heiliggeistkirche und Alter Brücke liegt, hilft die ganze Familie Vetter mit.

Schon bald nach der Eröffnung macht die neue Brauerei durch einen Weltrekordversuch von sich reden. Vetters erster Braumeister Rudolf Kasper aus Ulm will mit dem stärksten Bier der Welt ins Guiness-Rekordbuch. Er braut mit 33% Stammwürze, was ca. 10% Alkohol-Gehalt ergibt. Bis dahin galt 28% als Obergrenze für genießbares Starkbier. Guiness erkennt den Rekord zunächst nicht an. Doch ein neutrales Münchner Institut überprüft und bestätigt das »ausgezeichnete Starkbier«. Die zunächst gebrauten 2,5 hl sind schnell ausgeschenkt.[15] Das Standardbier bei Vetter ist allerdings ein naturtrübes helles Bier. Das Sudhaus fasst 10 hl. Fast täglich wird gebraut. Braumeister ist zurzeit Eric Rosen. Ein Bierausstoß von jährlich 3.000 hl ist möglich.

1999 expandiert Vetter und eröffnet eine zweite Gasthausbrauerei im »Schwarzen Schiff«, Neuenheimer Landstraße 5. Das traditionsreiche Hotel mit großer Gaststätte hatte in den zurück liegenden Jahrzehnten wechselnde Besitzer und Stile erlebt. Vetter verkauft seine Hausbrauerei in Oberursel und investiert in sein neues Heidelberger Lokal, nachdem das Stammhaus aus allen Nähten platzte. Insbesondere japanische Busreisegruppen werden nun ins Neuenheimer Brauhaus geführt. Das »Schwarze Schiff« entwickelt sich zu einem urigen Gasthaus, 240 Sitzplätze fassend. Dieses im April 1999 eröffnete »Alt-Heidelberger Brauhaus Neuenheim« hat eine 20 hl fassende Brauanlage, die 5.000 hl Jahresausstoß hergeben würde, was allerdings zurzeit nicht erreicht wird. Der Braumeister, zunächst Jochen Oehler, inzwischen Enrico Möller, setzt etwa zweimal pro Woche einen neuen Sud an. Vom Biergarten aus, der an der Neuenheimer Landstraße liegt und über

Seit 1987 braut die »Gasthausbrauerei« in der Steingasse, inzwischen auch in der Neuenheimer Landstraße (Brauhaus Vetter)

150 Sitzplätze verfügt, blickt man hinüber zur »Krone«, heute ein irisches Lokal, Stammhaus der früheren Kronenbrauerei.

Beide Vetter'schen Brauereien sind inzwischen in die Rechtsform der GmbH überführt. Von den etwa 30 Beschäftigten sind rund zehn fest angestellte Kräfte, die anderen Aushilfskräfte. Außer seinem naturtrüben »Brauhaus-Pils« bietet Vetter Saisonbiere wie Bockbier, Märzen, Maibock oder Hefeweizen an. Eine Besonderheit ist das »Vetter 33«, das oben erwähnte stärkste Bier der Welt. Darüber hinaus stellt Vetter auch Magenbitter und klare Brau-Brände auf Bierbasis her.

In beiden Brauhäusern dominiert eine rustikale Einrichtung; die kupfernen Brauanlagen sind an zentraler Stelle sichtbar. Riesige Hopfenkränze schweben über den Gästen. Für den Magen wird deftige Hausmannskost geboten, Schlachtplatten, Fleischpfannen und opulente Gerichte wie das »Brauermahl« oder »Germanenmahl«. Eigenes Treberbrot ist erhältlich, ebenso Metzgerwaren in Konserven. Von Anfang an bietet Vetter für den Souvenirjäger und Sammler einige Besonderheiten: verschiedenartige Bierdeckel, aufwändig gestaltete Bierkrüge und -gläser, Pins, Eisenbahnwaggons mit Vetter-Aufdruck in einer Auflage von 100 Stück, Flaschen und Syphons mit dem Vetter-Logo eigenen Entwurfs. In Planung ist überdies eine Hauszeitschrift, die vierteljährlich erscheinen soll.

8.4.2 *Kulturbrauerei (2000)*

Im Jahr 2000 kommt eine weitere Gasthausbrauerei in der Altstadt hinzu: Die Kulturbrauerei in der Leyergasse 6. Das Gelände der neuen Brauerei ist durchaus »biergeschwängert«. Auf dem Areal Ecke Leyergasse/Heiliggeiststraße betreibt im 19. Jh. bereits Friedrich Schaaff eine kleine Biersiederei. Ferner befindet sich nebenan das alte Mälzereigebäude, das schon zu Zeiten der Ditteney'schen »Seppl«-Brauerei Braumalz bereitet. In den Kellergewölben lagert »Seppl«-Bier. Bis heute sind die Keller durch einen zwölf Meter langen Gang unter der Heiliggeiststraße miteinander verbunden. Im jetzigen Jazzkeller befindet sich noch ein Brunnenschacht, durch den früher das Wasser aus einem darunter fließenden Bachlauf geschöpft wurde. Im 20. Jh. erlebt die »Ritterhalle«, heute der große Saal der Kulturbrauerei, eine wechselhafte Geschichte. Die Halle selbst wird zeitweise als Ballsaal und Ringerhalle genutzt, am Ende ist sie nur noch Abstellplatz für Gerümpel. Die Gaststätte beschränkt sich auf die kleinen Räumlichkeiten nach vorn zur Leyergasse hin. Nachdem das Lokal zuletzt einen üblen Ruf besitzt, fällt die Gaststätte nach ihrer Schließung in einen Dornröschenschlaf. Die Stadt will nur einen Nutzer konzessionieren, der diesen östlichen Teil der Altstadt durch ein qualitätsvolles Konzept aufwertet.

So stehen die Zeichen gut, als sich der Karlsruher Brauereibesitzer Dr. Friedrich Georg Hoepfner bei der Stadt als Investor bewirbt. Schon länger möchte Hoepfner in Heidelberg brauen und wartet, nachdem der Erwerb der Schloßquellbrauerei gescheitert ist, auf eine passende Gelegenheit. Die Investorengruppe um Hoepfner steckt fast 15 Mio DM in das Projekt Kulturbrauerei. Im Oktober 1998 wird der Grundstein für die Renovierung und den Neubau der Kulturbrauerei gelegt. Architekt Hansjörg Maier entwickelt das Konzept für eine behutsame Restaurierung und passende bauliche Ergänzung des Komplexes. Bei den Ausschachtungsarbeiten auf dem 1.300 qm großen Gelände findet sich unter den Gebrauchsgegenständen aus vergangenen Zeiten auch ein Krug der Schaaffischen Biersiederei. Historischer Boden eben!

Zum Komplex gehört ein um 1720 erbautes Haus. Die anderen Gebäude stammen aus der Zeit zwischen 1820 und 1880. Bei der Restaurierung der weiß übertünchten Ritterhalle werden alte Wandfresken sichtbar, darunter ein um 1910 entstandenes riesiges Heidelberg-Gemälde.

Die im April 2000 eingeweihte Kulturbrauerei stellt einen eigenen Komplex dar, der neben dem Brauhaus mit 300 Sitzplätzen noch einen Biergarten mit 150 Plätzen und ein Hotel mit 20 Zimmern umfasst. Das ausgeschenkte Bier nennt sich »Scheffels Bier« und das Konterfei Viktor von Scheffels ziert das Logo, das auf Krügen und Bierdeckeln zu finden ist. Die neue Brauanlage ist ausgelegt für 2.000 hl pro Jahr, ca. 1.500 hl werden zurzeit gebraut. Der Sudkessel fasst 15 hl, zehn Lagertanks und vier Ausschanktanks sind installiert.

Gebraut wird mit dem vom Königstuhl kommenden Altstadtwasser, das sich schon früher als Brauwasser bewährt hat, sehr weich ist und ohne weitere Aufbereitung verwendet wird. Die Brauereihefe kommt von Hoepfner. Es werden immer drei Sorten Bier angeboten: Kräusen, Kellerbier und ein Jahreszeitenbier. Kräusen, bis dahin in Heidelberg weniger bekannt, ist hell, naturtrüb und fein gehopft. Kurz vor dem Ausschank wird dem Kräusen junge Hefe zugesetzt, wodurch es nochmals in Gärung versetzt wird. Im Steinkrug serviert, verliert es wegen der rauen Oberfläche schneller an Kohlensäure, bleibt aber länger kühl. Im Glas hingegen prickelt es mehr. Das Kellerbier hat eine dunkle Bernsteinfarbe; es schmeckt kräftig und vollmundig. Die dritte Biersorte wechselt je nach Jahreszeit: Es kann Pils, Maibock, Weihnachtsbock, Weizen oder Porter sein. Sonderaktionen wie das Brauen von »Heidelberger Leuchtturmbier« oder von »Mondphasenbier« werden mit Festen verbunden. Verantwortlich für das Bier ist Braumeister Bernd Paschke.[16] Für die auf regionale Gerichte ausgerichtete Gastronomie ist Jürgen Merz, der auch den »Weißen Bock« führt, zuständig.

Inwieweit ist der Name Kulturbrauerei gerechtfertigt? Gehen Gerstensaft und Muse hier Hand in Hand? Immerhin befinden sich in unmittelbarer räumlicher Nähe die Heidelberger Künstlergruppe 79 mit ihrer Werkstattgalerie und das Jazzhaus im über 300 Jahre alten Gewölbekeller, wo vor allem am Wochenende Konzerte zu hören sind. Das Jazzhaus ist von der Kulturbrauerei Vermögensverwaltung GmbH weiterverpachtet. Gelegentlich finden in der Ritterhalle des Brauhauses Veranstaltungen statt. Vier Ausgaben einer Hauszeitschrift »Bierzeitung – Wirtschafts-Wissen und Kultur – subjektiv abhängig« erscheinen. Die Kulturbrauerei bietet Veranstaltungen aus dem Bereich Kleinkunst an, Chansons und Kabarett stehen auf dem Programm.

8.5 Spurensuche: Was bleibt?

Was ist in Heidelberg heute noch sichtbar von der einst blühenden Brauerei- und Bierkultur? Welche Spuren haben die einst über 35 Brauereien und die Generationen von namentlich bekannten Bierbrauern hinterlassen?

Die meisten Strukturen, Lebens- und Wirtschaftsformen haben sich gewandelt. Die Zahl der Brauereien ist dramatisch geschrumpft, die Zeit der Altstadtoriginale und Stammtische ist in der alten Form vorbei. Ein Teil der historischen Architektur ist zerstört. Der in den letzten 50 Jahren vollzogene Wandel hat nicht mehr viel übrig gelassen.

Bis in die 1950er-Jahre hinein sind die meisten alten Brauereien und Gaststätten noch gut als solche erkennbar und in ihrem Kernbestand unverändert. Doch Heidelberg geht mit dem Vorteil, im Krieg unzerstört geblieben zu sein, lange Zeit wenig sorgsam um. Reihenweise wird ab Mitte der fünfziger, und dann verstärkt in den siebziger Jahren des 20. Jh.s historische Substanz zerstört.

Mitte der fünfziger wird die ehemalige Brauerei und Wirtschaft »Großes Faß«[17] samt dem Relief über dem Eingang für einen Anbau des Rathauses abgerissen. Um dieselbe Zeit wird

Mit dem Porträt Scheffels wirbt die seit 2000 bestehende Kulturbrauerei in der Leyergasse (Kulturbrauerei)

auch das Ende für den seit der Jahrhundertwende kaum veränderten Komplex an der Güterbahnhofstraße eingeläutet, heute zwischen Kurfürstenanlage und Ringstraße. Hier existieren noch 1955 die Original-Braugebäude des »Goldenen Fässchens« mit Sudhaus, Brauereilokal und sogar dem Schornstein. Nebenan stehen die Pferde des Fuhrunternehmers Henk und Niederheiser. Fuhrleute, Handwerker und Bahnangestellte trinken ihr Feierabendbier beim »Trinkle« Ecke Belfortstraße, beim »Storchen« oder in der »Lokomotive« am heutigen Römerkreis, wo im Sommer ein schattiger Biergarten lockt. Der Komplex wird, nachdem der neue Bahnhof 1955 eingeweiht wurde, abgerissen. Heute stehen hier Neubauten, in denen Banken, Versicherungen und ein Supermarkt untergebracht sind.

Ebenfalls komplett vorhanden sind bis Mitte der 1970er-Jahre die Gebäude der früheren Schroedlbrauerei. Brauereilokal, Produktionsstätten und der 35 m hohe Schornstein zeugen von der Geschichte, die riesige Wandinschrift »Schroedl'sche Brauerei-Gesellschaft« ist noch lesbar. In den alten Brauereigebäuden arbeiten diverse Kleinfirmen. Doch 1975 werden der alte Kamin und das Kesselhaus gesprengt. In einem Schreiben wird im Rahmen der »Sanierung in Bergheim« die »Beseitigung … des Kamins der ehemaligen Schroedl'schen Brauerei« angekündigt. Nun werde »dieser unerfreuliche Blickfang umgelegt und mit dem Kesselhaus beseitigt«.[18] Die anderen Schroedl-Gebäude dürfen noch einige Jahre stehen. Das Lokal »Monokel« etabliert sich in einem Teil des ehemaligen Brauereigeländes, bis in den 1990er-Jahren die Heidelberger Druckmaschinen das Gesamtgelände neu überbauen.

In den späten 1970er-Jahren verschwinden die alten Gebäude der Engelbrauerei im Areal Ziegelgasse/Hauptstraße

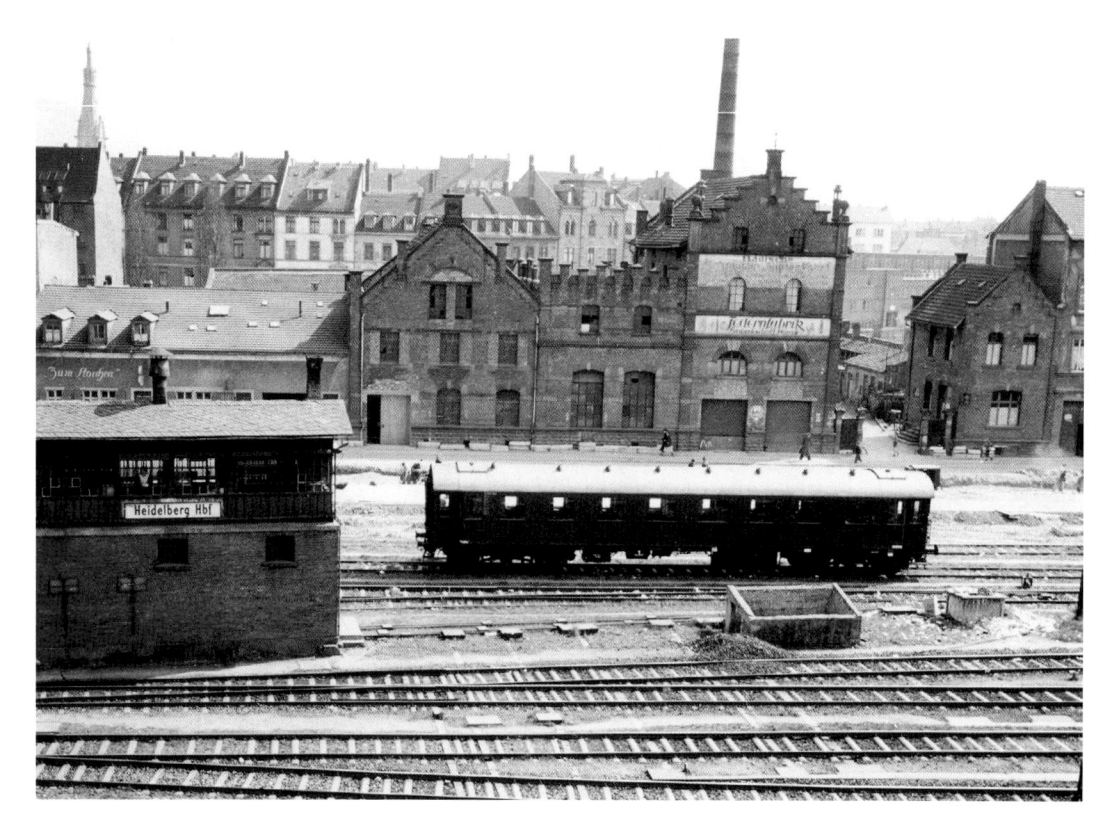

1955 fast noch komplett erhalten: ehemalige Brauereibauten des »Goldenen Fässchens«, heutige Kurfürstenanlage (STAHD)

mitsamt ihrem Stammlokal »Goldener Engel«. Das alte Brauereigelände von Engelbräu ist nunmehr vollkommen abgeräumt, die mehrstöckigen Eiskeller sind heute Tiefgarage. Darüber erhebt sich ein Kaufhaus. Glasfenster mit dem Logo von Engelbräu sind noch in einigen Gaststätten zu sehen, ebenso wie die bis heute sichtbare große Wandreklame mit den zwei Engeln auf einer Hauswand zwischen Hauptbahnhof und Landfriedgelände. Sonst erinnert nichts mehr an diese ehemalige Heidelberger Brauerei.

Auch die Tiefkeller der Kronenbrauerei am Brückenkopf beherbergen seit einigen Jahren eine Tiefgarage. Die ehemalige Brauereiwirtschaft »Krone« wird – stark verändert – heute als irisches Lokal betrieben.

Von den fünf großen Heidelberger Brauereien, die um 1900 in Form der AG oder GmbH existieren, vermitteln heute

Ende einer Heidelberger Traditionsbrauerei: Abriss der bereits 1967 stillgelegten »Engelbrauerei«, 1978 (STAHD)

Kamin und Kesselhaus der ehemaligen Brauerei »Schroedl«, Bergheimerstraße, werden 1975 gesprengt (STAHD)

lediglich die Gebäude der ehemaligen Heidelberger Aktienbrauerei Kleinlein in der Bergheimer Straße einen Eindruck von vergangener Braukultur. Hier wurde noch bis 1999 gebraut.

Die Fassaden ehemaliger Braugasthäuser sind in einigen Fällen noch erhalten. Der Zieglerbräu am Anfang der Bergheimer Straße ist äußerlich kaum verändert. Die alte Inschrift »Brauerei G. F. Ziegler« ist ebenso vorhanden wie die Dekoration der Sandstein-Fassade mit vergoldeten Hopfenranken. Auch »Essighaus«, »Goldener« und »Weißer Schwan« zeigen im Wesentlichen die alten Fassaden. Bei diesen drei Ex-Brauereien verweisen alte Symbole wie Bierschöpfer, Fasshaken oder Malzschaufel über den Türen auf das frühere Gewerbe.

»Bremeneck« und »Fauler Pelz« vermitteln noch einen gewissen Eindruck von der Größe der alten Heidelberger Brauhäuser. Im allerdings mehrfach umgebauten »Faulen Pelz« lassen sich im Dachbereich noch die Trockenluken der Malzdarre erkennen. Mit etwas Phantasie sieht man im Hof des »Reichsapfels« noch die Bierbrauer ihr Handwerk verrichten. Dass in der Plöck 51 einst die Inselbrauerei und noch lange die gleichnamige Gaststätte residiert, ist dem gründlichst sanierten Haus kaum mehr anzusehen. Die Spuren der Geschichte sind hier weitgehend wegrenoviert.

Gut erkennbar sind die alten Mälzerei- und Brauanlagen des »Bachlenz« in der Handschuhsheimer Mühltalstraße, bis zum Reiter auf dem Schornstein. Auch das alte Mälzereigebäude hinter dem »Seppl« in der Heiliggeiststraße ist erhalten. Viele Lagerkeller, die oft Jahrhunderte alt sind und aus der Zeit vor der Stadtzerstörung 1693 stammen, sind heute noch vorhanden, etwa unter der »Diemerei« oder dem »Weißen Schwan«. Ebenfalls erhalten ist das Haus der Spanhauerzunft, in der zunächst die Heidelberger Brauer inkorporiert waren, wenngleich dieses Haus wenig eindrucksvoll wirkt. Auf dem Bergfriedhof sind die eindrucksvollen Grabstätten der Brauerfamilien Bartholomä und Olinger nach wie vor zu sehen. Es ist zu hoffen, dass die noch sichtbaren Zeugnisse alter Heidelberger Bewirtungs- und Bierbrauerkunst erhalten bleiben.

Wie bei den Brauereien, so bei den Wirtschaften: Aussehen und Atmosphäre traditionsreicher Heidelberger Wirtshäuser und Bierlokale haben sich zumeist stark verändert. Die traditionelle Gemütlichkeit der Altstadtlokale mit ihren Stammtischen und Originalen ist seit den siebziger Jahren fast völlig verschwunden. Noch Ende der sechziger Jahre treffen sich die »revolutionären Studenten« in Traditionslokalen wie dem »Mainzer Rad«, dem »Goldenen Engel«, dem »Weinloch« oder dem »Weißen Bock«, um ihr proletarisches Bier oder französischen Rotwein zu trinken, während die Korporierten sich in ihre Verbindungshäuser zurückziehen. In Martin Grzimeks Roman »Berger« oder Henky Hentschles »Nadelstreifen« wird den alten Lokalen noch ein literarisches Denkmal gesetzt, indem sie mehr oder weniger verschlüsselt vorkommen.

Mittlerweile sind viele traditionelle Lokale geschlossen, abgerissen oder »modernisiert« und als kurzlebige Trendlokale oder Filialen von Gastronomie-Ketten wieder eröffnet. Für die alten Stammtische oder Originale wie die »Blume-Marie« scheint kein Platz mehr zu sein. Zugleich verändert die Hauptstraße ihr Gesicht. Die Straßenbahn wird herausgenommen. Alte Wirtshausschilder verschwinden und eine »Fußgängerzone« wird eingerichtet, die sich kaum von solchen in anderen Städten unterscheidet. Das »Große Faß«, der »Goldene Engel«, die »Alte Gundtei« oder das »Cafasö« werden abgerissen, das »Mainzer Rad« oder die »Hormuthei« völlig umgebaut, der »Rodensteiner« und die »Inselbrauerei« geschlossen. Zumindest die Fassaden, teilweise auch die Innenarchitektur von Gasthäusern wie »Goldener Anker«, »Weißer Schwan«, »Weißer Bock«, »Essighaus« oder »Reichsapfel« lassen erahnen, was Heidelberger Altstadtgemütlichkeit einmal war, wenngleich der Charakter mancher Lokale sich stark verändert hat. Über den »Weißen Bock« heißt es etwa in dem Roman »Im falschen Licht«: »Da ist seit Jahren nichts mehr los ... Das ist jetzt so auf edel. Da fliegen wir auch gleich wieder raus.«[19] Einige rare Stätten wie »Witters Weinstube« oder das »Weinloch« sind vom Ambiente und ihrer Besucherstruktur her nahezu unverändert.

Die Madonna am Gebäude der »Alten Gundtei«, 1955 (STAHD)

In den achtziger Jahren kommt es zu einer paradoxen Entwicklung. Während die tatsächlich alten Lokale reihenweise schließen, etablieren sich neue Gaststätten, die sich mit dunklem Holz und nostalgischem Ambiente künstlich den »Touch« des Alten geben. Lokale wie das in einem Neubau eingerichtete »Altheidelberger Bierdörfel« zeigen, dass das Bedürfnis bei Einheimischen und Touristen nach Gemütlichkeit im alten Stil vorhanden ist. Dies ist auch einer der Gründe für den Erfolg der sich in den letzten Jahren verstärkt etablierenden Gasthausbrauereien.

Mit den Veränderungen im Bereich Brauereien und Gaststätten haben sich auch die Gewerbe rund um Bier und Gastronomie gewandelt. Noch 1949 existieren in Heidelberg insgesamt 32 Bierniederlagen, Bierdepots und Flaschenbierhändler. Einige davon betreiben auch Kühleishandel oder eine kleine Mineralwasserproduktion.[20] Getränke- und Flaschenbierhändler wie Schaaff in der Heiliggeiststraße, Kretz, Betzmann und Glaunsinger in Bergheim, Schulz in Neuenheim oder Ebert in Handschuhsheim füllen noch in den 1950er-Jahren selbst das angelieferte Bier in Flaschen, drücken Kohlensäure hinein, verschließen die Flaschen mit Kronkorken oder Bügelverschlüssen, etikettieren von Hand oder mit kleinen Maschinen. Sie verfügen über Lizenzen und bereiten das Konzentrat von Bluna oder Afri Cola auf und füllen es ab.

Doch Ende der sechziger Jahre schlägt sich der Konzentrationsprozess auch auf dem Gebiet des Getränkehandels nieder. Die Zahl der Bierniederlagen und Bierhändler sinkt deutlich. Die traditionellen kleinen »Tante Emma Läden«, die Lebensmittel und Flaschenbier anbieten, erliegen der Konkurrenz der sich ausbreitenden Supermärkte. Die Kundschaft orientiert sich um und kommt nur noch, wenn sie knapp bei Kasse ist, um dann in ihrem alten Laden »anschreiben« zu lassen.

Von den alteingesessenen Getränkehändlern sind nur noch wenige übrig geblieben und diese betreiben ihr Gewerbe nicht mehr am alten Standort. Getränke-Schaaff, mit Bierbrau- und Getränkehandeltradition seit 1739, ist in den achtziger Jahren

»Getränke-Schaaff«: Bierverladung am Karlstorbahnhof, 1950er-Jahre (Repro Foto Gärtner)

aus der Altstadt nach Wieblingen gezogen und behebt damit zugleich das Problem, dass seine Lastwagen kaum um die Ecke der Leyergasse/Heiliggeiststraße kommen, so dass sogar die »Hundsbrunzer« abgefeilt werden mussten. Bis zum Wegzug kamen Bierfässer mit der Eisenbahn am Karlstorbahnhof an, wurden auf Lkw verladen und in die Heiliggeiststraße gefahren. Getränke-Ebert betreibt weiterhin einen Getränkemarkt, verlagert jedoch 2003 kurz vor dem 100-jährigen Firmenjubiläum sein Geschäft nach Dossenheim.

Auch in anderen Gewerbebereichen ist ein radikaler Umbruch erkennbar. 1949 gibt es noch 14 Küfereien in der Stadt, ferner verfügen beide Brauereien über fest angestellte eigene Küfer. Die neuartigen Fässer haben diesen Berufszweig überflüssig gemacht. Verschwunden sind auch die einst bedeutenden Firmen Gallus Mahler, Fabrik für Faßbürsten und Bierartikel, in der Alten Bergheimer Straße und die Bierkühlapparatefabrik Otto Anton Klotz am Ende der Bergheimer Straße.[21] Beide Firmen arbeiten in den Nachkriegsjahren noch am alten Standort, haben aber ihre frühere Bedeutung verloren. In einer Zeit der Konzentration und Bündelung von Kräften zersplittert sich Mahler in drei kleine Betriebe, die alle in Bergheim arbeiten. 1949 gibt es neben der »Gallus Mahler Heidelberger Faßbürsten- und Brauereiartikelfabrik K.-G.« die »Gebrüder Mahler Bürsten« und die »Otto Mahler Wtw. Bürstenfabrik, Inh. Paul Mahler«.[22] Die Kleinbetriebe sind nicht mehr konkurrenzfähig und bis 1980 ebenso am Ende wie Kühlapparate-Klotz. Teile der alten ursprünglichen Mahler-Fabrikanlagen in der Alten Bergheimer Straße sind bis zum Ende des 20. Jh.s noch zu sehen, hier siedeln sich diverse Kleinfirmen an. Zuletzt wird ein Teil der alten Anlagen vom Autonomen Zentrum genutzt. Der größte Teil des ehemaligen Firmengeländes ist heute neu überbaut. Auch das Gelände von Kühlapparate-Klotz hat sein Gesicht erheblich verändert.

Hingegen hat die alteingesessene Bieranlagenfirma Wolf alle Kriege und Krisen überlebt. Fast 100 Jahre arbeitet sie in unmittelbarer Nachbarschaft der Brauerei Kleinlein-Schloßquell, in einem Gebiet mit einer gesunden Mischung aus Wohnungen und Kleingewerbe. Der »Bier-Wolf«, Spezialist für Bier-Pressionsanlagen, Flaschenfüller und Ausschank-Einrichtungen[23] bleibt in Familienhand und ist gefragter Partner für Wirtschaften und Brauereien. Als dann die beiden Brauereien von auswärtigen Konzernen übernommen werden, verändern sich die bestehenden guten persönlichen Beziehungen. Die Direktoren wechseln und die großen Konzerne verfügen meist über eigene Handwerker, die zentral gesteuert und an die jeweiligen Standorte geschickt werden. Wolf verfügt einstweilen noch über genügend andere Kunden, um erfolgreich weiterarbeiten zu können. 1983 zieht die Firma dann aus Bergheim weg ins Industriegebiet Rohrbach und wandelt sich vier Jahre später in eine GmbH, die bis heute in der Region tätig ist.

Die Produktion von Grundstoffen für die Brauerei ist in Heidelberg auf ein Minimum gesunken. Früher wird in Heidelberg mit Hopfen gehandelt und in der Region auch angebaut. Der Hopfenanbau kommt indessen in der Nachkriegszeit völlig zum Erliegen. Immerhin wird heute noch auf etwa 880 ha Heidelberger Gemarkung Getreide für die Bierherstellung angebaut, vor allem in Kirchheim und Wieblingen. Die Braugerste kommt zumeist in die Edinger Mälzerei und wird von Brauereien der Region verwendet.[24] Für die Sauberkeit des Bieres arbeitet die in Wieblingen ansässige Firma Prominent Dosiertechnik GmbH. Sie bietet Lösungen für die Wasseraufbereitung und Dosierpumpen für Brauereien und Lebensmittelproduzenten an.

8.6 *Trends und Perspektiven*

Das Traditionsgetränk Bier ist in der Krise. Der Prokopfverbrauch des Gerstensafts in Deutschland sinkt seit Jahren. Liegt er in den 1970er-Jahren noch um die 150 Liter, rinnen inzwischen, je nach Konjunktur und Sommerwetter, nur noch 120 bis 123 Liter pro Jahr durch deutsche Kehlen. Damit liegt Deutschland europaweit nach Tschechien und Irland auf dem dritten Platz.

Sehr verschiedenartige Gründe werden für den Rückgang des Bierkonsums verantwortlich gemacht. Die Verschärfung der Promille-Grenze spielt eine Rolle, auch das Generationengefälle. Bei jungen Leuten ist Bier weniger beliebt.[25] Hoch im Kurs stehen Mineralwässer, Mischgetränke, Säfte, Fitness- und Energy-Drinks. Keinen großen Marktanteil konnte bisher alkoholfreies Bier erringen. Während Modegetränke deutlich an Beliebtheit zulegen, haftet für einen Teil der jungen Leute dem Bier ein »Prolo-Image« an. Gestylte Szene-Lokale sind geschätzt, und wenn dort Alkohol getrunken wird, greift man lieber zu Prosecco oder italienischem Wein.

Die Folgen des rückläufigen Bierkonsums liegen auf der Hand. Die Beschäftigtenzahlen bei Brauereien und Zulieferbetrieben sinken. Überkapazitäten führen zu Billigangeboten mit Kampfpreisen am untersten Limit. Dabei spielen die Großbrauereien ein risikoreiches Spiel. Brauereien verdienen am meisten an Fassbier, bei Flaschen und Dosen drücken der harte Konkurrenzkampf und die großen Handelsketten massiv die Preise. Die Konsumbiere für Massenabsatz bringen kaum noch Gewinn, anders als Markenbiere. Zudem sind viele Konsumenten den Einheitsgeschmack der mit hohem Werbeaufwand präsentierten »Fernsehbiere« von Großbrauereien und Monopolisten Leid. Der Trend scheint eher zu den unverwechselbaren speziellen Bieren kleinerer und mittelgroßer Brauereien zu gehen, die in ihrer Region verankert sind.

Währenddessen geht die Konzentrationswelle der Brauereien weiter. Fusionen werden vollzogen, Holdings geschmiedet, altbekannte Brauereien geschlossen oder von international agierenden Konzernen aus Belgien, Holland oder England aufgekauft. Selbst Traditionsmarken wie Becks, Spaten oder Löwenbräu sind der »feindlichen Übernahme« zum Opfer gefallen. Da die deutschen Bierkonsumenten auf heimische Marken festgelegt sind und der Bierimport unter 3% liegt, ist die Übernahme deutscher Marken die einzige Chance für ausländische Braukonzerne, auf dem hiesigen Markt Fuß zu fassen. Zurzeit gibt es noch rund 1.200 deutsche Brauereien, kein Land der Welt hat eine größere Vielfalt auf diesem Gebiet. Während im Inland die Biernachfrage sinkt bzw. stagniert, bieten sich für die deutschen Brauereien Chancen im Export. Denn im Ausland genießt deutsches Bier nach wie vor einen hervorragenden Ruf. Deutsche Brauereien halten sich freiwillig an das seit 1516 bestehende Reinheitsgebot, das gemäß EU-Entscheidung nicht verpflichtend ist. Deutsche Brauer sind mit ihrem Know-how am Aufbau von Brauereien in aller Welt beteiligt.

Die Trends auf dem deutschen Biermarkt präsentieren sich im Moment uneinheitlich. Einerseits ist eine Abkehr vom traditionellen Biergenuss und die Hinwendung zu modischen Bier-Mischgetränken zu beobachten. Andererseits ist eine Nostalgie-Welle im Gang. Der Trend geht wieder zu unfiltriertem und naturtrübem Bier kleinerer Anbieter. Bügelflaschen mit Porzellankopf werden wieder verwendet, sogar Holzfässer und Flaschenkisten aus Holz. Traditionsbewusstsein, Bierstuben mit viel Holz und gemütlicher Atmosphäre erfreuen sich großer Beliebtheit. Als Marktnische erscheint Ökobier aus kontrolliert biologischem Anbau, bei dem keinerlei gentechnisch veränderten Produkte verwendet werden dürfen. Der Zuspruch zum Ökobier ist noch sehr gering und liegt unter 1% des Gesamtbierausstoßes. Vielleicht deswegen, weil die Kunden denken, dass durch die freiwillige Einhaltung des Reinheitsgebots ohnehin nur naturreine Zutaten zum Brauen verwendet werden.

Bei aller Konzentration nehmen sich die deutschen Braukonzerne klein aus gegen den Weltmarktführer Anheuser Bush in den USA, der mit 114 Mio hl so viel Gerstensaft produziert wie alle rund 1.200 deutschen Brauereien zusammen. Doch liegt gerade in der Vielfalt der deutschen Bierbraulandschaft eine Chance. Kaum sonst wo auf der Welt wird mit so viel Erfahrung, Tradition und regionaler Vielfalt gebraut wie in Deutschland. Und Größe allein garantiert keine gute Bierqualität, eher im Gegenteil. Doch können die großen Brauereien über Supermarktketten und Großhändler den Markt in erheblichem Maß beeinflussen. Sollten sich neue Techniken durchsetzen wie beispielsweise die PET-Kunststoffflasche auch beim Bier, dann wird es für die kleineren Brauereien schwer, diese Investitionskosten aufzubringen. Mitunter aber liegt das Heil gerade in der bewussten Abkehr von neuen Trends. Will man eine Prognose wagen, dann haben die ganz großen und ganz kleinen eine Chance. Die Großen können mit ihrem massiven Kapitaleinsatz Konkurrenten an die Wand drücken – die Kleinen haben ein extrem kleines Verbreitungsgebiet, einen festen Kundenstamm und fast keine Kosten für Werbung und Vertrieb. Angesichts der allgemeinen Krise im Braugewerbe fällt auf, dass es einige Betriebe trotzdem schaffen, ihren Ausstoß und Umsatz nicht nur zu halten, sondern zum Teil sogar auszubauen. Ein Patentrezept gibt es dabei nicht. Die Schwetzinger Welde-Brauerei hat ihren Weg gefunden. Mit ungewöhnlichem Design, schlangenartig geformten Flaschen oder limitierten Künstler-Etiketten hat das mittelständische Familienunternehmen eine Marktnische besetzt und ist zur Kult-Marke geworden. Andere mittelgroße Brauereien setzten eher auf Tradition als Innovation und behaupten durch konsequentes Festhalten an bewährtem Stil und Konzept ihren Platz.

Szene aus Ernst Lubitschs »Alt-Heidelberg«-Verfilmung von 1927 mit Ramon Novarro als Karl Heinrich (Postkarte STAHD)

Auf Dauer wird sich, jenseits von vordergründigen Reklamegags, nur eines durchsetzen und halten: Qualität und Geschmack des Bieres. Das hängt aber auch vom Verhalten der Konsumenten ab. Diese werden darüber entscheiden, ob es Verrücktheiten wie »Ice-Cap«-Bier, aus grönländischem Gletschereis gebraut, Pharaonenbier mit Datteln, Tequila- oder Schokoladenbier, das angeblich bei Frauen besonders gut ankommt, Kaktus- und Zitronenbier braucht. Mit Recht fragt die Münchner Brauerei Schneider, die seit sieben Generationen nichts anderes macht als erfolgreich Weißbier zu brauen, auf ihren Bierdeckeln: »Warum sollten wir einem dieser schnelllebigen Biertrends folgen, die heute kommen und morgen gehen?«

Die Heidelberger Brauerei, die überregional gesehen zu den kleinen Brauereien gehört, versucht ihren Marktauftritt als regionale Spezialitätenbrauerei zu stabilisieren. Sie kann sich vielleicht, den weltbekannten Namen der Stadt nutzend, auch über die Region hinaus etablieren. Die Zahl der zurzeit drei Gasthausbrauereien in Heidelberg könnte sich durchaus erhöhen. Sie dürften auch weiter ihr einheimisches und touristisches Publikum finden. Vielleicht werden sie in begrenztem Umfang ihr Flaschenbier in Heidelberger Verkaufsstellen und Bioläden anbieten. Ein Problem ist dabei nur, dass naturtrübes unfiltriertes Bier nicht sehr lange haltbar, sondern für den baldigen Verzehr bestimmt ist.

Die Gefahr, dass die Heidelbergerinnen und Heidelberger eines Tages auf dem Trockenen sitzen, ist allerdings als sehr gering anzusehen. Angesichts von trinkfreudigen Vorbildern wie »Perkeo« und in Anbetracht von rund 670 Gaststätten – davon allein in der Altstadt über 200 – in der »berauschenden Stadt«, wie Werner Pieper Heidelberg charakterisiert,[26] muss man sich für die Zukunft nicht sorgen.

9 Tabellen und Übersichten

9.1 Heidelberger Bierbrauerliste 1814[1]

35 so genannte »zahlbare« Bierbrauer:

Hieronimus Landfried	Joseph Gassmann
Heinrich Bartholomä	Mathias Walter
Franz Zwipff	Jacob Heldt
Weberin wittib	Jacob Bartholomä
Christian Weber	Raths. Schmitt
Albrecht Gamber	Michael Helbert
Carl Kaemmerling	Joh. Georg Helbert
Joh. Leicher	Philipp Klar
Conrad Rummel	Friedrich Schaaf
Adam Ehrmann	J. Georg Steinmann
Adam Hosp	Franz Betz
Daniel Kißel	Valentin Majer
Phil. Fried. Landfried	Carl Wilhelm Krauß
Andreas Schaaf	Heinrich Bär
Julius Diemer	Martin Landfried
Phil. Jac. Kißel	Leonhard Löfler
Christoph Schmitt	Fried. Cullmann
Wittib Munkin	

Fünf so genannte »nicht zahlbare« Bierbrauer:[2]

Heinrich Reither
Christoph Koch
Ignatz Seichel
Christian Munck
Georg Mischon

9.2 Bierbrauer und Bierausstoß 1866/67[3]

Nr.	Name	Fuder
1	Bartholomä	71
2	Bootz	36
3	Ditteney	186
4	Diemer	461
5	Ehrmann	51
6	Eisenhardt	179
7	Ernst	60
8	Gulden	99
9	Gundt	486
10	Heinz	169
11	Hormuth	39
12	Hoeckel	75
13	Hölzer	110
14	Jäger	171
15	Kiesel	7
16	Kleinlein	204
17	Krauß	82
18	Majer	191
19	Pfisterer	100
20	Rapp	225
21	Siegel	76
22	Schaaf	1
23	Schmitt	70
	Sa.:	3149

9.3 Topographische Lage der Heidelberger Brauereien

Die Topographie folgt den heutigen Adressen. In einigen Fällen geben die heutigen Hausnummern die Lage nicht exakt an, da durch spätere bauliche Eingriffe Änderungen eingetreten sind:[4]

Am Kümmelbacher Hof, Brauerei Zum Kümmelbacher Hof (umgebaut)
Am Schlossberg 9, Brauerei Diemerei/Goldener Adler (neu bebaut)
Am Schlossberg 55, Brauerei Zur Steigleiterei/Falknerei (neu bebaut)
Bergheimer Str. 1b, Brauerei Ziegler/Zieglerbräu
Bergheimer Str. 8, Brauerei Denner/Siegel
Bergheimer Str. 89–93, Heidelberger Aktienbrauerei/Brauerei Kleinlein/Schloßquell (1878–1999)
Bergheimer Str. 117, Brauerei Schroedl (neu bebaut)
Bremeneckgasse 1, Brauerei Bartholomä/Zum Bremeneck
Brückenkopfstr. 1, Brauerei Zur Krone (umgebaut)
Dossenheimer Landstr. 40, Brauerei Zur Neuen Pfalz (neu bebaut)
Dreikönigstr. 15, Brauerei Zum Fröhlichen Mann
Fischmarkt 1/2, Brauerei Schmitt/Eisinger/Essighaus
Grabengasse 8/10, Brauerei Bartholomä/Zur neuen Pfalz (neu bebaut)
Große Mantelgasse 24, Brauerei Zum Weißen Bock
Handschuhsheimer Landstr. 90, Brauerei Zur Goldenen Krone
Handschuhsheimer Landstr. 96, Brauerei Zum Goldenen Adler/Gilbert
Handschuhsheimer Landstr. 118, Brauerei Rebstock/Zur Traube (größtenteils neu bebaut)
Haspelgasse 2, Brauerei Klar/Zum Goldenen Horn
Haspelgasse 4, Brauerei Höckel
Hauptstr. 2, Brauerei Bartholomä/Zur Goldenen Rose
Hauptstr. 17, Brauerei Spinner/Schenck/Fuchsbau
Hauptstr. 37, Brauerei Kraus (neu bebaut)
Hauptstr. 45, Brauerei Zur Majerei (neu bebaut)
Hauptstr. 67, Brauerei Zum Goldenen Engel (neu bebaut)
Hauptstr. 90, Brauerei Schaaff
Hauptstr. 93, Brauerei Zur Goldenen Gerste
Hauptstr. 113, Zum Goldenen Ochsen (neu bebaut)
Hauptstr. 115, Brauerei Kleinlein/Zum Güldenen Schaf
Hauptstr. 124, Brauerei Heldisches Bierhaus/Zum Pfälzer Hof/Klar
Hauptstr. 129, Brauerei Koch/Zum Englischen Hof
Hauptstr. 142, Brauerei Hormuth
Hauptstr. 143, Brauerei Landfried/Hirschel/Zum weißen Schwanen
Hauptstr. 166, Brauerei Zum Goldenen Römer/Schaaff/Ernst
Hauptstr. 199, Brauerei Zum Großen Faß (neu bebaut)
Hauptstr. 213, Brauerei Wolff/Ditteney/Seppl
Heiliggeiststr. 3, Brauerei Zum Schwarzen Bären
Heumarkt 3, Brauerei Zum Goldenen Löwen/Walther
Ingrimstr. 16, Brauerei Zum Goldenen Fässchen (1900 Umzug zum Güterbahnhof)
Karpfengasse (B 171), Brauerei Klar
Kettengasse 11, Brauerei Zur Stadt Düsseldorf/Gulden
Kettengasse 21, Brauerei Zum Schlüssel
Klingenteichstr. 4, Brauerei Eisenhardt und Bierkeller (neu bebaut)
Kurpfalzring 112, Heidelberger Schloßquellbrauerei (seit 1999)
Kufürstenanlage, Brauerei Zum Goldenen Fässchen/Kronenbrauerei (neu bebaut)
Leyergasse 6, Brauerei F. Schaaff, heute Kulturbrauerei
Lutherstr. 35, Brauerei Zum Goldenen Adler/Grün
Mannheimer Str., Brauerei Zum Badischen Hof
Mittelbadgasse 13/Zwingerstr., Brauerei Gassmann/Gundt/Alte Gundtei (neu bebaut)
Mühltalstr. 32, Brauerei Zum Pflug (neu bebaut)
Mühltalstr. 38, Brauerei und Mälzerei Zum Bachlenz/Lenz
Neckarstaden 2, Brauerei Zur Stadt Straßburg/Bootz/Kunz (neu bebaut)

Neuenheimer Landstr. 5, Brauerei Vetter im Schwarzen Schiff (seit 1999)
Obere Neckarstr. 1, an der Alten Brücke, Zum Goldenen Schwanen
Plöck 51, Inselbrauerei
Plöck 79–81, Brauerei Landfried/Essighaus (neu bebaut)
Plöck 97, Brauerei Zum neuen Essighaus
Rathausstr. 25, Brauerei Förster (neu bebaut)
Rathausstr. 45, Brauerei und Mälzerei Zum Goldenen Hirsch/Hoffmann
Rohrbacher Str. 108, Brauerei Zum Löwenkeller (Lagerkeller des Goldenen Löwen)
Schwetzinger Str. 27, Brauerei Zum Badischen Hof/Körner
Untere Neckarstr. 52, Brauerei Zum Goldenen Anker/Überle
Untere Str. 35, Brauerei Zum Goldenen Reichsapfel
Schiffgasse 11, Brauerei Zum Schwarzen Schiff/Rapp
Steingasse 9, Brauerei Vetter im Schöneck (seit 1987)
Ziegelgasse 17–19, Brauerei Engelbräu, Einfahrt (neu bebaut)
Zwingerstr. 15a, Gundtei *siehe Mittelbadgasse 13*
Zwingerstr. 18, Brauerei Zum Faulen Pelz/Landfried (umgebaut)

9.4 Anzahl der Heidelberger Bierbrauereien[5]

Bis zum Ende des 19. Jh.s kann die Anzahl der Heidelberger Bierbrauermeister, die fast ausnahmslos im eigenen Haus brauen, mit der Zahl der Brauereibetriebe gleichgesetzt werden. Es gab keine Großbrauerei, die mehrere Brauer beschäftigt hätte.

Jahr	Bierbrauer bzw. Betriebe	Bemerkungen
1588	4	
1603	10	laut kurfürstlicher Bierordnung
1715	25	
1786	26	
1792	28	
1811	38	42 Gesellen
1814	35	bei Austritt der Bierbrauer aus der Spanhauerzunft ergeben sich 35 zahlende Mitglieder, fünf weiteren werden die Beiträge erlassen
1816	38	darunter drei Bierbrauer-Witwen, die weiter produzieren
1822	32	
1823	27	gemäß Steuerlisten (GLA, 237/13916), tatsächlich existieren wohl mehr Bierbrauer
1825	24	Haus besitzende Bierbrauer (STAHD, H 141)
1826	27	Steuerlisten (GLA, 237/13916)

Jahr	Anzahl	Bemerkung
1830	35	
1837	36	
1838	38	
1840	36	
1846	35	35 zahlende, zuzüglich fünf nicht zahlende Bierbrauer
1850	31	zuzüglich sieben Witwen; dabei bleibt unklar, wie viele davon den Betrieb weiterführen
1852	33	ohne Witwen
1854	30	ohne Witwen
1856	30	ohne Witwen
1858	29	
1860	28	
1864	24	
1866	23	
1868	22	
1870	25	
1887	23	davon elf mit mindestens drei Beschäftigten
1895	11	Heidelberger Aktienbrauerei, Engel, Schroedl, Rapp, Krone, Ziegler, Karl Hölzer (Insel), Hans Schenk (Spinner), Schuh & Denner, Lenz/Handschuhsheim, Treiber/Wieblingen
1900	8	Stadt sechs (Heidelberger Aktienbrauerei, Engel, Schroedl, Rapp/Fässchen, Krone, Ziegler) und je ein Bierbrauer in Wieblingen und in Handschuhsheim
1905	6	Heidelberger Aktienbrauerei, Schroedl, Engel, Krone, Goldenes Fässchen, Ziegler
1914	5	Heidelberger Aktienbrauerei, Schroedl, Engel, Krone, Ziegler
1920	2	HAB, Engel
1968	1	Schloßquell
1989	2	Schloßquell, Vetter im Schöneck
1999	3	Schloßquell, Vetter im Schöneck, Vetter im Schwarzen Schiff
2000	4	Heidelberger Brauerei, 2 x Vetter, Kulturbrauerei

10 Anmerkungen

Kapitel 1

1 Vgl. Rätsch, Christian: Bier – Jenseits von Hopfen und Malz. München 2002, S. 50ff.
2 Antz, Eduard L.: Pfälzische Braukunst. Oggersheim 1931, S. 4ff.

Kapitel 2

1 Auskunft Frau Dr. Renate Ludwig, Kurpfälzisches Museum Heidelberg, 28. Nov. 2000.
2 Huffschmid, Maximilian: Zur Geschichte der Kirchen und Klöster auf dem Heiligenberg bei Heidelberg 863–1663. In: Neues Archiv für die Geschichte der Stadt Heidelberg und der rheinischen Pfalz 12 (1920), S. 91ff. und Drüppel, Adolf (Hrsg.): Eichbaum-Chronik seit 1679. Mannheim 1992, S. 20f.
3 Kettemann, Rudolf: Heidelberg im Spiegel seiner ältesten Beschreibung. Heidelberg 1986, S. 19.
4 Mays, Albert/Christ, Karl (Hrsg.): Einwohnerverzeichnis der Stadt Heidelberg vom Jahr 1600. In: Neues Archiv für die Geschichte der Stadt Heidelberg und der rheinischen Pfalz 2 (1893), S. 176.
5 Kayser, Johann Peter: Historischer Schauplatz der alten berühmten Stadt Heydelberg. Frankfurt/M. 1733, S. 265f.
6 Schindler, Werner: Ruhm und Zauber Heidelbergs. Ausgewählte Beiträge zur Stadt-, Kultur- und Gesellschaftsgeschichte. Heidelberg 1999, S. 86.
7 Goetze, Jochen: Geschichte der Wasserversorgung in Heidelberg. In: Blum, Peter (Hrsg.): Heidelberger Altstadtbrunnen. Heidelberg 1996 (Schriftenreihe des Stadtarchivs Heidelberg, Sonderveröffentlichung 7), bes. S. 13–23.
8 Auskunft von Frau Dr. Ludwig (vgl. Anm. 1).
9 Lutz, Dietrich (Hrsg.): Vor dem großen Brand. Archäologie zu Füßen des Heidelberger Schlosses. Stuttgart 1992, S. 82ff.
10 Mays, Albert/Christ, Karl (Hrsg.): Einwohnerverzeichnis der Stadt Heidelberg vom Jahr 1588. In: Neues Archiv für die Geschichte der Stadt Heidelberg und der rheinischen Pfalz 1 (1890), S. 14f., 119, 204, 214, 236; vgl. auch Antz (1931), S. 7.
11 Mays/Christ (1893), S. 125 u. 177; vgl. ebenso Antz (1931), S. 8.
12 Derwein, Herbert: Die Flurnamen von Heidelberg, eine Stadtgeschichte. Heidelberg 1940, S. 112.
13 Ebd., S. 111f.
14 Zit. nach Otto, Eduard: Bilder und Geschichten aus Alt-Heidelberg und der Kurpfalz. In: Kurpfälzer Jahrbuch 1927. Ein Volksbuch über heimatl. Geschichtsforschung, d. künstler., geistige u. wirtschaftl. Leben d. Gebietes d. einstigen Kurpfalz. Heidelberg 1927, S. 7.
15 Bierordnung abgedruckt in: Wirth, Hermann (Hrsg.): Bier-Ordnung der Stadt Heydelberg, in Anno 1603 uffgerichtet. In: Archiv für die Geschichte der Stadt Heidelberg 2 (1869) H. 2, S. 103–07.
16 Antz (1931), S. 9.
17 STAHD, Contractenbücher, CB I 30, 27. Okt. 1697, Bereich Untere Straße.
18 Riedl, Peter Anselm (Hrsg.): Der Kornmarkt in Heidelberg. Heidelberg 1983 (Veröffentlichungen zur Heidelberger Altstadt, 7), S. 50–52.
19 Ebd., S. 85.
20 Ebd., S. 17.
21 Das Einwohnerverzeichnis von 1588 nennt bereits einen Bierbrauer in der Gr. Mantelgasse, vgl. Kapitel 2.2, S. 23.
22 RNZ vom 19. Dez. 1967.
23 Christ, Karl: Statistik des Schlossberges zu Heidelberg um das Jahr 1700. In: Neues Archiv für die Geschichte der Stadt Heidelberg und der rheinischen Pfalz 3 (1898), S. 87–89 u. S. 99–120.
24 Drüppel (1992), S. 54.
25 STAHD, H 2: Bier-Brauer-Handwercks-Buch – Angefangen Anno 1715.
26 Riedl (1983), S. 66 u. 109.
27 Ebd., S. 88–90.
28 Nadler, Karl Gottfried: Fröhlich Palz, Gott erhalts! Hrsg. v. Hermann Wiegand u. Walter Sauer. Landau 1994, S. 231 u. 236.

29 Vgl. Goetze (1996), S. 17f.
30 Riedl (1983), S. 60.
31 Drüppel (1992), S. 40, 48 u. 51.
32 Haering, Hermann: Mannheimer Brauereien und Brauereiordnungen zur Zeit Karl Ludwigs. In: Mannheimer Geschichtsblätter 14 (1913) Nr. 10, S. 198f.
33 Ebd., S. 195.
34 Christ (1898), S. 95 u. 129.
35 Drüppel (1992), S. 54.
36 Zit. n. »Muttergottes (1973)«, S. 9 (übers. aus dem Lat.)
37 Riedl (1983), S. 69, 94 u. 109ff.; vgl. auch: Die Muttergottes vom Heidelberger Kornmarkt: Kunst, Religion, Politik. Ausstellung vom 13.12.1973–10.2.1974. Ausstellungskatalog hrsg. v. Kurpfälzischen Museum Heidelberg u. Kunsthistorischen Institut d. Universität Heidelberg. Heidelberg 1973, bes. S. 9 u. 19.
38 STAHD, H2 : Bier-Brauer-Handwercks-Buch – Angefangen Anno 1715.
39 Leider ist das Original nicht auffindbar; zit. n. Henseler, Arno: Braukunst im Weinland. Das Braugewerbe in der Pfalz. O.O. o.J. [Nachweis: Stadtarchiv Mannheim, S2/1637/1957/84], S. 6.
40 STAHD, H 141: Liste Hauseigentümer 1792, Bereich Vorstadt.
41 Wundt, Friedrich Peter: Geschichte und Beschreibung der Stadt Heidelberg. Mannheim 1805, S. 115.
42 Vgl. hierzu Fahrbach, Ute: Marstall, Marstallstraße und Heuscheuer in Heidelberg. Heidelberg 1989 (Veröffentlichungen zur Heidelberger Altstadt, 23), S. 31f.
43 STAHD, Contractenbuch 6, S. 94. Freundliche Auskunft des heutigen Besitzers Dr. Karl Kischka.
44 Siehe hierzu auch: Offenberg, Volker von: Die Engel und der Brauerstern. Zur Firmengeschichte der Engel-Brauerei Heidelberg (1797–1967). In: Jahrbuch zur Geschichte der Stadt Heidelberg 6 (2001), S. 137–62.

Kapitel 3

1 Zit. n. Schoof, Wilhelm: Heidelberger Studentenleben im Jahre 1817. In: Badische Heimat 1/2 (1963), S. 176.
2 Hinweise in den Heidelberger Adressbüchern 1839ff.
3 Nadler (1994), S. 71ff.
4 Ebd., S. 230ff.
5 Geib, Karl: Malerisch-historische Schilderung der Neckargegenden von Mannheim bis Heilbronn. Frankfurt/M. 1847, S. 26f.
6 Universal-Lexikon vom Großherzogthum Baden. Karlsruhe ²1847, S. 523.
7 Huhn, Eugen: Das Großherzogtum Baden. Darmstadt 1850, S. 89f.
8 Hartleben, Theodor: Statistisches Gemälde der Residenzstadt Karlsruhe und ihrer Umgebung. Karlsruhe 1815, S. 144.
9 Guttmann, Barbara: Hopfen und Malz. Karlsruhe 1998, S. 33.
10 Heidelberger Wochenblatt vom 20. Mai 1819, S. 85.
11 Zit. nach: Heidelbergs noch geltende Polizei-Gesetze. Hrsg. v. W. Deurer. Heidelberg 1807 (Reprint o.J.), S. 19.
12 Heidelberger Wochenblatt vom 12. Aug. 1819, S. 132.
13 Wundt (1805), S. 61 u. 100f.
14 Vgl. STAHD, Lagerbücher 1770ff. u. 1889ff., Amtsbücher Stadt Heidelberg 31: Laternengelder (ab 1810), Liste Hauseigentümer 1792 (H 141).
15 Vgl. hierzu Kap. 2.8., S. 36.
16 Zit.n. Zähringer, Wilhelm: Mein Heidelberg. Bühl/Baden 1921, S. 183.
17 Vgl. Kap. 2.9.
18 Vgl. ebd.
19 Universitätsarchiv Heidelberg (UAHD), RA 5462, Schreiben vom 10. Febr. 1802.
20 Vgl. Kap. 4.9, S. 82–84.
21 Hinz, Wolfgang: Die Geschichte der Freimaurerei in Heidelberg. In: Heidelberg Jahrbuch zur Geschichte der Stadt 5 (2000), S. 41.
22 Heidelberger Wochenblatt vom 15. Mai 1817.
23 Adressbücher der Stadt Heidelberg 1848ff.
24 Freundliche Auskunft von Frau Schmidhuber aus der Familie Hirschel, geb. 1907, am 28. Febr. 2001.
25 Anonymus: Chronik der Hirschgasse. Heidelberg 1910, S. 82 [vermutl. Verf.: Theodor Lorenthen].
26 STAHD, H 2m: Protokollbuch der Bierbrauer, Eintrag vom 6. Okt. 1846.
27 GLA, 356/1840: Realwirtschaft zum Bremeneck.
28 Derwein (1940), S. 136.
29 Zunftpokal der Bierbrauer von Heidelberg, verwahrt im Kurpfälzischen Museum der Stadt Heidelberg (Inv.Nr. GM 10).
30 STAHD, H 2m: Protokollbuch der Bierbrauer, Eintrag vom 6. Okt. 1846.

31 Ebd., H 2n1: Des ehrsamen Bierbrauer-Handwercks-Lehrjungen-Protocoll 1790–1826.
32 Ebd., H 2n2: Jungen-Buch der Bierbrauerzunft 1827–62, 136 Seiten paginiert.
33 Ebd., H 2m: Protocollbuch, 64 Seiten paginiert.
34 Ebd., H 2g, H 2p: Lehr- u. Meisterbriefe.
35 Ebd., H 2p: Schreiben der Sinsheimer an die Heidelberger Bierbrauer vom 10. Sept. 1828; StA Sinsheim, B 589: Artikel der vereinigten Kiefer, Bierbrauer und Kübler Zunft in Sinsheim vom 29. Jan. 1829.
36 Ebd., H 2p: Undatierte Zahlungsliste der Zunft aus dem ersten Drittel des 19. Jh.s.
37 Heidelberger Wochenblatt vom 9. Dez. 1819, S. 123; siehe auch die folgenden Ausgaben.
38 STAHD, H 2p: neue Funde.
39 STAHD, H 2p: Schreiben des großherzogl. Stadtamts an die Bierbrauer vom 18. Nov. 1815.
40 Ebd.: Schreiben des großherzogl. Oberamts an die Bierbrauer vom 23. Okt. 1835.
41 Vgl. Kap. 3.7: Bier und Revolution.
42 STAHD, H 2p: neue Funde.
43 125 Jahre Gewerbeschule Heidelberg. 1828–1953. Festschrift hrsg. v. Friedrich Heiß u. Heinrich Neureither unter Mitarbeit v. Otto Kaiser u. Oskar Molitor. Heidelberg 1953, S. 9 u. 15.
44 Ebd., S. 17.
45 GLA, 356/5538: Schreiben des Oberamts Heidelberg und der Bierbrauer Müller und Schaaff vom 7. März 1841.
46 Vgl. Kap. 3.4, S. 49.
47 GLA, 356/1840: Realwirtschaft zum Bremeneck.
48 Geschichte der Juden in Heidelberg. Hrsg. v. Peter Blum. Heidelberg 1996 (Buchreihe der Stadt Heidelberg, 6), S. 186; GLA, 236/5505: Bericht von Hertlings an die Kreisregierung vom 30. Aug. 1819.
49 Derwein (1958), S. 22ff. u. 52.
50 Buselmeier, Michael: Literarische Führungen durch Heidelberg. Heidelberg ²1996, S. 147.
51 Mumm, Hans Martin: Der Heidelberger Arbeiterverein 1848/49. Heidelberg 1988, S. 90, 167, 170, 191ff.
52 Derwein (1958), S. 86 u. 96ff.
53 Ebd., S. 177ff., 192.
54 Rau, Karl Heinrich: Die vierzig Tage in Heidelberg. Erinnerungen an den badischen Aufstand im Sommer 1949. Bearb. v. Gerd Wippermann u.a. Ubstadt-Weiher 1999 (Archiv und Museum der Universität Heidelberg, Schriften 3), S. 88 u. 98.
55 Ebd., S. 94; Derwein (1958), S. 112 u. 117.
56 Buselmeier, Michael: Ein bislang unbekannter Brief Gottfried Kellers. In: Heidelberg Jahrbuch zur Geschichte der Stadt 1 (1996), S. 177–82.
57 Mumm (1988), S. 182.
58 Christ, Karl: Alt-Heidelberger Wirtschaften. Heidelberg 1922, S. 9f.
59 242 Jahre Brauerei Schaaff. In: Rhein-Neckar-Zeitung vom 24. Juli 1981; Gespräch mit Dr. Bernhard Schaaff, 4. April 2000.
60 Vgl. Kap. 3.6.
61 GLA, 356/5538: Konzessionsakten Schaaff, März 1841.
62 STAHD, Feuerversicherungsbuch 1867, Einschätzungstabelle, IV, Nr. 59, Fr. Schaaf Bierbrauer.
63 Ebd., H 103: Wirth, Hanns: Handschriftl. Zeitgeschichte der Stadt Heidelberg, 1865–72, S. 109ff., 223ff., S. 299ff.
64 Ebd., Lagerbuch 1889, Nr. 145.
65 Schaafffscher Bier- oder Weinkrug, Steingut, blaue Schrift, verwahrt im Kurpfälzischen Museum der Stadt Heidelberg.
66 Wundt (1805), S. 114f.
67 Ebd., S. 121.
68 Landfried, Wilhelm: Ein Rückblick auf hundert Jahre 1810–1910. Heidelberg 1910, S. 3ff.
69 Wundt (1805), S. 114.
70 Ebd., S. 146.
71 Vgl. Kap. 4.1.
72 Haus 333, spätere Bezeichnung A 325.
73 Jacobi, Heinrich: Panorama von Heidelberg. Heidelberg 1843, S. 25; STAHD, Lagerbuch 1770ff., 110, (1842) im Vorderhaus wird Antiquar Wolff genannt; hinten im Hof noch das Brauhaus und eine Brandschutzmauer.
74 Rich, H.S.: One hundred years of brewing. Chicago 1903 (Reprint 1973), S. 64 u. 421.
75 Chronik der Stadt Heidelberg für das Jahr 1901. Im Auftrag d. Stadtrats bearb. v. August Thorbecke. Heidelberg 1902, S. 126.
76 Zunftpokal, verwahrt im Kurpfälzischen Museum der Stadt Heidelberg (Inv.-Nr. GM 10).
77 Adressbuch der Stadt Heidelberg 1899; STAHD, Lagerbuch 1889, Nr. 1211a.
78 Chronik der Stadt Heidelberg für das Jahr 1912. Im Auftrag d. Stadtrats bearb. v. Dr. Ferdinand Rösiger. Heidelberg 1915, S. 231.
79 Ergebnisliste vom »Heidelberger Opfertag« in: Heidelberger Tageblatt vom 22. Sept. 1916, S. 8.

80 Brauer im Osten. Festschrift aus Anlaß des 100jährigen Bestehens der Aktien-Gesellschaft Brauerei Ponarth Königsberg/Pr. 1839–1939. Hrsg. v. Wirtschaftsarchiv Hoppenstedt. Berlin 1939, S. 36ff.
81 Vgl. Cramer, Dietmar: Johann Philipp Schifferdecker und Friedrich Schott. Die Anfänge der Baustoffindustrie in Heidelberg. In: Blum, Peter (Hrsg.): Pioniere aus Technik und Wirtschaft in Heidelberg. Aachen 2000 (Sonderveröffentlichungen des Stadtarchivs Heidelberg 12), S. 122–41, S. 124f.

Kapitel 4

1 Derwein (1940), S. 116; Schindler (1999), S. 138f., Buselmeier (1996), S. 151ff.
2 UAHD, RA 5462: Verordnung vom 18. April 1759.
3 Twain, Mark: Ein Amerikaner in Heidelberg. Sein Bummel durch Deutschland 1878. Hrsg. v. Werner Pieper. Heidelberg 1985, S. 23.
4 Ebd., S. 37.
5 Ebd., S. 39.
6 Stratz, Rudolph: Heidelberger Jugendzeit. In: Beutten, Hermann (Hrsg.): Heidelberg, du mein Heidelberg. Berlin 1929, S. 13.
7 Mack, Siegfried: 275 Jahre Gemeinde Steingasse zu Heidelberg. Heidelberg 1985, S. 36.
8 Goetze, Jochen: Der Löwenbrunnen vor der Alten Universität. In: Blum, Peter (Hrsg.): Heidelberger Altstadtbrunnen. Heidelberg 1996 (Schriftenreihe des Stadtarchivs Heidelberg, Sonderveröffentlichung 7), S. 62–73.
9 Lamprecht, Werner u. Kutter, Peter (Hrsg.): 150 Jahre Corps Rhenania Heidelberg 1849–1999. Heidelberg 1999 (Schriftenreihe des Corps Rhenania, 4), S. 145.
10 Hoenninger, Waldemar: Heidelberger Studentenstreiche. In: Kurpfälzer Jahrbuch 1928. Ein Volksbuch über heimatl. Geschichtsforschung d. künstler., geistige u. wirtschaftl. Leben d. Gebietes d. einstigen Kurpfalz. Heidelberg 1928, S. 13–29.
11 Brief abgedr. in: Schlierbach – Bilder eines Stadtteils. Hrsg. v. Stadtteilverein Schlierbach. Heidelberg 1995, S. 17; Knörr, Karl Heinz: Schlierbach. Geschichte und Geschichten. Heidelberg 1999, S. 85.
12 Lamprecht/Kutter (1999), S. 21.
13 Bernus, Alexander von: Wachsen am Wunder – Heidelberger Kindheit und Jugend. Heidelberg 1984, S. 19.
14 Derwein, Herbert: Ein Führer durch moderne Heidelberg-Erzählungen. In: Kurpfälzer Jahrbuch 1928. Ein Volksbuch über heimatl. Geschichtsforschung d. künstler., geistige u. wirtschaftl. Leben d. Gebietes d. einstigen Kurpfalz. Heidelberg 1928, S. 146–55, inbes. S. 149.
15 Liederzitate aus: Hoenninger, Waldemar (Hrsg.): Alt Heidelberg im Burschenlied. Heidelberger Kommersbuch. Heidelberg ²1910, S. 116, 135f., 138.
16 Schreiben vom 28. Mai 1807; zitiert nach: Buselmeier, Michael (Hrsg.): Heidelberg-Lesebuch. Stadt-Bilder von 1800 bis heute. Franfurt/M. 1986, S. 35.
17 Johannsen, Julius Emil: Gedenkbüchlein für alle, die in Heidelberg froh und vergnügt waren. Heidelberg 1837, S. 129.
18 Huber, Gebr.: Die Merkwürdigkeiten Heidelbergs, seine Studenten und Philister der letzten 50 Jahre. Heidelberg 1886, S. 30.
19 Weisert, Hermann: 1200 Jahre Handschuhsheim und Neuenheim. Heidelberg 1965, S. 138; Erste offizielle Festschrift zur Hendsemer Kerwe 1981. Hrsg. v. Stadtteilverein Handschuhsheim. Heidelberg 1981, S. 55;. 4. Festschrift zur Hendsemer Kerwe 1984. Hrsg. v. Stadtteilverein Handschuhsheim. Heidelberg 1984, S. 50f.
20 Hoenninger (1928), S. 16.
21 Hirschgasse (1910), S. 14.
22 Twain (1985), S. 34f.
23 Birkenmaier, Willy: Das russische Heidelberg. Heidelberg 1995, S. 47 u. 61ff.
24 Vgl. hierzu die Homepage www.vitodurania.ch (Stand Mai 2002).
25 Stratz (1929), S. 8f.
26 Abbildung bei Zentner, Wilhelm: Scheffel als Heidelberger Student. In: Kurpfälzer Jahrbuch 1929. Ein Volksbuch über heimatl. Geschichtsforschung, d. künstler., geistige u. wirtschaftl. Leben d. Gebietes d. einstigen Kurpfalz. Heidelberg 1929, S. 145.
27 Ebd., S. 146, 152 u. 155.
28 Ebd., S. 155.
29 Stratz (1929), S. 9.
30 STAHD, B 86d10: Hoenninger, Waldemar: Artikelsammlungen, Bd. 1, S. 201ff.; ebd., Bildsammlung (Hauptstraße u. Gaststätten).
31 Schmitthenner, Adolf: Aus Geschichte und Leben. Hrsg. v. Carl Meyer-Frommhold. Leipzig 1920, S. 68.
32 Siehe die Homepage www.hirschgasse.de (Stand Juli 2002).

33 STAHD, H 190m: Wirth, Hermann: Chronik der Stadt Heidelberg 1865–72, S. 109f., 223, 299 u. 384.
34 Abb. bei Lamprecht/Kutter (1999), S. 20.
35 Hoenninger (1910), S. 139.
36 Kurpfälzisches Museum Heidelberg: Zunftpokal der Bierbrauer von Heidelberg (Inv.nr. GM 10).
37 Lamprecht/Kutter (1999), S. 104f.
38 Hoenninger, Waldemar: Der Mächer. Heidelberger Originale von 1860 bis 1920. In: Kurpfälzer Jahrbuch 1926. Ein Volksbuch über heimatl. Geschichtsforschung, d. künstler., geistige u. wirtschaftl. Leben d. Gebietes d. einstigen Kurpfalz. Heidelberg 1926, S. 42–64, insbes. S. 53ff.
39 Freundliche Informationen durch Frau Schmidhuber aus der Familie Hirschel, geb. 1907, am 28. Febr. 2001.
40 Lamprecht/Kutter (1999), S. 85.
41 Vgl. Der Heidelberger Festzug 1886. Jahresausstellung im Rathausfoyer aus Anl. d. 600jährigen Universitätsjubiläums. Red. Günther Heinemann. Heidelberg 1986 u. Pfaff, Karl: Heidelberg und Umgebung. Heidelberg 1897, S. 127f.
42 Heidelberger Anzeiger vom 31. Juli 1886.
43 Conze, Werner: Die Selbstdarstellung von Universitäten in Zentenarfeiern. Heidelberg im Vergleich. In: Die Geschichte der Universität Heidelberg. Hrsg. v. d. Ruprecht-Karls-Universität Heidelberg. Heidelberg 1986, S. 100.
44 Zit. n. Anhang »Durchlaucht von Gleichenberg« (Meyer-Förster, Wilhelm: Alt-Heidelberg. Schauspiel in fünf Aufzügen. Berlin 1910).
45 Hoenninger (1926), S. 42f.
46 Lamprecht/Kutter (1999), S. 85.
47 Mumm, Hans-Martin: Die Chronik der Gesellschaft »Arminia« 1884 bis 1918. In: Heidelberg Jahrbuch zur Geschichte der Stadt 5 (2000), S. 215ff.
48 Vgl. 125 Jahre Heidelberger Liederkranz. Festschrift. Heidelberg 1964.
49 Domela, Harry: Der falsche Prinz. Leben und Abenteuer von Harry Domela. Im Gefängnis zu Köln von ihm selbst geschrieben Jan. bis Juni 1927. Berlin 1927, S. 136–85.
50 Vgl. Lamprecht/Kutter (1999), bes. S. 112ff.
51 Arminia Heidelberg 1887–1962. Heidelberg 1962, S. 261.
52 Vgl. Lamprecht/Kutter (1999), S. 150.
53 Lamprecht/Kutter (1999), S. 159ff.
54 Pieper, Werner: Highdelberg. Zur Kulturgeschichte der Genussmittel und Drogen in einer berauschenden Stadt. Löhrbach 2000, S. 43f.
55 Siehe die Homepage der Fachschaft www.mathphys.fsk.uni-heidelberg.de (Stand Mai 2002).

Kapitel 5

1 Vgl. z.B. das Heidelberger Journal der Monate April/Mai 1863.
2 Broschüre: Die Warenzeichen der deutschen Brauereien. Berlin 1931.
3 Kessler, Gustav: Die badische Brauindustrie während des Weltkrieges 1914–18 mit besonderer Berücksichtigung der Nachkriegszeit. Diss. Heidelberg 1922, S. 1.
4 Ebd., S. 2f.
5 Pfaff (1897), S. 100.
6 Heidelberger Tageblatt vom 16. Nov. 1884, Anzeigenteil.
7 Heidelberger Anzeiger vom 15. u. 21. Febr. 1898.
8 Reimold, Emil: Dorfleben in Handschuhsheim und Neuenheim. Heidelberg 1936, S. 108.
9 STAHD, UA 77/4 (1880–1890) u. Zeitungen.
10 Vgl. Kap. 4.2.
11 Paginiertes handschriftliches Rechnungsbuch von Lenz, 17. Mai 1907, S. 361. Freundlicherweise zur Verfügung gestellt von Wilhelm Seeger-Kelbe, Heidelberg.
12 Ebd., Lenz an Schroedlbräu Heidelberg vom 12. Dez. 1913, S. 723.
13 Ebd., Lenz an Badische Brauerei Mannheim vom 28. Nov. 1908, S. 456.
14 Ebd., Lenz an Badische Brauerei Mannheim vom 4. Dez. 1910, S. 553.
15 Familienchronik Körner, S. 62; freundlicher Weise zur Verfügung gestellt von Hr.n Körner, Heidelberg.
16 Jahresberichte des Städtischen Laboratoriums Heidelberg 1883–1900.
17 Ebd., 1. Bericht. Heidelberg 1884, S. 5.
18 Ebd., Prozessberichte im Heidelberger Tageblatt vom 31. Mai u. 2. Juni 1885, Anzeige 6. Juni 1885.
19 Jahresberichte (1886–90), 4. Bericht. Heidelberg 1891, S. 7f.
20 Adressbuch der Stadt Heidelberg 1899, Anhang, S. 389.
21 Adressbuch 1899, S. 329ff.
22 5. Bericht. Heidelberg 1896, S. 9f.
23 6. Bericht. Heidelberg 1901, S. 7f.
24 Vgl. Danziger, Kurt: Die Konzentration in der badischen Brauindustrie. Diss. Heidelberg 1913. Karlsruhe 1913 (Volkswirt-

schaftliche Abhandlungen der badischen Hochschulen, NF 18), S. 118.
25 Ebd., S. 127f.
26 Adressbuch der Stadt Heidelberg 1899, S. 451.
27 Heidelberger Anzeiger vom 18. Mai 1908.
28 GLA 356/1969/10/434: Erhebungen Gewerbebetriebe im Großherzogtum Baden.
29 Allgemeine Brauer und Hopfenzeitung Nürnberg (ABHZ) vom 5. Febr. 1890, S. 218. Vgl. zudem ABHZ vom 10. Okt. 1901, S. 2771.
30 Backert, Eduard: Geschichte der Brauereiarbeiterbewegung. Berlin 1916, S. 67ff.
31 Kaufmann, Karl-Heinz: Soziale Strukturen im politischen Feld – Dargestellt am Beispiel Heidelbergs. Diss. Heidelberg 1956, S. 70.
32 Backert (1916), S. 459f.
33 Tageszeitung für Brauerei vom 26. Juni 1908, S. 1235.
34 May, Max: Die Heidelberger Wohnungsuntersuchung in den Wintermonaten 1895/96 und 1896/97, deren Ergebnisse und deren Fortsetzung durch eine ständige Wohnungsinspektion. Jena 1903, S. 50, 53, 59, 86, 91.
35 Mühlhausen, Walter: Hoch das Maienfest der Arbeit! Die Anfänge der Maifeiern in Heidelberg und Bremen 1890–1914. Dokumentation zur Ausstellung in der Reichspräsident-Friedrich-Ebert-Gedenkstätte. Heidelberg 1990, S. 18ff.; ebenso: Kaufmann (1956), S. 69f.
36 Ebd., S. 71.
37 Angaben nach Backert (1916), S. 459f., 481–86 u. 571–77.
38 Rhein-Neckar-Zeitung vom 24. Aug. 2000.

Kapitel 6

1 Mumm, Hans Martin: Heidelberg als Industriestandort um 1900. In: Heidelberg Jahrbuch zur Geschichte der Stadt 1 (1996), S. 37–59, insbes. S. 42.
2 Freundliche Auskunft des Enkels, Herrn H.-G. Morr, Waldmichelbach, 15. Nov. 2003.
3 Heidelberger Zeitung vom 7. März 1895.
4 Adressbuch der Stadt Heidelberg 1899.
5 Festschrift 140 Jahre Engelbräu – Heinrich Wirth zum 40jährigen Jubiläum. Hrsg. v. Josef Vogt. Heidelberg 1937, S. 9.
6 Ebd., S. 9ff.
7 Ebd., S. 14.

8 Ebd., S. 18.
9 Mumm (1996), S. 42.
10 Oechelhäuser, Adolf von: Das Heidelberger Schloss. Heidelberg ⁸1987, S. 32f.
11 Vgl. Wundt (1805), S. 206; Sigmund, Wilhelm: Alt-Heidelberg. Bilder aus der alten Kurpfalz für die Jugend. Heidelberg 1936, S. 52–54; Hartlaub, Gustav Friedrich: Das Engelrelief im Heidelberger Schlosshof. In: Heidelberger Fremdenblatt 15 (1950), S. 1–4.
12 Vgl. Hinz (2000), S. 45.
13 Vgl. Buselmeier (1996), S. 135f. u. 194f.
14 Vgl. Freimark, Peter: Davidschild und Brauerstern. Zur Synonymie eines Symbols. In: Jahrbuch der Gesellschaft für die Geschichte und Bibliographie des Brauwesens e.V. Berlin 1990, S. 13ff.; Hürlimann, Martin: Das Bier und die Sterne. In: Jahrbuch der Gesellschaft für die Geschichte und Bibliographie des Brauwesens e.V. Berlin 1975, S. 9ff.
15 Geschäftsbericht der Brauereigesellschaft zum Engel, 1913/14.
16 Schmith, Heinrich: Neuenheim. Heidelberg 1928, S. 313.
17 KRARNK, Reihe A/Abt. 13/Gast- und Schankwirtschaften, Nr. 173.
18 Adressbuch der Stadt Heidelberg 1887.
19 Tageszeitung für Brauerei vom 17. Mai 1908, insbes. S. 641, 649, 870; 1363.

Kapitel 7

1 Kessler (1922), S. 1 u. 6.
2 Chronik der Stadt Heidelberg 1893–1914, leider sind ab 1897 keine Zahlen für hier gebrautes Bier mehr ausgewiesen. Durch Zahlenvergleich ist auf mind. 130.000 hl hiesiges Bier als Höchststand zu schließen.
3 Ebd., S. 97.
4 Ebd., S. 5.
5 Ebd.
6 Zahlen nach Kessler (1922), S. 77.
7 Aufruf veröffentlicht im Heidelberger Tageblatt vom 27. Nov. 1915, S. 7.
8 Ergebnisliste Opfertag veröffentlicht im Heidelberger Tageblatt vom 22. Sept. 1916, S. 8.
9 Heidelberger Tageblatt vom 2. Dez. 1915, S. 4: »Aus Stadt und Umgegend«.

10 Ebd. vom 23. Sept. 1916.
11 Heidelberger Zeitung vom 28. Nov. 1914.
12 Heidelberger Tageblatt vom 2. Dez. 1915, S. 8: Aufruf des Wirte-Vereins Heidelberg.
13 Häberle, Daniel: Kriegslandwirtschaft. Heidelberg 1917, S. 57.
14 Heidelberger Tageblatt vom 14. Sept. 1916, S. 5: Anzeige.
15 Tageszeitung für Brauerei vom 17. Jan. 1919.
16 Allgemeine Brauer- und Hopfenzeitung vom 6. Febr. 1919, S. 96.
17 Ebd. vom 8. Febr. 1919, S. 128.
18 Ebd. vom 13. März 1919, S. 260.
19 Ebd. vom 22. Mai 1919, S. 492.
20 Ebd. vom 17. Juni 1919, S. 580.
21 Pfaff (1897), S. 100; sonstige Angaben sind Zeitungsanzeigen u. den Chroniken der Stadt Heidelberg 1895–98 entnommen.
22 Heidelberger Tageblatt vom 14. Juli 1899.
23 Heidelberger Anzeiger vom 15. April 1902; vgl. dazu u.a. die Heidelberger Tageszeitungen u. die Adressbücher der Stadt Heidelberg (Anhang); siehe auch GLA, 356/243.
24 Adressbuch der Stadt Heidelberg 1914, S. 520f.: Anhang.
25 Birkenmaier (1995), S. 47 u. 61–74.
26 Adressbuch der Stadt Heidelberg 1914, S. 515.
27 Singer, Gertrud: Heidelberg – Eine Stadtuntersuchung auf geographischer Grundlage. Heidelberg 1933, S. 78.
28 Anzeige in: Heidelberger Neueste Nachrichten/Heidelberger Anzeiger vom 2. Juli 1921.
29 Boelcke, Willi A.: Wirtschaftsgeschichte Baden-Württembergs von den Römern bis heute. Stuttgart 1987, S. 329f.
30 Basis: Adressbuch der Stadt Heidelberg sowie Anzeigen in Tageszeitungen.
31 Adressbuch der Stadt Heidelberg 1914, S. 381 u. 390f.
32 Z.B. Heidelberger Tageblatt vom 8. April 1899.
33 GLA, 356/1969/10/244 u. STAHD, AA 262, Fasc. 4.
34 Heidelberger Tageblatt vom 12. Juni 1919, Rubrik Amtliche Registereinträge, Konstituierung des Vereins.
35 Heidelberger Anzeiger vom 29. Dez. 1908, Anzeigenteil.
36 GLA, 356/1969/10/244.
37 Schriftwechsel der folgenden Fälle in: GLA 356/1969/10/244.
38 Singer (1933), S. 77.
39 Tageszeitung für Brauerei vom 8. Nov. 1904, S. 1234.
40 Adressbücher der Stadt Heidelberg 1899, S. 302: Anhang; ebd. 1914, S. 522: Anhang.
41 Ebd. 1899, S. 298f., u. 1914, S. 513 u. 517.
42 Privatarchiv V.v.O., Korrespondenz, Firmenrechnungen aus den Jahren 1912/40.
43 Z.B. Anzeige im Jahrbuch des Deutschen Braumeister- und Malzmeister-Bundes. Leipzig 1914.
44 Mumm (1996), S. 42.
45 Gespräch des Verfassers mit Seniorchef Friedrich Wolf vom 11. Jan. 2001.
46 Ebd.
47 Allgemeine Brauer- und Hopfen-Zeitung vom 28. Dez. 1890, S. 2155: Anzeige.
48 Privatarchiv V.v.O., Unterlagen Georg Frey, Firmendokumente Carl Cron, Mannheim, u. Enzinger, Mannheim.
49 Adressbuch der Stadt Heidelberg 1914, S. 400.
50 Jahrbuch des Deutschen Braumeister- und Malzmeisterbunds. Leipzig 1914: Alphabetisches Mitgliederverzeichnis.
51 GLA 237/25266.
52 Adressbuch der Stadt Heidelberg 1914, S. 172.
53 Allgemeine Brauer- und Hopfen-Zeitung vom 4. Jan. 1919.
54 Schade, Udo/Hansen, Lothar: Impressen auf Bierglas-Untersetzern. Köln 1993, S. 20.
55 STAHD, AA 262/5.
56 Ebd., Schreiben vom 9. März 1925.
57 Ebd., Schreiben vom 8. und 30. Juni 1925.
58 Alle Angaben nach STAHD, AA 144, Fasc. 4.
59 Alle Zahlenangaben nach STAHD, AA 262/5.
60 Ebd., AA 144/4.
61 Protokoll ebd.
62 Ebd.
63 Ebd., Schreiben vom 2. u. 5. Febr. 1928.
64 Boelcke (1987), S. 330.
65 GLA, 356/4383, Schreiben vom 30. März 1933.
66 Vgl. hierzu Kap. 4.13.
67 50 Jahre Heidelberger Aktienbrauerei vorm. Kleinlein 1884–1934. Festschrift. Heidelberg 1934.
68 Volksgemeinschaft/Heidelberger Beobachter vom 15. März 1941: Eine Heidelberger Biergeschichte.
69 GLA 69/65: Schreiben vom 26. Juni 1933.
70 Ebd., Aufstellung vom 6. Mai 1933.
71 Vgl. Guttmann (1998), S. 115.
72 GLA, Abt. 69, Nr. 65: Undatiertes Mitgliederverzeichnis (ca. 1939).
73 Heidelberger Neueste Nachrichten/Heidelberger Anzeiger vom 16. Aug. 1940: Es gibt wieder gutes Bier.
74 Siehe Anm. 68.
75 Brauer im Osten (1939), vgl. Kap. 3.9.
76 Brauer im Osten (1939), S. 79.

77 Ebd., S. 74 u. 82.
78 Vgl. Kap. 6.3.
79 Auffällig ist in der Tat, dass bei den wenigen erhaltenen alten Engelbräu-Schildern der Stern fast immer ausgekratzt ist sowie kaum Krüge und Gläser mit Stern vorhanden sind.
80 Adressbücher der Stadt Heidelberg 1948 und 1949: Anzeigen jeweils auf der ersten Innenseite des Umschlags.
81 Original hängt aus im »Bräustübel«, Bergheimer Straße.
82 Vgl. Kap. 7.8, Anm. 73.
83 Freundliche Auskunft des Seniorchefs Friedrich Wolf, Heidelberg, vom 11. Jan. 2001.
84 Vgl. Guttmann (1998), S. 117f.
85 Faksimile von Stars and Stripes vom 2. April 1945 (Pieper [2000], S. 32).
86 Rhein-Neckar-Zeitung vom 6. März 1947: Wirtschaftsseite.

Kapitel 8

1 Lamprecht/Kutter (1999), S. 85.
2 GLA, Abt. 69/65: Mittelbad. Brauereiverband, Verzeichnis ausgeschiedener Mitglieder.
3 Rhein Neckar-Zeitung vom 10. April 2000, Leserbrief von Dr. Kurt Wolber.
4 Ebd. vom 29. Juni. 1961.
5 Firmenarchiv Heidelberger Brauerei: Interne Liste »Ausstoß eigenes Bier ab 1950 bis 1968«.
6 Rhein Neckar-Zeitung vom 7. Dez. 1956.
7 Freundliche Auskunft von Hans Schneider, Michelstadt, vom 15. Okt. 1999.
8 Hürlimann, Martin: Tötet die Kleinen!? In: Brauwelt vom 20. Dez. 1967, S. 1882.
9 Rhein-Neckar-Zeitung vom 11. Dez. 1967.
10 Vgl. die ausführliche Darstellung in Offenberg (2001), S. 157ff.
11 Rhein-Neckar-Zeitung vom 4. Dez. 1968.
12 Goebel, Gert: Schlossquell sprudelt seit 225 Jahren. In: Heidelberger Tageblatt vom 21. Sept. 1978.
13 Vgl. Rhein Neckar-Zeitung vom 15. April 1999 u. Infoblatt »Sehr geehrte Stammgäste ...« (M. Hebner), März 1999.
14 Frankfurter Rundschau vom 16. Okt. 1999, Rhein Neckar-Zeitung vom 12. u. 20. Nov sowie 24. Dez. 1999.
15 Freundliche Auskunft der Brauerei vom 4. Aug. 2003; siehe auch Rhein Neckar-Zeitung vom 11. Febr. 1988.
16 Informationen durch die Kulturbrauerei; siehe dazu die homepage www.heidelberger-kulturbrauerei.de (Stand Dezember 2004).
17 Vgl. Kap. 4.6.
18 STAHD, Bildsammlung, Mappe »Alte Bergheimerstraße«, Schreiben der Gemeinnützigen Gesellschaft für Grund- und Hausbesitz mb. Heidelberg, vom 21. Mai 1975.
19 Schäfer, Carlo: Im falschen Licht. Reinbek bei Hamburg 2002, S. 154.
20 Adressbuch der Stadt Heidelberg 1949, S. 529ff.
21 Vgl. Kap. 7.6.
22 Adressbuch der Stadt Heidelberg 1949, S. 381.
23 Freundliche Auskunft des Seniorchefs Friedrich Wolf, Heidelberg, vom 11. Jan. 2001.
24 Stadtblatt vom 1. Aug. 2001, S. 7 u. Rhein Neckar-Zeitung vom 14. Aug. 2002.
25 1973 trinken 42% der 12- bis 25-jährigen mindestens einmal pro Woche Bier, 1999 sind es nur noch 27% (Rhein Neckar-Zeitung vom 11. Aug. 1999).
26 Siehe den Untertitel von Pieper (2000).

Kapitel 9

1 STAHD, H 2p. Das auf den 9. April 1814 datierte Verzeichnis wurde aus Anlass der Lostrennung der Bierbrauer von der Zunft der Spanhauer erstellt.
2 Die offenbar das Gewerbe zurzeit nicht ausüben.
3 Wirth (STAHD, H 103), S. 299. Gegenüber der Originalvorlage korrigiertes Additionsergebnis.
4 Hier nur Brauereien mit gesicherten Adressen, wogegen zudem viele weitere mit ungesicherten Adressen existierten.
5 Basis: Steuerlisten, Zunftlisten, Adressbücher.

11 Quellen- und Literaturverzeichnis

11.1 Archivalien

Stadtarchiv Heidelberg (STAHD)

AA 144/4: Getränkesteuereinnahmen, Biersteuerdiskussion 1924ff.

AA 262/4: Überwachung des Betriebs des Flaschenbierhandels 1903ff.

AA 262/5: Einrichtung und Reinhaltung der Bierpressionen 1903ff.

Adressbücher der Stadt Heidelberg 1816ff.

Amtsbücher 31: Verzeichnis der Hauseigentümer, Laternengelder 1810ff.

B 86d10: Hoenninger, Waldemar: Artikelsammlungen, Bd. 1

Contractenbücher 1691ff.

Feuerversicherungsbuch 1867

H 2: Bier-Brauer-Handwercks-Buch – Angefangen Anno 1715

H 2n1-2: Lehrjungenprotokollbuch der Bierbrauerzunft 1790ff.

H 2g/H 2p: Lehr- u. Meisterbriefe des Bierbrauerhandwerks

H 2p: Akten der Bierbrauerzunft

H 2m: Protokollbuch der Bierbrauerzunft 1835ff.

H 103: Wirth, Hanns: Handschriftl. Zeitgeschichte der Stadt Heidelberg

H 141: Verzeichnis sämtlicher Häuser der Stadt und ihrer Eigentümer 1792ff.

H 190m: Wirth, Hermann: Chronik der Stadt Heidelberg 1865-72

Lagerbücher 1770ff.

UA 77/4: Gewerbeakten „Stadt Straßburg", Bauakten KFG 1880ff.

Universitätsarchiv Heidelberg (UAHD)

RA 5462: Gaststättenbesuch von Studenten 1736-1808, Aufruf Rektor und Senat, 18. April 1759

RA 5462: Gaststättenbesuch von Studenten 1736-1808, Schreiben vom 10. Febr. 1802

Stadtarchiv Sinsheim (StA Sinsheim)

B 589: Artikel der vereinigten Kiefer, Bierbrauer und Kübler Zunft in Sinsheim vom 29. Jan. 1829

Generallandesarchiv Karlsruhe (GLA)

69/65: Akten des Mittelbadischen Brauereiverbands 1947ff.

237/25266: Küfer- und Küblersatzung Heidelberg 1919

356/1840: Realwirtschaft zum Bremeneck

236/5505: Bericht Hertlings an die Kreisregierung vom 30. Aug. 1819

356/5538: Schriftwechsel zwischen Oberamt Heidelberg und Bierbrauern Müller und Schaaff, Konzessionsakten Schaaff, März 1841

Kreisarchiv Rhein-Neckar-Kreis (KRARNK)

A/Abt. 13/Gast- und Schankwirtschaften, Nr. 173: Zapfvertrag Kronenbrauerei Heidelberg/Zum Pflug, Plankstadt

11.2 Sekundärliteratur

Antz (1931): Antz, Eduard L.: Pfälzische Braukunst. Oggersheim 1931.

Arminia (1962): Arminia Heidelberg 1887–1962. Heidelberg 1962.

Backert (1916): Backert, Eduard: Geschichte der Brauereiarbeiterbewegung. Berlin 1916.

Bernus (1984): Bernus, Alexander von: Wachsen am Wunder – Heidelberger Kindheit und Jugend. Heidelberg 1984.

Birkenmaier (1995): Birkenmaier, Willy: Das russische Heidelberg. Heidelberg 1995.

Boelcke (1987): Boelcke, Willi A.: Wirtschaftsgeschichte Baden-Württembergs von den Römern bis heute. Stuttgart 1987.

Brauer im Osten (1939): Brauer im Osten. Festschrift aus Anlaß des 100jährigen Bestehens der Aktien-Gesellschaft Brauerei Ponarth Königsberg/Pr. 1839–1939. Hrsg. v. Wirtschaftsarchiv Hoppenstedt. Berlin 1939.

Buselmeier (1986): Buselmeier, Michael (Hrsg.): Heidelberg-Lesebuch. Stadt-Bilder von 1800 bis heute. Franfurt/M. 1986.

Buselmeier (1996): Buselmeier, Michael: Literarische Führungen durch Heidelberg. Heidelberg ²1996.

Buselmeier (1996a): Buselmeier, Michael: Ein bislang unbekannter Brief Gottfried Kellers. In: Heidelberg Jahrbuch zur Geschichte der Stadt 1 (1996), S. 177–82.

Christ (1898): Christ, Karl: Statistik des Schlossberges zu Heidelberg um das Jahr 1700. In: Neues Archiv für die Geschichte der Stadt Heidelberg und der rheinischen Pfalz 3 (1898), S. 87–134.

Christ (1922): Christ, Karl: Alt-Heidelberger Wirtschaften. Heidelberg 1922.

Chronik (1901): Chronik der Stadt Heidelberg für das Jahr 1901. Im Auftrag d. Stadtrats bearb. v. August Thorbecke. Heidelberg 1902, S. 126.

Chronik (1912): Chronik der Stadt Heidelberg für das Jahr 1912. Im Auftrag d. Stadtrats bearb. v. Dr. Ferdinand Rösiger. Heidelberg 1915.

Conze (1986): Conze, Werner: Die Selbstdarstellung von Universitäten in Zentenarfeiern. Heidelberg im Vergleich. In: Die Geschichte der Universität Heidelberg. Hrsg. v. d. Ruprecht-Karls-Universität Heidelberg. Heidelberg 1986, S. 90–119.

Cramer (2000): Cramer, Dietmar: Johann Philipp Schifferdecker und Friedrich Schott. Die Anfänge der Baustoffindustrie in Heidelberg. In: Blum, Peter (Hrsg.): Pioniere aus Technik und Wirtschaft in Heidelberg. Aachen 2000 (Schriftenreihe des Stadtarchivs Heidelberg, Sonderveröffentlichungen 12), S. 122–41.

Danziger (1913): Danziger, H. Kurt: Die Konzentration in der badischen Brauindustrie. Diss. Heidelberg 1913. Karlsruhe 1913 (Volkswirtschaftliche Abhandlungen der badischen Hochschulen, NF 18).

Decken-Sachs (1983): Decken-Sachs, Brita von der: Der Kornmarkt in Heidelberg. Heidelberg 1983 (Veröffentlichungen zur Heidelberger Altstadt, 7).

Derwein (1928): Derwein, Herbert: Ein Führer durch moderne Heidelberg-Erzählungen. In: Kurpfälzer Jahrbuch 1928. Ein Volksbuch über heimatl. Geschichtsforschung d. künstler., geistige u. wirtschaftl. Leben d. Gebietes d. einstigen Kurpfalz. Heidelberg 1928, S. 146–55.

Derwein (1940): Derwein, Herbert: Die Flurnamen von Heidelberg, eine Stadtgeschichte. Heidelberg 1940.

Derwein (1958): Derwein, Herbert: Heidelberg im Vormärz und in der Revolution 1848/49. In: Neue Heidelberger Jahrbücher. NF 1958.

Domela (1927): Domela, Harry: Der falsche Prinz. Leben und Abenteuer von Harry Domela. Im Gefängnis zu Köln von ihm selbst geschrieben Jan. bis Juni 1927. Berlin 1927.

Drüppel (1992): Drüppel, Adolf (Hrsg.): Eichbaum-Chronik seit 1679. Mannheim 1992.

Engelbräu (1937): Festschrift 140 Jahre Engelbräu – Heinrich Wirth zum 40jährigen Jubiläum. Hrsg. v. Josef Vogt. Heidelberg 1937.

Fahrbach (1989): Fahrbach, Ute: Marstall, Marstallstraße und Heuscheuer in Heidelberg. Heidelberg 1989 (Veröffentlichungen zur Heidelberger Altstadt, 23).

Freimark (1990): Freimark, Peter: Davidschild und Brauerstern. Zur Synonymie eines Symbols. In: Jahrbuch der Gesellschaft für die Geschichte und Bibliographie des Brauwesens e.V. Berlin 1990, S. 13ff.

Geib (1847): Geib, Karl: Malerisch-historische Schilderung der Neckargegenden von Mannheim bis Heilbronn. Frankfurt/M. 1847.

Geschichte der Juden (1996): Geschichte der Juden in Heidelberg. Hrsg. v. Peter Blum. Heidelberg 1996 (Buchreihe der Stadt Heidelberg, 6).

Gewerbeschule Heidelberg (1953): 125 Jahre Gewerbeschule Heidelberg. 1828–1953. Festschrift hrsg. v. Friedrich Heiß u. Heinrich Neureither unter Mitarbeit v. Otto Kaiser u. Oskar Molitor. Heidelberg 1953.

Goetze (1996): Goetze, Jochen: Geschichte der Wasserversorgung in Heidelberg. In: Blum, Peter (Hrsg.): Heidelberger Altstadtbrunnen. Heidelberg 1996 (Schriftenreihe des Stadtarchivs Heidelberg, Sonderveröffentlichung 7), S. 13–23.

Goetze (1996a): Goetze, Jochen: Der Löwenbrunnen vor der Alten Universität. In: Blum, Peter (Hrsg.): Heidelberger Altstadtbrunnen. Heidelberg 1996 (Schriftenreihe des Stadtarchivs Heidelberg, Sonderveröffentlichung 7), S. 62–73.

Guttmann (1998): Guttmann, Barbara: Hopfen und Malz. Karlsruhe 1998.

Häberle (1917): Häberle, Daniel: Kriegslandwirtschaft. Heidelberg 1917.

Haering (1913): Haering, Hermann: Mannheimer Brauereien und Brauereiordnungen zur Zeit Karl Ludwigs. In: Mannheimer Geschichtsblätter 14 (1913) Nr. 10, S. 194–200.

Hartlaub (1950): Hartlaub, Gustav Friedrich: Das Engelrelief im Heidelberger Schlosshof. In: Heidelberger Fremdenblatt 15 (1950), S. 1–4.

Hartleben (1815): Hartleben, Theodor: Statistisches Gemälde der Residenzstadt Karlsruhe und ihrer Umgebung. Karlsruhe 1815.

Heidelberger Aktienbrauerei (1934): 50 Jahre Heidelberger Aktienbrauerei vorm. Kleinlein. 1884–1934. Festschrift. Heidelberg 1934.

Heidelberger Festzug (1986): Der Heidelberger Festzug 1886. Jahresausstellung im Rathausfoyer aus Anl. d. 600jährigen Universitätsjubiläums. Red. Günther Heinemann. Heidelberg 1986.

Hendsemer Kerwe (1981): Erste offizielle Festschrift zur Hendsemer Kerwe 1981. Hrsg. v. Stadtteilverein Handschuhsheim. Heidelberg 1981.

Hendsemer Kerwe (1984): 4. Festschrift zur Hendsemer Kerwe 1984. Hrsg. v. Stadtteilverein Handschuhsheim. Heidelberg 1984.

Henseler: Henseler, Arno: Braukunst im Weinland. Das Braugewerbe in der Pfalz. o.O. o.J., S. 5–9 [Nachweis: Stadtarchiv Mannheim, S2/1637/1957/84].

Hinz (2000): Hinz, Wolfgang: Die Geschichte der Freimaurerei in Heidelberg. In: Heidelberg Jahrbuch zur Geschichte der Stadt 5 (2000), S. 39–53.

Hirschgasse (1910): Anonymus: Chronik der Hirschgasse. Heidelberg 1910 [vermutl. Verf.: Theodor Lorentzen].

Hoenninger (1910): Hoenninger, Waldemar (Hrsg.): Alt Heidelberg im Burschenlied. Heidelberger Kommersbuch Heidelberg ²1910.

Hoenninger (1926): Hoenninger, Waldemar: Der Mächer. Heidelberger Originale von 1860 bis 1920. In: Kurpfälzer Jahrbuch 1926. Ein Volksbuch über heimatl. Geschichtsforschung, d. künstler., geistige u. wirtschaftl. Leben d. Gebietes d. einstigen Kurpfalz. Heidelberg 1926, S. 42–66.

Hoenninger (1928): Hoenninger, Waldemar: Heidelberger Studentenstreiche. In: Kurpfälzer Jahrbuch 1928. Ein Volksbuch über heimatl. Geschichtsforschung, d. künstler., geistige u. wirtschaftl. Leben d. Gebietes d. einstigen Kurpfalz. Heidelberg 1928, S. 13–29.

Huber (1886): Huber, Gebr.: Die Merkwürdigkeiten Heidelbergs, seine Studenten und Philister der letzten 50 Jahre. Heidelberg 1886.

Hürlimann (1967): Hürlimann, Martin: Tötet die Kleinen!? In: Brauwelt vom 20. Dez. 1967, S. 1882.

Hürlimann (1975): Hürlimann, Martin: Das Bier und die Sterne. In: Jahrbuch der Gesellschaft für die Geschichte und Bibliographie des Brauwesens e.V. Berlin 1975, S. 9ff.

Huffschmid (1920): Huffschmid, Maximilian: Zur Geschichte der Kirchen und Klöster auf dem Heiligenberg bei Heidelberg 863–1663. In: Neues Archiv für die Geschichte der Stadt Heidelberg und der rheinischen Pfalz 12 (1920), S. 91–128.

Huhn (1850): Huhn, Eugen: Das Großherzogtum Baden. Darmstadt 1850.

Jacobi (1843): Jacobi, Heinrich: Panorama von Heidelberg. Heidelberg 1843.

Jahrbuch (1914): Jahrbuch des Deutschen Braumeister- und Malzmeister-Bundes. Leipzig 1914.

Jahresberichte (1884–1901): Jahresberichte des Städtischen Laboratoriums Heidelberg. Amtliche Untersuchungs-Anstalt für Nahrungs-Genuss-Mittel und Gebrauchsgegenstände. 1883–1900. Heidelberg 1884–1901.

Johannsen (1837): Johannsen, Julius Emil: Gedenkbüchlein für alle, die in Heidelberg froh und vergnügt waren. Heidelberg 1837.

Kaufmann (1956): Kaufmann, Karl-Heinz: Soziale Strukturen im politischen Feld – Dargestellt am Beispiel Heidelbergs. Diss. Heidelberg 1956.

Kayser (1733): Kayser, Johann Peter: Historischer Schauplatz der alten berühmten Stadt Heydelberg. Frankfurt/M. 1733.

Kessler (1922): Kessler, Gustav: Die badische Brauindustrie während des Weltkrieges 1914–18 mit besonderer Berücksichtigung der Nachkriegszeit. Diss. Heidelberg 1922.

Kettemann (1986): Kettemann, Rudolf: Heidelberg im Spiegel seiner ältesten Beschreibung. Heidelberg 1986.

Knörr (1999): Knörr, Karl Heinz: Schlierbach. Geschichte und Geschichten. Heidelberg 1999.

Lamprecht/Kutter (1999): Lamprecht, Werner u. Kutter, Peter (Hrsg.): 150 Jahre Corps Rhenania Heidelberg 1849–1999. Heidelberg 1999 (Schriftenreihe des Corps Rhenania, 4).

Landfried (1910): Landfried, Wilhelm: Ein Rückblick auf hundert Jahre 1810–1910. Heidelberg 1910.

Liederkranz (1964): 125 Jahre Heidelberger Liederkranz. Festschrift. Heidelberg 1964.

Lutz (1992): Lutz, Dietrich (Hrsg.): Vor dem großen Brand. Archäologie zu Füßen des Heidelberger Schlosses. Stuttgart 1992.

Mack (1985): Mack, Siegfried: 275 Jahre Gemeinde Steingasse zu Heidelberg. Heidelberg 1985.

May (1903): May, Max: Die Heidelberger Wohnungsuntersuchung in den Wintermonaten 1895/96 und 1896/97, deren Ergebnisse und deren Fortsetzung durch eine ständige Wohnungsinspektion. Jena 1903.

Mays/Christ (1890): Mays, Albert/Christ, Karl (Hrsg.): Einwohnerverzeichnis der Stadt Heidelberg vom Jahr 1588. In: Neues Archiv für die Geschichte der Stadt Heidelberg und der rheinischen Pfalz 1 (1890).

Mays/Christ (1893): Mays, Albert/Christ, Karl (Hrsg.): Einwohnerverzeichnis der Stadt Heidelberg vom Jahr 1600. In: Neues Archiv für die Geschichte der Stadt Heidelberg und der rheinischen Pfalz 2 (1893).

Meyer-Förster (1910): Meyer-Förster, Wilhelm: Alt Heidelberg. Schauspiel in fünf Aufzügen. Berlin 1910.

Mühlhausen (1990): Mühlhausen, Walter: Hoch das Maienfest der Arbeit! Die Anfänge der Maifeiern in Heidelberg und Bremen 1890–1914. Dokumentation zur Ausstellung in der Reichspräsident-Friedrich-Ebert-Gedenkstätte. Heidelberg 1990.

Mumm (1988): Mumm, Hans Martin: Der Heidelberger Arbeiterverein 1848/49. Heidelberg 1988.

Mumm (1996): Mumm, Hans Martin: Heidelberg als Industriestandort um 1900. In: Heidelberg Jahrbuch zur Geschichte der Stadt 1 (1996), S. 37–59.

Mumm (2000): Mumm, Hans-Martin: Die Chronik der Gesellschaft »Arminia« 1884 bis 1918. In: Heidelberg Jahrbuch zur Geschichte der Stadt 5 (2000), S. 215–24.

Muttergottes (1973): Die Muttergottes vom Heidelberger Kornmarkt: Kunst, Religion, Politik. Ausstellung vom 13.12.1973–10.2.1974. Ausstellungskatalog hrsg. v. Kurpfälzischen Museum Heidelberg u. Kunsthistorischen Institut d. Universität Heidelberg. Heidelberg 1973.

Nadler (1994): Nadler, Karl Gottfried: Fröhlich Palz, Gott erhalts! Hrsg. v. Hermann Wiegand u. Walter Sauer. Landau 1994.

Oechelhäuser (1987): Oechelhäuser, Adolf von: Das Heidelberger Schloss. Heidelberg ^{8}1987.

Offenberg (2001): Offenberg, Volker von: Die Engel und der Brauerstern. Zur Firmengeschichte der Engel-Brauerei Heidelberg (1797–1967). In: Heidelberg Jahrbuch zur Geschichte der Stadt 6 (2001), S. 137–62.

Otto (1927): Otto, Eduard: Bilder und Geschichten aus Alt-Heidelberg und der Kurpfalz. In: Kurpfälzer Jahrbuch 1927. Ein Volksbuch über heimatl. Geschichtsforschung, d. künstler., geistige u. wirtschaftl. Leben d. Gebietes d. einstigen Kurpfalz. Heidelberg 1927, S. 1–30.

Pfaff (1897): Pfaff, Karl: Heidelberg und Umgebung. Heidelberg 1897.

Pieper (2000): Pieper, Werner: Highdelberg. Zur Kulturgeschichte der Genussmittel und Drogen in einer berauschenden Stadt. Löhrbach 2000.

Polizei-Gesetze (1807): Heidelbergs noch geltende Polizei-Gesetze. Hrsg. v. W. Deurer. Heidelberg 1807 (Reprint o.J.).

Rätsch (2002): Rätsch, Christian: Bier – Jenseits von Hopfen und Malz. München 2002.

Rau (1999): Rau, Karl Heinrich: Die vierzig Tage in Heidelberg. Erinnerungen an den badischen Aufstand im Sommer 1949. Bearb. v. Gerd Wippermann u.a. Ubstadt-Weiher 1999 (Archiv und Museum der Universität Heidelberg, Schriften 3).

Reimold (1936): Reimold, Emil: Dorfleben in Handschuhsheim und Neuenheim. Heidelberg 1936.

Rich (1903): Rich, H.S.: One hundred years of brewing. Chicago 1903 (Reprint 1973).

Schade/Hansen (1993): Schade, Udo/Hansen, Lothar: Impressen auf Bierglas-Untersetzern. Köln 1993.

Schäfer (2002): Schäfer, Carlo: Im falschen Licht. Reinbek bei Hamburg 2002.

Schindler (1999): Schindler, Werner: Ruhm und Zauber Heidelbergs. Ausgewählte Beiträge zur Stadt-, Kultur- und Gesellschaftsgeschichte. Heidelberg 1999.

Schlierbach (1995): Schlierbach – Bilder eines Stadtteils. Hrsg. v. Stadtteilverein Schlierbach. Heidelberg 1995.

Schloßquell (1968): [Interne Liste] »Ausstoß eigenes Bier 1950–1968«. Archiv Heidelberger Brauerei.

Schmith (1928): Schmith, Heinrich: Neuenheim. Heidelberg 1928.

Schmitthenner (1920): Schmitthenner, Adolf: Aus Geschichte und Leben. Hrsg. v. Carl Meyer-Frommhold. Leipzig 1920.

Schoof (1963): Schoof, Wilhelm: Heidelberger Studentenleben im Jahre 1817. In: Badische Heimat 1/2 (1963), S. 176–78.

Sigmund (1936): Sigmund, Wilhelm: Alt-Heidelberg. Bilder aus der alten Kurpfalz für die Jugend. Heidelberg 1936.

Singer (1933): Singer, Gertrud: Heidelberg – Eine Stadtuntersuchung auf geographischer Grundlage. Heidelberg 1933.

Stratz (1929): Stratz, Rudolph: Heidelberger Jugendzeit. In: Beutten, Hermann (Hrsg.): Heidelberg, du mein Heidelberg. Berlin 1929.

Twain (1985): Twain, Mark: Ein Amerikaner in Heidelberg. Sein Bummel durch Deutschland 1878. Hrsg. v. Werner Pieper. Heidelberg 1985.

Universal-Lexikon (1847): Universal-Lexikon vom Großherzogthum Baden. Karlsruhe ²1847.

Warenzeichen (1931): Die Warenzeichen der deutschen Brauereien. Berlin 1931.

Weisert (1965): Weisert, Hermann: 1200 Jahre Handschuhsheim und Neuenheim. Heidelberg 1965.

Wirth (1869): Wirth, Hermann (Hrsg.): Bier-Ordnung der Stadt Heydelberg, in Anno 1603 uffgerichtet. In: Archiv für die Geschichte der Stadt Heidelberg 2 (1869) H. 2, S. 103–07.

Wundt (1805): Wundt, Friedrich Peter: Geschichte und Beschreibung der Stadt Heidelberg. Mannheim 1805.

Zähringer (1921): Zähringer, Wilhelm: Mein Heidelberg. Bühl/Baden 1921.

Zentner (1929): Zentner, Wilhelm: Scheffel als Heidelberger Student. In: Kurpfälzer Jahrbuch 1929. Ein Volksbuch über heimatl. Geschichtsforschung, d. künstler., geistige u. wirtschaftl. Leben d. Gebietes d. einstigen Kurpfalz. Heidelberg 1929, S. 142–55.

11.3 Internetverweise

www.heidelberger-kulturbrauerei.de

www.hirschgasse.de

www.mathphys.fsk.uni-heidelberg.de

www.vitodurania.ch